d　「王」の発展したもの
・中の横画が二つになっても　進（亻 什 件 隹 隹 進）　雑 集 確 観
　馬（厂 匚 F F 馬）　駅
・縦画が上につきぬけても　生（𠂉 ⺧ 牛 生）　麦 表 青 星
・縦画が二つになっても　寒（宀 宀 宀 宙 宙 寒）　構

◉原則3　中が先

＊中と左右があって、左右が一、二画である場合は、中を先に書く。
・左右が一、二画である場合は、中を先に書く　小（亅 小 小）　少 京 示 宗 糸 細
　当（丨 ⺌ 当）　光 常
　水（亅 水 水）　永 氷
　緑（糸 紀 紀 緑）　暴
　衆（血 尹 衆）
・中が二つになっても　業（" " 業）
　赤（土 方 赤 赤）　変
・中が少し複雑になっても　楽（白 泊 楽）　薬
　承（了 手 承 承）　率
（例外）　忄（丶 丷 忄）　性
　火（丶 丷 火 火）　秋 炭 焼

◉原則4　外側が先

＊くにがまえのように囲む形をとるものは、外側を先に書く。
・囲む形をとるものは外側を先に書く　国（冂 国 国）　因
　同（冂 同）　円
　内（冂 内）　肉 納
　司（丁 司）　詞 羽
・「日」や「月」なども、これに含まれると考えてよい　日（冂 日 日）　月 目 田
（注意）　区（一 又 区）　医

◉原則5　左払いが先

＊左払いと右払いが交差する場合は、左払いを先に書く。
・交差する場合は、左払いを先に書く　文（亠 ナ 文）　父 故 支 収 処
・左払いと右払いが接した場合も同じ　人（ノ 人）　入 欠 金

◉原則6　つらぬく縦画は最後

＊字の全体をつらぬく縦画は、最後に書く。
・全体をつらぬく縦画は、最後に書く　中（口 中）　申 神 車 半
　事 建
・下のほうがとまっても　書（⺕ 聿 書）　妻
・上のほうがとまっても　平（一 丷 平）　評 羊 洋 達 拝
　手（三 手）　争
・上にも下にもつきぬけない縦画は、上部→縦画→下部の順に　里（日 甲 里）　野 黒
　重（二 盲 亩 重）　動
　謹（訁 訁 謹 謹）　勤

◉原則7　つらぬく横画は最後

＊字の全体をつらぬく横画は、最後に書く。
・全体をつらぬく横画は、最後に書く　女（く 女 女）　安 努
　子（了 子）　字 存 母 毎
（注意）「世」だけは違う　世（一 廿 世）　海 慣 舟 船

◉原則8　横画と左払い

＊横画が長く、左払いが短い字では、左払いを先に書く。横画が短く、左払いが長い字では、横画を先に書く。
・左払いを先に書く　右（ノ ナ 右）　有 布
・横画を先に書く　左（一 ナ 左）　友 在 存

部首一覧

偏 へん

部首	名称
亻	にんべん
口	くちへん
土	つちへん
女	おんなへん
子	こへん
山	やまへん
工	たくみへん
巾	はばへん きんべん
弓	ゆみへん
彳	ぎょうにんべん
忄	りっしんべん
扌	てへん
氵	さんずい
犭	けものへん
阝	こざとへん
方	ほうへん かたへん
日	ひへん
月	つきへん
木	きへん
歹	かばねへん いちたへん がつへん
火	ひへん
片	かたへん
牛	うしへん
王	おうへん たまへん
礻	しめすへん
月	にくづき
田	たへん
𤴔	ひきへん
目	めへん
矢	やへん
石	いしへん
禾	のぎへん
立	たつへん
衤	ころもへん
米	こめへん
糸	いとへん
耒	すきへん らいすき
耳	みみへん
舟	ふねへん
虫	むしへん
角	つのへん
言	ごんべん
豸	むじなへん
貝	かいへん
𧾷	あしへん
車	くるまへん
酉	とりへん
釆	のごめへん
里	さとへん
金	かねへん
食	しょくへん
飠	しょくへん
革	かわへん
馬	うまへん
骨	ほねへん
魚	うおへん
歯	はへん

旁 つくり

部首	名称
乚	おつ
刂	りっとう
巛	かわ
彡	さんづくり
阝	おおざと
攵	のぶん ぼくづくり
斤	おのづくり
殳	るまた ほこづくり
隶	れいづくり
頁	おおがい

冠 かんむり

部首	名称
亠	なべぶた けいさんかんむり
人	ひとやね
冖	わかんむり
宀	うかんむり
⺌	しょう
彑	けいがしら
⺍	つかんむり
艹	くさかんむり
爫	つめかんむり つめがしら
耂	おいかんむり おいがしら
癶	はつがしら
穴	あなかんむり
罒	あみがしら あみめ・よこめ
竹	たけかんむり
虍	とらがしら とらかんむり
襾	おおいかんむり
雨	あめかんむり
髟	かみがしら

脚 あし

部首	名称
八	は
夂	すいにょう ふゆがしら
廾	こまぬき にじゅうあし
小	したごころ
灬	れんが れっか
氺	したみず
舛	まいあし

垂 たれ

部首	名称
厂	がんだれ
尸	かばね しかばね
广	まだれ
戸	とだれ とかんむり
疒	やまいだれ

繞 にょう

部首	名称
廴	えんにょう
辶	しんにょう しんにゅう
辶	しんにょう しんにゅう
走	そうにょう
麦	ばくにょう
鬼	きにょう

構 かまえ

部首	名称
冂	どうがまえ けいがまえ まきがまえ
勹	つつみがまえ
匚	はこがまえ
匸	かくしがまえ
囗	くにがまえ
弋	しきがまえ
气	きがまえ
行	ぎょうがまえ ゆきがまえ
門	もんがまえ

その他

部首	名称
一	いち
丨	ぼう・たてぼう
丶	てん
丿	の・はらいぼう
乙	おつ
亅	はねぼう
二	に
人	ひと
入	いる
儿	ひとあし にんにょう
八	はち
冫	にすい
几	つくえ
凵	うけばこ
刀	かたな
力	ちから
匕	ひ
十	じゅう
卜	と・うらない
卩	わりふ ふしづくり
㔾	わりふ ふしづくり

※「飠」については「餌・餅」のみに、「辶」については「遡・遜」のみに適用。

◀後見返しに続く

はしがき

本書は、高校生として修得すべき「常用漢字」の読み・書きがマスターできることをねらった**漢字の基本問題集**です。

本書の特色は次のとおりです。

一 全体の漢字配当を「日本漢字能力検定試験」の5級から2級に対応させ、5級から順番にクリアしていくことで、**達成感を持って学習できる**ようにしました。

二 5級～2級までの各級の漢字を部首ごとにまとめて配列しました。一回は見開き2ページで構成し、上に**「漢字表」**、そのすぐ下に**「練習問題」**を用意しました。また、すべての問題について正解を下欄に示し、その場で確認できるようにしました。

三 **「漢字表」**には部首・画数・筆順・音訓・用例を入れました。漢字の色刷りの箇所は部首を示し、「音訓」欄中の傍線は高校新出音訓を示します。

四 **「練習問題」**は、書き取りと読みを中心にし、ほかに、部首・筆順・画数の問題と、字体や読み方のよく似た紛らわしい漢字の書き分けの問題を補足しました。「練習問題」中の熟語には、すべて左横に意味をつけました。

五 各回の偶数ページには「日本漢字能力検定試験」などで頻出する漢字の読み書きなどについての知識を、奇数ページにはことわざ・故事成語・名言についての知識を、コラム的に補充しました。

六 5級～準2級の終わりには**「昇級問題」**を置き、達成度が確認できるようにしました。設問形式は、「練習問題」と同様のものに加え、ことわざ・故事成語に関するものも入れました。

七 巻末には、2級で取り上げられる読みと付表の読みを扱った**「特別な読み」**の問題と、同音異義語やことわざなど、漢字に関する**「発展学習」**の問題を補充しました。

八 見返しには、**「漢字の筆順の原則」「部首一覧」「漢字検定級別配当一覧・索引」**を用意しました。

目次

第1回 5級

部首	口		土	亻							彳
画数	吸 6	呼 8	域 11	仁 4	供 8	値 10	俳 10	俵 10	傷 13	優 17	律 9
筆順	丨 ロ 口 叨 吸 吸	口 口 口' 吖 吁 呼	圹 坷 坷 域 域 域	ノ 亻 仁 仁	仁 什 仕 供 供 供	亻 仁 仕 佶 値 値	亻 们 付 俳 俳 俳	亻 仁 什 佳 俵 俵	亻 仁 佢 傷 傷 傷	亻 佰 佰 偃 優 優	彳 彳 彳 律 律 律
音訓	キュウ す(う)	コ よ(ぶ)	イキ	ジン・ニ	キョウ・ク そな(える) とも	チ ね・あたい	ハイ	ヒョウ たわら	ショウ きず いた(む・める)	ユウ やさ(しい) すぐ(れる)	リツ・リチ
用例	吸収《きゅうしゅう》・吸引《きゅういん》 吸《す》う	呼応《こおう》・連呼《れんこ》 呼《よ》ぶ	区域《くいき》・領域《りょういき》	仁義《じんぎ》 仁王立《におうだ》ち	自供《じきょう》・供養《くよう》 お供《そな》え・子供《こども》	数値《すうち》・近似値《きんじち》 値段《ねだん》・値《あたい》する	俳優《はいゆう》・俳人《はいじん》 俳文《はいぶん》	土俵《どひょう》 米俵《こめだわら》・俵型《たわらがた》	傷心《しょうしん》・重傷《じゅうしょう》 切《き》り傷《きず》・傷《いた》む	優美《ゆうび》・優越《ゆうえつ》 優《やさ》しい・優《すぐ》れる	規律《きりつ》・律儀《りちぎ》

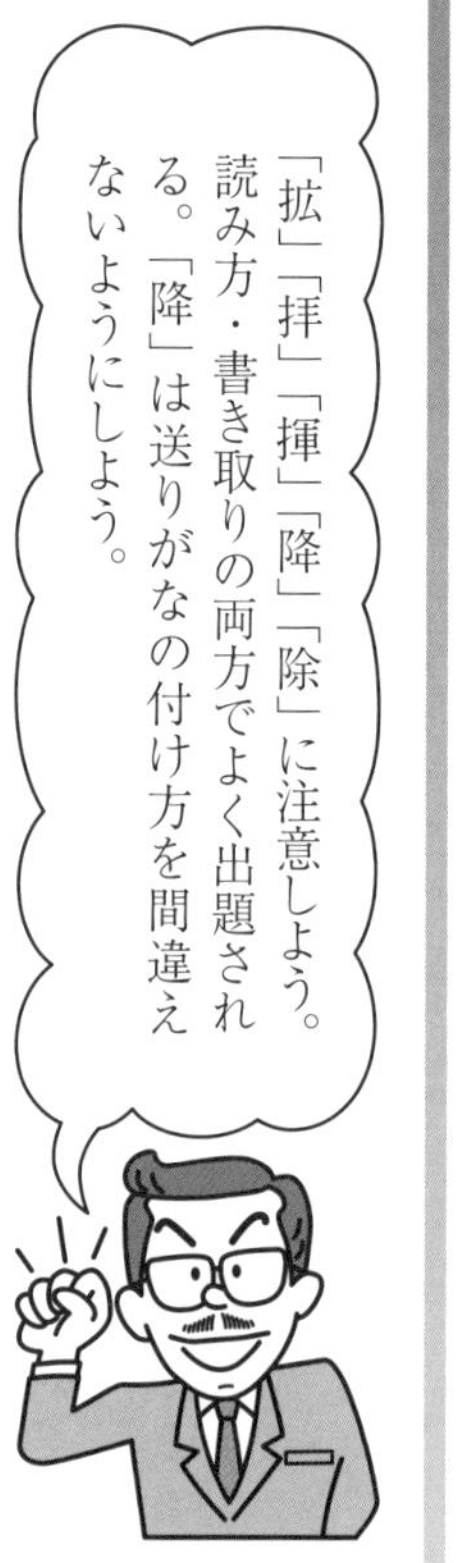
「拡」「拝」「揮」「降」「除」に注意しよう。読み方・書き取りの両方でよく出題される。「降」は送りがなの付け方を間違えないようにしよう。

1 次の太字のかなを漢字に直しなさい。

① **こきゅう**が乱れる。
息をはいたりすったりすること。

② **てんこ**をとる。
名前をよんでその人がいるか調べる。

③ 雪の多い**ちいき**。
ある範囲。

④ **じんあい**の心。
人を温かく思いやること。

⑤ 需要《じゅよう》と**きょうきゅう**。
商品を出すこと。

⑥ 利用**かち**がある。
ねうち。

⑦ **はいく**が趣味《しゅみ》だ。
五七五からなる短詩。

⑧ 横綱《よこづな》**どひょう**入り。
すもうをとる場所。

⑨ 足を**ふしょう**する。
けがをすること。

⑩ 大会で**ゆうしょう**する。
第一位になること。

⑪ **ほうりつ**を守る。
社会の秩序を維持するきまり。

2 次の太字の漢字の読み方を答えなさい。

① **仁王立ち**になる。
力強く立つこと。

② 駅までお**供**する。
ついて行く。

③ 商品を**半値**で売る。
半分の値段。

④ 一見に**値**する。
ねうちがあること。

⑤ **俳優**を目ざす。
役者。

⑥ **米俵**を担《かつ》ぐ。
わらの袋に米を入れたもの。

⑦ **傷口**を消毒する。
けがをした所。

⑧ 果物《くだもの》が**傷**む。
悪くなること。

⑨ **優**しい性格。
思いやりがあるさま。

⑩ 指示に**従**う。
言うなりになる。

⑪ 道路を**拡張**する。
広げて大きくする。

⑫ 日の出を**拝**む。
手を合わせて祈る。

⑬ 合奏《がっそう》の**指揮**をとる。
演奏をまとめること。

⑭ 雨が**降**っている。
空から落ちてくる。

⑮ 不純物《ふじゅんぶつ》を取り**除**く。
捨てる。

1 ①呼吸 ②点呼 ③地域 ④仁愛 ⑤供給 ⑥価値 ⑦俳句 ⑧土俵 ⑨負傷 ⑩優勝 ⑪法律 ⑫従事 ⑬批判 ⑭拡大 ⑮担任 ⑯拝見 ⑰取捨 ⑱推理 ⑲探求 ⑳発揮 ㉑操作 ㉒降雨 ㉓除去 ㉔陛下 ㉕障子
2 ①におうだ ②とも ③はんね ④あたい ⑤はいゆう ⑥こめだわら

	扌									阝			
従	批	拡	担	拝	捨	推	探	揮	操	降	除	陛	障
10	7	8	8	8	11	11	11	12	16	10	10	10	14
彳 彸 徉 徉 徉 従	扌 扌 扌 扎 扎 批	扌 扌 扌 扩 拡 拡	扌 扌 扣 扣 担 担	一 扌 扌 扌 拝 拝	扌 扌 拎 拎 捨 捨	扌 扌 扌 推 推 推	扌 扌 扌 探 探 探	扌 扌 揮 揮 揮 揮	扌 扌 扌 操 操 操	阝 阝 降 降 降 降	阝 阝 阾 阾 除 除	阝 阝 阝 陛 陛 陛	阝 阝 阝 障 障 障
ジュウ・ショウ ジュ したが(う・える)	ヒ	カク	タン かつ(ぐ) にな(う)	ハイ おが(む)	シャ す(てる)	スイ お(す)	タン さぐ(る) さが(す)	キ	ソウ みさお あやつ(る)	コウ お(りる・ろす) ふ(る)	ジョ・ジ のぞ(く)	ヘイ	ショウ さわ(る)
服従《ふくじゅう》・従容《しょうよう》 従二位《じゅにい》・従《したが》う	批評《ひひょう》・批准《ひじゅん》	拡張《かくちょう》・拡散《かくさん》	担当《たんとう》・負担《ふたん》 担《かつ》ぐ・担《にな》う	拝受《はいじゅ》・参拝《さんぱい》 拝《おが》む	喜捨《きしゃ》・四捨五入《ししゃごにゅう》 捨《す》てる	推進《すいしん》・推察《すいさつ》 推《お》す	探検《たんけん》・探訪《たんぼう》 探《さぐ》る・探《さが》す	揮発《きはつ》・指揮《しき》	節操《せっそう》・体操《たいそう》 操《みさお》・操《あやつ》る	降参《こうさん》・下降《かこう》 降《お》りる・降《ふ》る	除外《じょがい》・掃除《そうじ》 除《のぞ》く	陛下《へいか》	障害《しょうがい》・支障《ししょう》 差《さ》し障《さわ》り

⑫ 農業にじゅうじする。
しごととして務めること。

⑬ 相手をひはんする。
否定的に評価すること。

⑭ 写真をかくだいする。
広げて大きくすること。

⑮ たんにんの先生。
受け持ち。

⑯ お手並《てな》みはいけん。
「みる」の謙譲語。

⑰ しゅしゃ選択する。
よい物をとり悪い物をすてること。

⑱ 犯人をすいりする。
事実をもとにおしはかること。

⑲ 真実をたんきゅうする。
さがしもとめること。

⑳ 実力をはっきする。
十分に表し出すこと。

㉑ 機械をそうさする。
あやつり動かすこと。

㉒ こうう量を測《はか》る。
ふるあめの量。

㉓ 害虫をじょきょする。
取りのぞくこと。

㉔ 女王へいか。
君主の尊称。

㉕ しょうじを閉める。
部屋を仕切る建具の一種。

3 部首 次の漢字の部首を書きなさい。

① 域 ② 優 ③ 律 ④ 拡 ⑤ 陛

4 類字 次の太字のかなを漢字に直しなさい。

① すてぜりふを残す。
別れ際に言う言葉。

② 新こうしゃを建てる。
がっこうの建物。

③ 財布をしゅうとくする。
ひろうこと。

④ 逆たんちに成功する。
様子をさぐること。

⑤ 議長がさいけつをとる。
議事の可否をきめること。

ことわざを覚えよう

青菜《あおな》に塩《しお》

力なくしおれているさま。

⑦きずぐち ⑧いた ⑨やさ ⑩したが ⑪かくちょう ⑫おが ⑬しき ⑭ふ ⑮のぞ
3 ①土 ②亻 ③彳 ④扌 ⑤阝
4 ①捨 ②校舎 ③拾得 ④探知 ⑤採決

5級 第2回

部首	漢字	画数	筆順	音訓	用例
氵	沿	8	氵 氵 氵 氵 沿 沿	エン / そ(う)	沿岸《えんがん》・沿革《えんかく》 川沿《かわぞ》い
氵	洗	9	氵 氵 汁 洗 洗 洗	セン / あら(う)	洗顔《せんがん》・洗礼《せんれい》 洗《あら》う
氵	派	9	氵 氵 氵 派 派 派	ハ	流派《りゅうは》・特派員《とくはいん》 派遣《はけん》
氵	済	11	氵 氵 済 済 済 済	サイ / す(む・ます)	返済《へんさい》・救済《きゅうさい》 済《す》む・済《す》ます
氵	源	13	氵 氵 氵 源 源 源	ゲン / みなもと	水源《すいげん》・電源《でんげん》 源《みなもと》
氵	潮	15	氵 氵 氵 潮 潮 潮	チョウ / しお	風潮《ふうちょう》・満潮《まんちょう》 潮風《しおかぜ》・黒潮《くろしお》
氵	激	16	氵 氵 氵 激 激 激	ゲキ / はげ(しい)	激動《げきどう》・激減《げきげん》 激《はげ》しい
日	映	9	日 日 日 映 映 映	エイ / うつ(る・す) / は(える)	反映《はんえい》・上映《じょうえい》 映《うつ》る・映《は》える
日	晩	12	日 日 日 晩 晩 晩	バン	晩夏《ばんか》・今晩《こんばん》 早晩《そうばん》
日	暖	13	日 日 日 暖 暖 暖	ダン / あたた(か・かい・まる・める)	暖流《だんりゅう》・暖房《だんぼう》 暖《あたた》かい
	机	6	一 十 木 木 机 机	キ / つくえ	机上《きじょう》の空論《くうろん》 机《つくえ》の上《うえ》

読み・書き両方で「済」「源」「激」「模」「胸」が頻出している。「沿」「映」の読みもよく出されるから気をつけよう。

1 次の太字のかなを漢字に直しなさい。

① 私鉄の**えんせん**に住む。 せんろぞい。
② **せんれん**された文章。 よりすぐれたものにすること。
③ **はで**な衣装。 目立って華やかであるさま。
④ 日本**けいざい**を考える。 お金の生産、分配、消費の活動。
⑤ 天然**しげん**を活用する。 自然から得られる生産の材料。
⑥ 時代の**ちょうりゅう**。 世の中の動き。
⑦ **かんげき**の再会。 強く心を打たれること。
⑧ **えいが**を見に行く。 シネマ。ムービー。
⑨ **ばんねん**の作品。 人の一生の終わり。
⑩ **おんだん**な気候。 あたたかくて穏やかなこと。
⑪ **きじょう**の空論。 実際には役に立たない考え。

2 次の太字の漢字の読み方を答えなさい。

① 心が**洗**われる。 きれいにする。
② 新事態が**派生**する。 分かれ出る。
③ 用事を**済**ませる。 なしおえる。
④ 日本語の**源**を探る。 起こったもと。
⑤ **潮風**を吸い込む。 海の風。
⑥ **激**しく痛む。 程度がはなはだしい。
⑦ 夕日が水面に**映**る。 像が現れる。
⑧ 夕**映**えの美しい町。 夕日に照らされて輝くこと。
⑨ **暖**かい部屋。 寒くもなく暑くもない。
⑩ **机**の上を整理する。 読み書きするとき使う台。
⑪ 規**模**の大きな大会。 全体の計画。
⑫ 政権**交代**を求める。 政治を行う権力。
⑬ **胸**三寸に秘める。 胸の中。
⑭ **胸元**をつかまれる。 胸のあたり。
⑮ すぐに**腹**を立てる。 怒る。

1 ①沿線 ②洗練 ③派手 ④経済 ⑤資源 ⑥潮流 ⑦感激 ⑧映画 ⑨晩年 ⑩温暖 ⑪机上 ⑫大枚 ⑬株価 ⑭鉄棒 ⑮模型 ⑯人権 ⑰樹立 ⑱班長 ⑲肺活 ⑳度胸 ㉑頭脳 ㉒断腸 ㉓中腹 ㉔心臓

2 ①あら ②はせい ③す ④みなもと ⑤しおかぜ ⑥はげ ⑦うつ

月(肉)						王	木					
臓	腹	腸	脳	胸	肺	班	樹	権	模	棒	株	枚
19	13	13	11	10	9	10	16	15	14	12	10	8
月 肝 臓 臓 臓 臓	月 肝 肝 朋 腹 腹	月 肌 胆 胆 腸 腸	月 肜 肜 脳 脳 脳	刀 月 肑 肑 胸 胸	刀 月 肝 肝 肺 肺	丁 千 王 玎 玥 班	木 杧 杧 桔 桔 樹	杧 栫 桥 梓 権 権	木 栣 栣 栣 模 模	十 木 朩 栐 椿 棒	十 木 杧 杵 株 株	一 十 木 杧 杦 枚
ゾウ	フク はら	チョウ	ノウ	キョウ むね・むな	ハイ	ハン	ジュ	ケン・ゴン	モ・ボ	ボウ	かぶ	マイ
臓器《ぞうき》・内臓《ないぞう》 心臓《しんぞう》	腹案《ふくあん》・立腹《りっぷく》 腹芸《はらげい》・太《ふと》っ腹《ぱら》	小腸《しょうちょう》・大腸《だいちょう》	脳裏《のうり》・大脳《だいのう》 首脳《しゅのう》	胸中《きょうちゅう》・胸囲《きょうい》 胸《むね》・胸板《むないた》	肺臓《はいぞう》・肺活量《はいかつりょう》 肺炎《はいえん》	救護班《きゅうごはん》	樹立《じゅりつ》・街路樹《がいろじゅ》 樹木《じゅもく》	権利《けんり》・実権《じっけん》 権化《ごんげ》・権現《ごんげん》	模様《もよう》・模写《もしゃ》 規模《きぼ》	棒読《ぼうよ》み・相棒《あいぼう》 針小棒大《しんしょうぼうだい》	株式《かぶしき》・株主《かぶぬし》 株券《かぶけん》	枚挙《まいきょ》・一枚岩《いちまいいわ》 大枚《たいまい》

⑫ たいまいをはたく。
たくさんのお金。

⑬ かぶかが暴落する。
かぶ式を売買する値段。

⑭ てつぼうにぶら下がる。
てつのぼうでできた体操用具。

⑮ 戦車のもけいを作る。
形をまねて作ったもの。

⑯ 基本的じんけんの尊重。
ひとが当然に持っているけんり。

⑰ 新記録をじゅりつする。
うちたてること。

⑱ はんちょうを決める。
小単位の集団のかしら。

⑲ はいかつ量を測定する。
はいが空気を出入りさせる最大量。

⑳ どきょうがある人。
物事に動じない心。

㉑ すぐれたずのうを持つ。
あたまのはたらき。

㉒ だんちょうの思い。
ないぞうがちぎれるほど悲しい。

㉓ 山のちゅうふくで休む。
頂上とふもととの間。

㉔ しんぞうに悪い話。
血液を体中に送る器官。

3 筆順 次の漢字の太い画のところは筆順の何画目か、算用数字で書きなさい。

① 済
② 権
③ 班
④ 胸

4 類字 次の太字のかなを漢字に直しなさい。

① りっぱな人格の人。
すぐれているさま。

② すいみゃくを発見する。
地下でみずが流れる道筋。

③ ふくしんの部下。
どんな秘密も打ち明けられること。

④ 昔の家をふくげんする。
もとに戻すこと。

⑤ ピカソのふくせい画。
同じように作ること。

ことわざを覚えよう

悪銭《あくせん》身《み》に付《つ》かず

悪事で稼《かせ》いだ金はすぐなくなること。

⑧ゆうば ⑨あたた ⑩つくえ ⑪きぼ ⑫せいけん ⑬むねさんずん ⑭むなもと ⑮はら **3** ①9 ②9 ③9 ④7 **4** ①立派 ②水脈 ③腹心 ④復元 ⑤複製

5級 第3回

部首	漢字	画数	筆順	音訓	用例
石	砂	9	一 ア 石 矴 矽 砂	サ・シャ すな	砂丘《さきゅう》・土砂《どしゃ》 砂場《すなば》
石	磁	14	石 石' 石'' 矽 砬 磁	ジ	磁力《じりょく》・磁気《じき》 青磁《せいじ》
衤	補	12	衤 衤 衤 衦 補 補	ホ おぎな(う)	補習《ほしゅう》・候補《こうほ》 補《おぎな》う
禾	私	7	ノ 二 千 禾 私 私	シ わたくし わたし	私語《しご》・公私《こうし》 私事《わたくしごと》・私《わたくし(わたし)》
禾	秘	10	禾 禾 禾 秘 秘 秘	ヒ ひ(める)	秘密《ひみつ》・秘蔵《ひぞう》 秘《ひ》める
禾	穀	14	一 十 士 声 㲉 穀	コク	穀類《こくるい》・穀倉《こくそう》 脱穀《だっこく》
米	糖	16	米 米 米 粐 粐 糖	トウ	糖分《とうぶん》・果糖《かとう》 麦芽糖《ばくがとう》
糸	紅	9	幺 糸 糸 糸 紅 紅	コウ・ク べに くれない	紅梅《こうばい》・真紅《しんく》 口紅《くちべに》・紅《くれない》の花《はな》
糸	純	10	糸 糸 糸 糸 紅 純	ジュン	純粋《じゅんすい》・純真《じゅんしん》 清純《せいじゅん》
糸	納	10	糸 糸 糸 糸 納 納	ノウ・ナッ・ナ ナン・トウ おさ(める・まる)	納入《のうにゅう》・納得《なっとく》 納《おさ》まる
糸	絹	13	幺 糸 糸 糸 絹 絹	ケン きぬ	絹布《けんぷ》・人絹《じんけん》 絹織物《きぬおりもの》

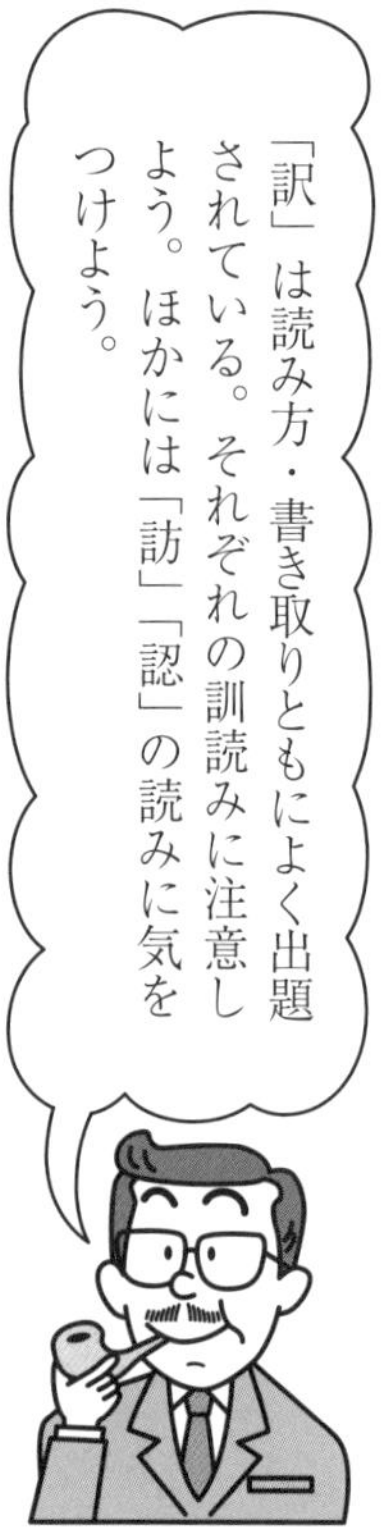
「訳」は読み方・書き取りともによく出題されている。それぞれの訓読みに注意しよう。ほかには「訪」「認」の読みに気をつけよう。

1 次の太字のかなを漢字に直しなさい。

① どしゃ崩《くず》れが起こる。
つちとすな。

② 方位じしゃく。
じきコンパス。

③ ほそく説明をする。
付け加えること。

④ しふくを肥《こ》やす。
自分の利益。

⑤ 生命のしんぴ。
不思議なひみつ。

⑥ こくもつを収穫する。
主食となるもの。

⑦ 紅茶にさとうを入れる。
甘味料の一つ。

⑧ こうはく歌合戦。
あかとしろ。

⑨ たんじゅんな性格。
考え方が一面的で浅いさま。

⑩ のうひん日を守る。
しなものをおさめること。

⑪ きぬのハンカチ。
蚕のまゆからとった糸で作った織物。

2 次の太字の漢字の読み方を答えなさい。

① 説明を補う。
付け加える。

② 私が参ります。
自己をさす代名詞の一つ。

③ 真紅のバラを飾《かざ》る。
こい紅色。

④ 口紅をつける。
ルージュ。

⑤ 納得できない話だ。
受け入れること。

⑥ 出納の帳簿《ちょうぼ》を記す。
金銭や物品の出し入れ。

⑦ 税金を納める。
差し出す。

⑧ 首を縦に振らない。
上下。

⑨ 身が縮む思い。
小さくなる。

⑩ 春が訪れる。
やって来る。

⑪ 先生の家を訪ねる。
行く。

⑫ 言い訳はよくない。
失敗などの理由の説明。

⑬ 誠に遺憾《いかん》である。
本当に残念に思う。

⑭ 誤った解釈をする。
間違える。

⑮ 実力が認められる。
注目される。

1 ①土砂 ②磁石 ③補足 ④私腹 ⑤神秘 ⑥穀物 ⑦砂糖 ⑧紅白 ⑨単純 ⑩納品 ⑪絹 ⑫縦横 ⑬縮小 ⑭討論 ⑮訪問 ⑯通訳 ⑰歌詞 ⑱誠実 ⑲誤解 ⑳日誌 ㉑確認 ㉒諸国 ㉓誕生 ㉔理論

2 ①おぎな ②わたくし（わたし） ③しんく ④くちべに ⑤なっとく ⑥すいとう

縦	縮	討	訪	訳	詞	誠	誤	誌	認	諸	誕	論
		言										
16	17	10	11	11	12	13	14	14	14	15	15	15
ジュウ たて	シュク ちぢ(む・まる・める・れる・らす)	トウ う(つ)	ホウ おとず(れる) たず(ねる)	ヤク わけ	シ	セイ まこと	ゴ あやま(る)	シ	ニン みと(める)	ショ	タン	ロン
縦横無尽《じゅうおうむじん》・縦糸《たていと》	縮図《しゅくず》・短縮《たんしゅく》・身《み》が縮《ちぢ》む	討議《とうぎ》・検討《けんとう》・敵討《かたきう》ち	歴訪《れきほう》・来訪《らいほう》・訪《おとず》れる・訪《たず》ねる	翻訳《ほんやく》・直訳《ちょくやく》・内訳《うちわけ》・申《もう》し訳《わけ》	品詞《ひんし》・作詞《さくし》・助詞《じょし》	誠意《せいい》・忠誠《ちゅうせい》・誠《まこと》	正誤《せいご》・過誤《かご》・誤《あやま》る	誌面《しめん》・誌上《しじょう》・雑誌《ざっし》・週刊誌《しゅうかんし》	認識《にんしき》・公認《こうにん》・認《みと》める	諸君《しょくん》・諸般《しょはん》・諸行無常《しょぎょうむじょう》	誕生《たんじょう》・生誕《せいたん》	論理《ろんり》・論外《ろんがい》・言論《げんろん》・議論《ぎろん》

⑫ じゅうおうに走る道路。
たてよこ。

⑬ 規模のしゅくしょう。
ちぢめてちいさくすること。

⑭ 朝までとうろんする。
意見を出して話し合うこと。

⑮ 家庭ほうもんの日。
たずね見舞うこと。

⑯ 同時つうやくをする。
異なる言葉をやくすこと。

⑰ この曲はかしがいい。
うたの言葉。

⑱ せいじつな人柄《ひとがら》。
真心がありまじめであるさま。

⑲ 人にごかいされる。
あやまって思い込むこと。

⑳ 学級にっしを書く。
毎日の出来事の記録。

㉑ 電話でかくにんをする。
たしかめること。

㉒ しょこくを歴訪《れきほう》する。
いろいろなくに。

㉓ 初孫がたんじょうした。
うまれること。

㉔ りろんと実践《じっせん》。
知識。

3 部首　次の漢字の部首を書きなさい。

① 私　② 糖　③ 納　④ 誌

4 類字　次の太字のかなを漢字に直しなさい。

① 一列じゅうたいで進む。
たてに並んだ一団の形。

② じゅうじゅんな犬。
逆らわないこと。

③ すべてとろうに終わる。
がんばったことが報われない。

④ どうしの活用を覚える。
うごきを表すひんし。

⑤ 図書館のししょになる。
本を管理する人。

⑥ 馬をしいくする。
動物を養いそだてること。

ことわざを覚えよう

雨降《あめふ》って地固《じかた》まる

もめごとがあった後は、かえって物事が落ち着いて基礎が固まること。

⑦おさ　⑧たて　⑨ちぢ　⑩おとず　⑪たず　⑫いいわけ　⑬まこと　⑭あやま　⑮みと

3 ①禾　②米　③糸　④言

4 ①縦隊　②従順　③徒労　④動詞　⑤司書　⑥飼育

5級

第4回

部首	金			乚		刂				攵	
画数	針 10	銭 14	鋼 16	乱 7	乳 8	刻 8	割 12	創 12	劇 15	敬 12	敵 15
筆順	仐 午 余 金 金一 針	仐 午 金 金二 銭 銭	仐 午 金 釘 鋼 鋼	ノ 二 千 舌 舌 乱	ノ ⺈ 爫 孚 孚 乳	亠 亡 亥 亥 亥 刻	宀 宀 宇 宝 害 割	今 今 合 倉 倉 創	ト ト 广 虍 豦 劇	一 艹 芍 苟 苟 敬	亠 产 商 商 商 敵
音訓	シン はり	セン ぜに	コウ はがね	ラン みだ(れる・す)	ニュウ ちち・ち	コク きざ(む)	カツ わ(る・れる) わり・さ(く)	ソウ つく(る)	ゲキ	ケイ うやま(う)	テキ かたき
用例	針小棒大《しんしょうぼうだい》・針路《しんろ》 針金《はりがね》	銭湯《せんとう》 小銭《こぜに》	鋼材《こうざい》・製鋼《せいこう》 鋼《はがね》	乱雑《らんざつ》・反乱《はんらん》 乱《みだ》れる	乳歯《にゅうし》・母乳《ぼにゅう》 乳首《ちくび》・乳《ち》飲み子《ご》	深刻《しんこく》・即刻《そっこく》 刻《きざ》む	割愛《かつあい》・割《わ》る 割合《わりあい》・割《さ》く	創造《そうぞう》・創業《そうぎょう》 独創《どくそう》・創《つく》る	劇薬《げきやく》・劇場《げきじょう》 悲劇《ひげき》	敬意《けいい》・尊敬《そんけい》 敬《うやま》う	敵意《てきい》・無敵《むてき》

「刻」「割」「宇」「宙」「厳」は押さえておこう。読み・書きの両方で頻出する。ほかに書き取りで「郵」に気をつけよう。

1 次の太字のかなを漢字に直しなさい。

① 政府が**しし**んを示す。
物事を進める方向。

② **きんせん**感覚がない。
おかね。

③ **こうてつ**の肉体。
はがねのように強いこと。

④ 頭が**こんらん**する。
わけがわからなくなること。

⑤ **ぎゅうにゅう**を飲む。
ミルク。

⑥ 約束の**じこく**に行く。
ある定まったとき。

⑦ 土地を**ぶんかつ**する。
いくつかにわけること。

⑧ **そうさく**ダンスを踊る。
つくりだすこと。

⑨ **えんげき**部に所属する。
芝居。ドラマ。

⑩ **けいご**の使い方を学ぶ。
うやまう気持ちを表す表現。

⑪ **きょうてき**と戦う。
つよいてき。

2 次の太字の漢字の読み方を答えなさい。

① **針金**で補強する。
細長くのばした金属。

② **小銭**入れを拾う。
少しのおかね。

③ 気持ちが**乱**れる。
平静でなくなる。

④ かわいい**乳**飲み子《ご》。
赤ちゃん。

⑤ 玉ねぎを**刻**む。
切って細かくする。

⑥ 説明を**割愛**する。
省略する。

⑦ **割**引価格で提供。
いくらか安くすること。

⑧ 紙面を**割**く。
一部をあてる。

⑨ お年寄りを**敬**う。
大切にする。

⑩ 大都市**近郷**に住む。
都市に近い田舎。

⑪ 山の**頂**で休憩《きゅうけい》する。
いちばんうえ。

⑫ 荷物を**預**かる。
引き受けて守る。

⑬ 茶道《さどう》の**宗家**。
教えを伝えてきた家。

⑭ 子**宝**に恵まれる。
子供。

⑮ **厳**しく育てる。
接し方が甘くないさま。

1 ①指針 ②金銭 ③鋼鉄 ④混乱 ⑤牛乳 ⑥時刻 ⑦分割 ⑧創作 ⑨演劇 ⑩敬語 ⑪強敵 ⑫郷土 ⑬郵便 ⑭階段 ⑮頂上 ⑯預金 ⑰死亡 ⑱気宇 ⑲住宅 ⑳宗教 ㉑宇宙 ㉒国宝 ㉓宣伝 ㉔秘密 ㉕厳禁
2 ①はりがね ②こぜに ③みだ ④ちの ⑤きざ ⑥かつあい

部首	漢字	画数	筆順	読み	用例
阝	郷	11	乡 纟 纟 组 郷 郷	キョウ・ゴウ	郷里《きょうり》・望郷《ぼうきょう》 近郷《きんごう》
	郵	11	二 手 垂 垂 垂 郵	ユウ	郵便《ゆうびん》・郵送《ゆうそう》
殳	段	9	亻 𠂉 阝 段 段 段	ダン	段階《だんかい》・段落《だんらく》 手段《しゅだん》・値段《ねだん》
頁	頂	11	丁 丁 丁 頂 頂 頂	チョウ いただ(く) いただき	頂点《ちょうてん》・絶頂《ぜっちょう》 頂《いただ》く・山《やま》の頂《いただき》
	預	13	マ 予 預 預 預 預	ヨ あず(ける・かる)	預金《よきん》・預託《よたく》 預《あず》け金《きん》・預《あず》かる
亠	亡	3	丶 亠 亡	ボウ・モウ な(い)	亡命《ぼうめい》・亡者《もうじゃ》 亡《な》き祖父《そふ》
宀	宇	6	丶 丶 宀 宀 宀 宇	ウ	気宇壮大《きうそうだい》
	宅	6	丶 丶 宀 宀 宀 宅	タク	宅地《たくち》・社宅《しゃたく》 邸宅《ていたく》
	宗	8	丶 丶 宀 宀 宗 宗	シュウ・ソウ	宗派《しゅうは》・改宗《かいしゅう》 宗家《そうけ》・宗匠《そうしょう》
	宙	8	宀 宀 宀 宙 宙 宙	チュウ	宙返《ちゅうがえ》り・宇宙《うちゅう》
	宝	8	宀 宀 宀 宝 宝 宝	ホウ たから	財宝《ざいほう》・重宝《ちょうほう》 子宝《こだから》
	宣	9	宀 宀 宀 宣 宣 宣	セン	宣告《せんこく》・宣言《せんげん》 宣教師《せんきょうし》
	密	11	宀 宀 宓 宓 宓 密	ミツ	密度《みつど》・密着《みっちゃく》 厳密《げんみつ》・精密《せいみつ》
⺍	厳	17	⺍ 产 产 厳 厳 厳	ゲン・ゴン おごそ(か) きび(しい)	厳重《げんじゅう》・荘厳《そうごん》 厳《おごそ》か・厳《きび》しい

⑫ きょうどの歴史。
生まれ育った所。

⑬ ゆうびんで送る。
手紙を集めて配達すること。

⑭ 非常かいだんを使う。
だんになった通路。

⑮ ちょうじょうを目ざす。
いちばんうえの所。

⑯ 銀行によきんする。
おかねをあずけること。

⑰ 事故でしぼうする。
しぬこと。

⑱ きう壮大な計画だ。
心意気。

⑲ 郊外のじゅうたく地。
人がすむための家。

⑳ しゅうきょうの勧誘《かんゆう》。
神仏を信じようという教え。

㉑ うちゅう旅行がしたい。
大気圏の外の空間。

㉒ こくほうの一般公開。
くにが指定し保護するたから。

㉓ 新製品をせんでんする。
説明して広めること。

㉔ ひみつの話を漏《も》らす。
隠して教えないこと。

㉕ 火気げんきんだ。
きびしくとめること。

3 画数 次の漢字の総画数を算用数字で書きなさい。

① 刻 ② 郵 ③ 段 ④ 密 ⑤ 厳

4 類字 次の太字のかなを漢字に直しなさい。

① どくそう的な発想。
だれかのまねではないこと。

② そうこを整理する。
荷物を保管する建物。

③ 京都でうじ茶を買う。
京都府南部の市。

④ ごじの多い文章。
間違ったじ。

⑤ 毎日きたくが遅い。
家にかえること。

ことわざを覚えよう

石《いし》の上《うえ》にも三年《さんねん》

たとえつらくても一箇所に我慢《がまん》していれば、やがて報われること。

⑦わりびき ⑧さ ⑨うやま ⑩きんごう ⑪いただき ⑫あず ⑬そうけ ⑭こだから ⑮きび
3 ①8 ②11 ③9 ④11 ⑤17
4 ①独創 ②倉庫 ③宇治 ④誤字 ⑤帰宅

5級 第5回

漢字	部首	画数	筆順	音訓	用例
若	艹	8	一 艹 艹 芓 若 若	ジャク・ニャク｜わか(い)｜も(しくは)	若年《じゃくねん》・老若《ろうにゃく(ろうじゃく)》 若者《わかもの》・若《も》しくは
著	艹	11	一 十 艹 芏 荖 著	チョ あらわ(す) いちじる(しい)	著作《ちょさく》・顕著《けんちょ》 著《あらわ》す・著《いちじる》しい
蒸	艹	13	一 艹 艹 苶 莁 蒸	ジョウ む(す・れる・らす)	蒸気《じょうき》・蒸発《じょうはつ》 蒸《む》す・蒸《む》らす
蔵	艹	15	芦 芦 芦 蓎 蔵 蔵	ゾウ くら	蔵書《ぞうしょ》・地蔵《じぞう》 酒蔵《さかぐら》・米蔵《こめぐら》
窓	穴	11	宀 穴 空 空 窓 窓	ソウ まど	車窓《しゃそう》・深窓《しんそう》 窓口《まどぐち》・出窓《でまど》
署	罒	13	罒 罒 罒 罕 罗 署	ショ	自署《じしょ》・警察署《けいさつしょ》
筋	⺮	12	⺈ ⺮ 竹 笫 筋 筋	キン すじ	筋骨《きんこつ》・鉄筋《てっきん》 筋書《すじがき》・血筋《ちすじ》
策	⺮	12	⺈ ⺮ 竹 笞 笨 策	サク	策略《さくりゃく》・策士《さくし》 万策《ばんさく》・政策《せいさく》
簡	⺮	18	竹 竹 竹 節 節 簡	カン	簡易《かんい》・簡潔《かんけつ》 簡素《かんそ》・書簡《しょかん》
熟	灬	15	亨 享 孰 孰 孰 熟	ジュク う(れる)	熟慮《じゅくりょ》・成熟《せいじゅく》 熟《う》れる
尺		4	コ コ 尸 尺	シャク	尺八《しゃくはち》・巻尺《まきじゃく》 縮尺《しゅくしゃく》

「若」「届」が重要だ。読み方・書き取りの両方でよく出題される。訓読みを特に押さえておこう。そのほか「窓」「痛」「遺」にも注意しよう。

1 次の太字のかなを漢字に直しなさい。

① **じじゃく**たる態度。　動じずに落ち着いていること。
② **ちょめい**な作家。　世間によく知られているさま。
③ **じょうき**機関車。　スチーム。
④ 米を**ちょぞう**する。　たくわえること。
⑤ **どうそう**会に出席する。　おなじ学校で学んだ人。
⑥ **しょめい**を集める。　自分のなまえを文書に書き記すこと。
⑦ **きんりょく**を鍛《きた》える。　きんにくのちから。
⑧ 地震**たいさく**を考える。　状況に応じてとる方法。
⑨ **かんたん**な料理。　手数のかからないさま。
⑩ 資料を**じゅくどく**する。　よくよむこと。
⑪ 判断の**しゃくど**にする。　基準。

2 次の太字の漢字の読み方を答えなさい

① 年齢のわりに**若**い。　みずみずしい。
② 自伝を**著**す。　書く。
③ まんじゅうを**蒸**す。　ふかす。
④ **酒蔵**が建ち並ぶ。　酒を作る所。
⑤ **窓**を開ける。　室内に光や風を通すもの。
⑥ **消防署**に通報する。　人命救助にかかわる機関。
⑦ 物語の大まかな**筋**。　大体の話。
⑧ りんごが**熟**れる。　十分実ること。
⑨ 話の**展開**が早い。　なりゆき。
⑩ 出入り口に**居座**る。　ずっといる。
⑪ 後悔《こうかい》で胸が**痛**む。　苦しみを感じる。
⑫ 会期が三日**延**びる。　先になる。
⑬ 現役を**退**く。　身を引くこと。
⑭ **遺産**を相続する。　死者が残したもの。
⑮ 口を**閉**ざす。　一切しゃべらない。

1 ①自若 ②著名 ③蒸気 ④貯蔵 ⑤同窓 ⑥署名 ⑦筋力 ⑧対策 ⑨簡単 ⑩熟読 ⑪尺度 ⑫無届 ⑬展示 ⑭高層 ⑮県庁 ⑯座席 ⑰頭痛 ⑱延長 ⑲辞退 ⑳遺失 ㉑別冊 ㉒貧困 ㉓閉店 ㉔内閣
2 ①わか ②あらわ ③む ④さかぐら ⑤まど ⑥しょうぼうしょ

部首	漢字	画数	筆順	読み	用例
尸	届	8	コ 尸 吊 屆 届 届	とど(ける・く)	届《とど》ける・届《とど》く
尸	展	10	コ 尸 屏 屈 屏 展	テン	展開《てんかい》・展覧会《てんらんかい》 発展《はってん》・進展《しんてん》
尸	層	14	コ 尸 屃 層 層 層	ソウ	階層《かいそう》・断層《だんそう》 地層《ちそう》
广	庁	5	ヽ 亠 广 庀 庁	チョウ	庁舎《ちょうしゃ》・官庁《かんちょう》 都庁《とちょう》
广	座	10	亠 广 応 座 座 座	ザ すわ(る)	座談会《ざだんかい》・星座《せいざ》 座《すわ》る
疒	痛	12	亠 广 疒 疗 痟 痛	ツウ いた(い・む・める)	痛快《つうかい》・心痛《しんつう》 痛《いた》い・痛《いた》む
廴	延	8	亻 千 正 正 延 延	エン の(びる・べる・ばす)	延期《えんき》・順延《じゅんえん》 延《の》べ人数《にんずう》
辶	退	9	フ ヨ ヨ 艮 良 退	タイ しりぞ(く・ける)	引退《いんたい》・進退《しんたい》 退《しりぞ》く・退《しりぞ》ける
辶	遺	15	口 中 虫 貴 貴 遺	イ・ユイ	遺産《いさん》・遺体《いたい》 遺志《いし》・遺言《ゆいごん（いごん）》
冂	冊	5	丨 冂 冂 冊 冊	サツ・サク	冊子《さっし》・別冊《べっさつ》 短冊《たんざく》
囗	困	7	丨 冂 冂 困 困 困	コン こま(る)	困難《こんなん》・困惑《こんわく》 困《こま》る
門	閉	11	丨 冂 門 門 門 閉	ヘイ と(じる・ざす) し(める・まる)	閉口《へいこう》・密閉《みっぺい》 閉《と》じる・閉《し》める
門	閣	14	丨 冂 門 門 門 閣	カク	閣僚《かくりょう》・閣議《かくぎ》 組閣《そかく》・天守閣《てんしゅかく》

⑫ むとどけで欠勤する。
所属先に申し出ないこと。

⑬ 作品をてんじする。
並べて見せること。

⑭ こうそうビルを建てる。
建築物の階数が多いこと。

⑮ けんちょう所在地。
県の事務を処理する役所。

⑯ 新幹線のざせきを探す。
すわる場所。

⑰ 昨夜からずつうがする。
あたまのいたみ。

⑱ 時間をえんちょうする。
さらにのばすこと。

⑲ 受賞をじたいする。
断ること。

⑳ いしつ物を保管する。
わすれたりなくしたりすること。

㉑ べっさつ付録を付ける。
本誌とはべつに作った本。

㉒ 知識がひんこんだ。
とぼしいこと。

㉓ 本日は六時にへいてん。
業務を終えること。

㉔ ないかく総理大臣。
国の最高行政機関。

3 筆順 次の漢字の太い画のところは筆順の何画目か、算用数字で書きなさい。

① 蔵 ② 延 ③ 座 ④ 冊

4 類字 次の太字のかなを漢字に直しなさい。

① ぶしょを異動する。
定められた場所。

② しょちゅう見舞い。
夏のあつい間。

③ 技術がみじゅくだ。
十分でないさま。

④ こうねつを出して休む。
たかいねつ。

⑤ 生活にこまる。
苦しむ。

⑥ いんが関係を調べる。
げんいんとけっかの関係。

ことわざを覚えよう

命《いのち》あっての物種《ものだね》

何よりも命が大切だということ。

⑦すじ ⑧う ⑨てんかい ⑩いすわ ⑪いた ⑫の ⑬しりぞ ⑭いさん ⑮と **3** ①6 ②3 ③8 ④5 **4** ①部署 ②暑中 ③未熟 ④高熱 ⑤困 ⑥因果

5級 第6回

部首	漢字	画数	筆順	音訓	用例
一	並	8	、 ソ 䒑 并 并 並	ヘイ なみ・なら(べる・ぶ・びに)	並行《へいこう》・並列《へいれつ》 並木《なみき》・並《なら》ぶ
⺌	党	10	丨 丨丨 ⺌ 尚 尚 党	トウ	党派《とうは》・挙党《きょとう》 政党《せいとう》
几	処	5	ノ ク 夂 夂 処	ショ	処分《しょぶん》・処理《しょり》 対処《たいしょ》・善処《ぜんしょ》
刀	券	8	丷 龹 龹 关 券 券	ケン	旅券《りょけん》 乗車券《じょうしゃけん》
力	勤	12	一 艹 芇 堇 堇 勤	キン・ゴン つと(める・まる)	勤務《きんむ》・勤行《ごんぎょう》 勤《つと》める
卩	卵	7	⺁ ⺁ 卬 卯 卵 卵	ラン たまご	卵黄《らんおう》・排卵《はいらん》 卵《たまご》
卩	危	6	ノ 𠂊 ⺈ 产 厃 危	キ あぶ(ない) あや(うい・ぶむ)	危険《きけん》・危機《きき》 危《あぶ》ない・危《あや》うい
卩	巻	9	丷 龹 关 巻 巻 巻	カン ま(く) まき	巻頭《かんとう》・圧巻《あっかん》 巻《ま》く・巻物《まきもの》
又	収	4	丨 丩 収 収	シュウ おさ(める・まる)	収支《しゅうし》・回収《かいしゅう》 収《おさ》める・収《おさ》まる
口	后	6	一 厂 斤 斤 后 后	コウ	皇后《こうごう》・皇太后《こうたいごう》
口	否	7	一 ア 不 不 不 否	ヒ いな	否定《ひてい》・安否《あんぴ》 否《いな》めない

「並」「姿」は、読み・書きの両方でよく出題される漢字なので注意しておこう。ほかに「勤」「奮」が読み方、「専」「将」が書き取り問題でよく見られる。

1 次の太字のかなを漢字に直しなさい。

① 実力者が**へいりつ**する。 ならびたつこと。
② 保守的な**せいとう**だ。 政治家が作る団体。
③ 適切な**しょち**を取る。 取り扱い方を決めること。
④ **りょけん**を申請する。 パスポート。
⑤ **きんろう**感謝の日。 一生懸命働くこと。
⑥ 海ガメの**さんらん**。 たまごをうむこと。
⑦ **きがい**を加える。 生命や物品を損なうこと。
⑧ **かんまつ**資料を読む。 書物の終わりの部分。
⑨ 服の**しゅうのう**に困る。 しまうこと。
⑩ **こうごう**陛下。 君主のきさき。
⑪ 容疑を**ひにん**する。 みとめないこと。

2 次の太字の漢字の読み方を答えなさい。

① 牛丼《ぎゅうどん》の**並**を食べる。 普通であるさま。
② 商品を**並**べる。 次々に置く。
③ 銀行に**勤**める。 働く。
④ つばめが**卵**を産む。 鳥、虫、魚、は虫類が産むもの。
⑤ **危**ない橋を渡る。 害を受けそうで気がかりだ。
⑥ **巻物**を広げる。 軸に巻いた横に長い紙。
⑦ 勝利を**収**める。 よい結果を生み出す。
⑧ 行儀が**善**い。 正しい。
⑨ 釣り糸を**垂**らす。 ぶら下げる。
⑩ 勇気を**奮**い起こす。 気合いを高める。
⑪ まだ**姿**を見せない。 人の全体のかっこう。
⑫ 彼の**存在**は貴重だ。 そこにあること。
⑬ **専**ら聞き役になる。 それに集中するさま。
⑭ 集中して矢を**射**る。 放つ。
⑮ 命の**尊**さを考える。 大切であること。

1 ①並立 ②政党 ③処置 ④旅券 ⑤勤労 ⑥産卵 ⑦危害 ⑧巻末 ⑨収納 ⑩皇后 ⑪否認 ⑫改善 ⑬垂直 ⑭演奏 ⑮興奮 ⑯姿勢 ⑰保存 ⑱孝行 ⑲採寸 ⑳専門 ㉑注射 ㉒将来 ㉓尊敬
2 ①なみ ②なら ③つと ④たまご ⑤あぶ ⑥まきもの ⑦おさ ⑧よ

部首	口	土	大	大	女	子	子	寸	寸	寸	寸	寸
漢字	善	垂	奏	奮	姿	存	孝	寸	専	射	将	尊
画数	12	8	9	16	9	6	7	3	9	10	10	12
筆順	丷 兰 羊 羊 盖 善	二 三 乒 乒 垂 垂	三 声 夫 叁 奏 奏	大 衣 夵 奞 奮 奮	冫 次 次 姿 姿 姿	一 ナ 𠂇 存 存 存	一 十 土 耂 孝 孝	一 十 寸	一 百 亩 亩 専 専	自 自 身 身 射 射	丨 丬 丬 丬 将 将	丷 芮 酋 酋 酋 尊
読み	ゼン よ(い)	スイ た(れる・らす)	ソウ かな(でる)	フン ふる(う)	シ すがた	ソン・ゾン	コウ	スン	セン もっぱ(ら)	シャ い(る)	ショウ	ソン たっと(い・ぶ) とうと(い・ぶ)
用例	善後策《ぜんごさく》・善悪《ぜんあく》 善《よ》い行《おこな》い	垂直《すいちょく》・懸垂《けんすい》 垂《た》れる・垂《た》らす	伴奏《ばんそう》・合奏《がっそう》 奏《かな》でる	奮起《ふんき》・奮闘《ふんとう》 奮《ふる》う	姿勢《しせい》・容姿《ようし》 後《うし》ろ姿《すがた》	存亡《そんぼう》・既存《きそん》 存分《ぞんぶん》・実存《じつぞん》	孝行《こうこう》・不孝《ふこう》 忠孝《ちゅうこう》	寸法《すんぽう》・寸暇《すんか》 寸志《すんし》	専念《せんねん》・専用《せんよう》 専《もっぱ》ら	射撃《しゃげき》・発射《はっしゃ》 射《い》る	将棋《しょうぎ》・将軍《しょうぐん》 大将《たいしょう》	尊厳《そんげん》・尊大《そんだい》 尊《とうと》(たっと)い・尊《とうと》(たっと)ぶ

⑫ 制度のかいぜんを図る。
悪い面をよくすること。

⑬ すいちょく二等分線。
線や面が互いに九〇度で交わること。

⑭ ピアノをえんそうする。
かなでること。

⑮ こうふんして叫ぶ。
感情がたかぶること。

⑯ 前向きなしせい。
態度。

⑰ 冷蔵庫にほぞんする。
状態を保っておくこと。

⑱ 親こうこうな息子。
大切にすること。

⑲ 制服のさいすんを行う。
サイズを測る。

⑳ せんもん学校に通う。
そのことを主に行うこと。

㉑ 予防ちゅうしゃをする。
針をさして薬を体内に入れること。

㉒ しょうらいの夢を語る。
これから先。

㉓ 両親をそんけいする。
とうとびうやまうこと。

3 部首 次の漢字の部首を書きなさい。

① 並 ② 収 ③ 奮 ④ 存 ⑤ 将

4 類字 次の太字のかなを漢字に直しなさい。

① **せいぞん**を確認する。
いきていること。

② 両親は**けんざい**だ。
元気に暮らしていること。

③ 親に**こうよう**を尽くす。
親を大切にし、よくやしなう。

④ **ろうご**に備える。
年をとってからあと。

⑤ 新方法を**こうあん**する。
工夫してかんがえだす。

⑨た ⑩ふる ⑪すがた ⑫そんざい ⑬もっぱ ⑭い ⑮とうと
3 ①一 ②又 ③大 ④子 ⑤寸
4 ①生存 ②健在 ③孝養 ④老後 ⑤考案

ことわざを覚えよう

魚心《うおごころ》あれば水心《みずごころ》あり

相手に自分と親しむ気持ちがあれば、こちらにも応ずる用意があること。

5級

第7回

漢字	部首	画数	筆順	音訓	用例
就	尢	12	亠 古 亨 京 就 就	シュウ・ジュ／つ(く・ける)	就寝《しゅうしん》・成就《じょうじゅ》・就《つ》く
己	己	3	㇆ コ 己	コ・キ／おのれ	自己《じこ》・知己《ちき》・己《おのれ》
幕	巾	13	一 艹 苜 莫 莫 幕	マク・バク	幕切《まくぎ》れ・内幕《うちまく》・幕府《ばくふ》・幕末《ばくまつ》
干	干	3	一 二 干	カン／ほ(す)／ひ(る)	干渉《かんしょう》・干害《かんがい》・干《ほ》す・干物《ひもの》
幼	幺	5	く 幺 幺 幻 幼	ヨウ／おさな(い)	幼児《ようじ》・幼稚《ようち》・幼《おさな》い
忘	心	7	丶 亠 亡 亡 忘 忘	ボウ／わす(れる)	忘却《ぼうきゃく》・備忘《びぼう》・物忘《ものわす》れ
忠	心	8	口 口 中 中 忠 忠	チュウ	忠言《ちゅうげん》・忠義《ちゅうぎ》・忠誠《ちゅうせい》
恩	心	10	冂 因 因 因 恩 恩	オン	恩人《おんじん》・謝恩会《しゃおんかい》
憲	心	16	宀 宝 宝 害 害 憲	ケン	憲法《けんぽう》・憲章《けんしょう》・違憲《いけん》・護憲《ごけん》
我	戈	7	二 千 手 我 我 我	ガ／われ・わ	我慢《がまん》・無我《むが》・我々《われわれ》・我《わ》が国《くに》
承	手	8	㇇ 了 手 承 承 承	ショウ／うけたまわ(る)	承知《しょうち》・伝承《でんしょう》・承《うけたまわ》る

「幼」「暮」「泉」は読み方・書き取りの両方に、「朗」は読み方の問題によく出題される。この回の漢字の部首は間違えやすいものが多いので注意しよう。

1 次の太字のかなを漢字に直しなさい。

① 監督にしゅうにんする。
任務や職務につくこと。

② りこ的な考え方を直す。
自分のもうけだけを考えること。

③ 博覧会がかいまくする。
始まること。

④ じゃっかん余裕がある。
少しばかり。

⑤ ようしょうのころの話。
おさないこと。

⑥ ぼうねん会を開く。
そのとしの苦労をわすれること。

⑦ 兄のちゅうこくを守る。
欠点などを直すようすすめること。

⑧ 命のおんじんだ。
世話になったひと。

⑨ 日本国けんぽう第一条。
基本となるきまり。

⑩ じがに目覚める。
じぶんがじぶんであるという意識。

⑪ その件はしょうちした。
聞き入れること。

2 次の太字の漢字の読み方を答えなさい。

① 十年来の知己。
しりあい。

② 幕末の歴史を学ぶ。
江戸時代の終わりごろ。

③ 物干しざおを買う。
洗ったものを日に当てる器具。

④ 幼い弟がいる。
年が非常に若い。

⑤ 備忘録をつける。
忘れたときに備えるメモ。

⑥ 都会で暮らす。
生活する。

⑦ 明朗な性格の人。
楽しそうなさま。

⑧ 朗らかな歌声。
晴れ晴れとして明るいさま。

⑨ 布を染める。
色や模様をつける。

⑩ 灰色の雲。
グレー。

⑪ 相異なる意見。
たがいに違っている。

⑫ 疑いのまなざし。
あやしく思うこと。

⑬ 天皇が即位する。
日本の君主。

⑭ 山盛りのご飯。
山のように高く積み上げる。

⑮ 農業が盛んだ。
広く行われるさま。

1 ①就任 ②利己 ③開幕 ④若干 ⑤幼少 ⑥忘年 ⑦忠告 ⑧恩人 ⑨憲法 ⑩自我 ⑪承知 ⑫暮改 ⑬朗読 ⑭感染 ⑮意欲 ⑯温泉 ⑰石灰 ⑱破片 ⑲異常 ⑳疑問 ㉑皇室 ㉒盛大 ㉓加盟
2 ①ちき ②ばくまつ ③ものほ ④おさな ⑤びぼうろく ⑥く ⑦めいろう ⑧ほが

日	月	木	欠	水	火	片	田	疋	白	皿	皿
暮	朗	染	欲	泉	灰	片	異	疑	皇	盛	盟
14	10	9	11	9	6	4	11	14	9	11	13
艹 芇 苩 荁 莫 暮	ㇷ ヨ ヨ 良 朗 朗	氵 氵 氿 氿 染 染	ハ 仌 仌 谷 谷 欲	白 白 皁 帛 帛 泉	一 厂 厂 灰 灰 灰	丿 丿 片 片	罒 田 田 畀 畀 異	匕 矣 矣 疑 疑 疑	ノ 亻 白 白 皇 皇	ノ 厂 成 成 盛 盛	日 明 明 明 盟 盟
ボ くれる・くらす	ロウ ほが(らか)	セン そ(める・まる) し(みる・み)	ヨク ほっ(する) ほ(しい)	セン いずみ	カイ はい	ヘン かた	イ こと	ギ うたが(う)	コウ・オウ	セイ・ジョウ も(る) さか(る・ん)	メイ
歳暮《せいぼ》・薄暮《はくぼ》 暮《く》れる・暮《く》らす	朗報《ろうほう》・明朗《めいろう》 朗《ほが》らか	染色《せんしょく》・汚染《おせん》 染《そ》める・染《し》みる	欲望《よくぼう》・食欲《しょくよく》 欲《ほっ》する・欲《ほ》しい	泉水《せんすい》・源泉《げんせん》 知恵《ちえ》の泉《いずみ》	灰白色《かいはくしょく》・石灰《せっかい》 灰色《はいいろ》・火山灰《かざんばい》	断片《だんぺん》・紙片《しへん》 片方《かたほう》・片手《かたて》	異論《いろん》・異国《いこく》 異《こと》なる	容疑《ようぎ》・質疑《しつぎ》 疑《うたが》う	皇族《こうぞく》・皇帝《こうてい》 法皇《ほうおう》・天皇《てんのう》	盛況《せいきょう》・繁盛《はんじょう》 盛《も》る・盛《さか》ん	盟友《めいゆう》・連盟《れんめい》 加盟《かめい》・同盟《どうめい》

⑫ 朝令《ちょうれい》ぼかい。
命令がひんぱんに変わること。

⑬ 詩をろうどくする。
声高くよみあげること。

⑭ 病気のかんせんを防ぐ。
病原体が体内に入ること。

⑮ 学習いよくに燃える。
積極的な気持ち。

⑯ おんせん旅行に行く。
地熱で熱せられわき出るいずみ。

⑰ せっかいで線を引く。
水酸化カルシウムの粉。

⑱ ガラスのはへん。
砕けたもののかけら。

⑲ この暑さはいじょうだ。
普通とことなっていること。

⑳ ぎもんに答える。
確信を持てない事柄。

㉑ こうしつを訪問する。
てんのうの一家。

㉒ せいだいなパーティー。
おおきな規模で行われるさま。

㉓ 国連にかめいする。
一員としてくわわること。

3 部首 次の漢字の部首を書きなさい。

① 就
② 幕
③ 暮
④ 片

4 類字 次の太字のかなを漢字に直しなさい。

① アジのひものを買う。
魚や貝などをほしたもの。

② 悪事せんりを行く。
悪い評判はすぐに知れ渡る。

③ 鶴《つる》のおんがえし。
助けてもらったことに報いること。

④ しあんをめぐらす。
あれこれと考えること。

⑤ スニーカーのかたほう。
二つのもののうちの一つ。

⑥ ぜっぱんになった本。
続けて発行するのをやめること。

ことわざを覚えよう

雨後《うご》の筍《たけのこ》
物事が次々に発生するたとえ。

⑨そ ⑩はいいろ ⑪あいこと ⑫うたが ⑬てんのう ⑭やまも ⑮さか **3** ①尢 ②巾 ③日 ④片 **4** ①干物 ②千里 ③恩返 ④思案 ⑤片方 ⑥絶版

5級 第8回

部首	画数	筆順	音訓	用例
目	看 9	一 三 手 看 看 看	カン	看板《かんばん》・看護《かんご》 看過《かんか》
穴	穴 5	丶 丷 宀 穴 穴	ケツ あな	墓穴《ぼけつ》・洞穴《どうけつ》 穴《あな》
糸	系 7	一 ㇀ 幺 幺 系 系	ケイ	系列《けいれつ》・系図《けいず》 体系《たいけい》・家系《かけい》
羽	翌 11	フ 习 习 羽 翌 翌	ヨク	翌朝《よくあさ》・翌年《よくねん》
耳	聖 13	F E 耳 耶 聖 聖	セイ	聖書《せいしょ》・聖域《せいいき》 詩聖《しせい》
肉(月)	胃 9	冂 田 田 甲 胃 胃	イ	胃腸《いちょう》・胃液《いえき》
肉(月)	背 9	一 ‡ ‡ 北 北 背	ハイ せ・せい そむ(く・ける)	背任《はいにん》・背景《はいけい》 上背《うわぜい》・背《そむ》く
至	至 6	一 云 云 云 至 至	シ いた(る)	至近《しきん》・夏至《げし》 至《いた》る
舌	舌 6	ノ 二 千 千 舌 舌	ゼツ した	毒舌《どくぜつ》・弁舌《べんぜつ》 猫舌《ねこじた》
虫	蚕 10	二 天 吞 吞 蚕 蚕	サン かいこ	蚕食《さんしょく》・養蚕《ようさん》 蚕《かいこ》
血	衆 12	血 血 血 衆 衆 衆	シュウ・シュ	大衆《たいしゅう》・観衆《かんしゅう》 衆生《しゅじょう》

「穴」「背」「至」「裏」が読み方の問題に出題された。「裁」「聖」「衆」「難」は、書き取りのほか、筆順の問題にも出題されることがあるので気をつけよう。

1 次の太字のかなを漢字に直しなさい。

① 徹夜で**かんびょう**する。 びょうにんを介抱すること。

② **ぼけつ**を掘る。 自分の言動があだとなること。

③ 指揮**けいとう**が乱れる。 順序を追って続くつながり。

④ **よくじつ**までに考える。 あくるひ。

⑤ **しんせい**な雰囲気《ふんいき》。 清らかでけがれがないさま。

⑥ **いちょう**の調子が悪い。 食物の消化・吸収を行う器官。

⑦ **はいご**関係を調べる。 表面に現れない部分。

⑧ **しこう**の精神を持つ。 この上なくすぐれていること。

⑨ **どくぜつ**をふるう。 意地の悪い皮肉。

⑩ **ようさん**の盛んな町。 カイコを飼って繭をとること。

⑪ **みんしゅう**の声を聴く。 多くの人々。

2 次の太字の漢字の読み方を答えなさい。

① **看過**できない問題。 見過ごす。

② 大きな**穴**を掘る。 くぼんだ所。

③ **背中**がかゆい。 胸や腹の反対側。

④ 命令に**背**く。 逆らう。反する。

⑤ 目的の場所に**至**る。 着く。

⑥ **蚕**が糸を吐く。 絹糸をとるために飼われる虫。

⑦ 生地を**裁**つ。 型紙に沿って切る。

⑧ 公平に人を**裁**く。 正邪善悪を判断する。

⑨ 馬子《まご》にも**衣装**。 着物。服。

⑩ 撮影の**裏話**を聞く。 知られていない話題。

⑪ **視力**が悪い。 物の形や位置を見分ける力。

⑫ 決勝戦に**臨**む。 対する。

⑬ **貴重品**を持ち歩く。 大切なもの。

⑭ **革製品**を扱う店。 動物の皮で作ったもの。

⑮ **骨身**にしみる。 体全体。

---

1 ①看病 ②墓穴 ③系統 ④翌日 ⑤神聖 ⑥胃腸 ⑦背後 ⑧至高 ⑨毒舌 ⑩養蚕 ⑪民衆 ⑫裁判 ⑬服装 ⑭脳裏 ⑮視界 ⑯展覧 ⑰君臨 ⑱警備 ⑲高貴 ⑳運賃 ㉑難題 ㉒革命 ㉓骨折

2 ①かんか ②あな ③せなか ④そむ ⑤いた ⑥かいこ ⑦た ⑧さば

部首	衣			見		臣	言	貝		隹	革	骨
漢字	裁	装	裏	視	覧	臨	警	貴	賃	難	革	骨
画数	12	12	13	11	17	18	19	12	13	18	9	10
筆順	土 圭 𡈽 表 裁 裁	丨 丬 壮 壮 装 装	亩 亩 重 裏 裏 裏	ラ ネ ネ 初 祖 視	丨 厂 臣 臣 監 覧	丨 厂 厂 臣 臥 臨	艹 芍 苟 敬 敬 警	口 中 虫 冑 貴 貴	仁 仟 任 賃 賃 賃	莒 莫 菓 菓 歎 難	一 廿 廿 芦 苫 革	口 冂 冎 冎 骨 骨
読み	サイ た(つ) さば(く)	ソウ・ショウ よそお(う)	リ うら	シ	ラン	リン のぞ(む)	ケイ	キ たっと(い・ぶ) とうと(い・ぶ)	チン	ナン かた(い) むずか(しい)	カク かわ	コツ ほね
用例	裁量《さいりょう》・体裁《ていさい》 裁《た》つ・裁《さば》く	服装《ふくそう》・装束《しょうぞく》 装《よそお》う	裏面《りめん》・表裏《ひょうり》 裏口《うらぐち》・裏側《うらがわ》	視野《しや》・視線《しせん》 注視《ちゅうし》・重視《じゅうし》	閲覧《えつらん》・一覧《いちらん》 回覧《かいらん》	臨時《りんじ》・臨床《りんしょう》 臨《のぞ》む	警告《けいこく》・警察《けいさつ》 警報《けいほう》	貴族《きぞく》・貴公子《きこうし》 貴《とうと(たっと)》い・貴《とうと(たっと)》ぶ	賃金《ちんぎん》・賃貸《ちんたい》 家賃《やちん》	難題《なんだい》・苦難《くなん》 難《かた》い・難《むずか(むつか)》しい	沿革《えんかく》・皮革《ひかく》 革靴《かわぐつ》	骨子《こっし》・老骨《ろうこつ》 骨身《ほねみ》・骨折《ほねお》り

⑫さいばんで争う。 司法機関がはんだんすること。
⑬ふくそうを改める。 みなり。
⑭考えがのうりに浮かぶ。 頭の中。
⑮しかいが開ける。 目で見通すことのできる範囲。
⑯絵画のてんらん会。 広く一般に見せること。
⑰政界にくんりんする。 絶対的な力を持つこと。
⑱けいびは万全だ。 非常時にそなえ、守ること。
⑲こうきな生まれの人。 身分がたかくてとうとい。
⑳うんちんを払う。 旅客や物をはこぶ料金。
㉑なんだいに取り組む。 むずかしいもんだい。
㉒産業かくめい。 制度などが急激に変わること。
㉓足首をこっせつする。 ほねがおれること。

3 部首 次の漢字の部首を書きなさい。

①聖 ②至 ③裏 ④臨 ⑤骨

4 類字 次の太字のかなを漢字に直しなさい。

①ちょっけいの弟子。 教えがじかに受け継がれるつながり。
②金にいとめを付けない。 思いのままに使うこと。
③やちんを払う。 いえを借りるのに払うお金。
④たいしゃく関係がある。 かすこととかりること。
⑤かもつ列車が出発する。 ものだけ運ぶ列車。

ことわざを覚えよう

江戸《えど》の敵《かたき》を長崎《ながさき》で討《う》つ　恨みを別のところで晴らすこと。

⑨いしょう ⑩うらばなし ⑪しりょく ⑫のぞ ⑬きちょうひん ⑭かわせいひん ⑮ほねみ **3** ①耳 ②至 ③衣 ④臣 ⑤骨 **4** ①直系 ②糸目 ③家賃 ④貸借 ⑤貨物

昇級問題

1 次の太字のかなを漢字に直しなさい。【37点】

①きゅういん力《りょく》が強い。
②絶対ふくじゅう。
③ラジオたいそう。
④敵にこうさんする。
⑤しょうがい物競走。
⑥借金をへんさいする。
⑦世相をはんえいする。
⑧水玉もようのシャツ。
⑨ぞうき移植の手術。
⑩公園のすなばで遊ぶ。
⑪夏休みのほしゅう。
⑫せいじゅんな少女。
⑬期間をたんしゅくする。
⑭内容をけんとうする。
⑮にんしきを深める。
⑯らんざつな部屋。
⑰しんこくな問題だ。
⑱手頃《てごろ》なねだん。
⑲ざいほうを発見する。
⑳じょうはつした水分。
㉑かんけつに説明する。
㉒町がはってんする。
㉓美しい夏のせいざ。
㉔試合をえんきする。
㉕退学しょぶんにする。
㉖銀行にきんむする。
㉗きけんな人物。
㉘廃品《はいひん》かいしゅう。
㉙思うぞんぶん楽しむ。
㉚仕事にせんねんする。
㉛じこ主張が激しい。
㉜いろんを唱える。
㉝かんご師を目ざす。
㉞はいけいが美しい写真。
㉟りんじニュース。
㊱けいさつに電話する。
㊲ちんたいマンション。

得点	
1	/37
2	/15
3	/8
4	/8
5	/6
6	/18
7	/8
合計	/100

●70点以上で合格です。

1 ①吸引 ②服従 ③体操 ④降参 ⑤障害 ⑥返済 ⑦反映 ⑧模様 ⑨臓器 ⑩砂場 ⑪補習 ⑫清純 ⑬短縮 ⑭検討 ⑮認識 ⑯乱雑 ⑰深刻 ⑱値段 ⑲財宝 ⑳蒸発 ㉑簡潔 ㉒発展 ㉓星座 ㉔延期 ㉕処分 ㉖勤務 ㉗危険 ㉘回収 ㉙存分 ㉚専念 ㉛自己 ㉜異論 ㉝看護 ㉞背景 ㉟臨時 ㊱警察 ㊲賃貸

2 ①そな ②さぐ ③かわぞ ④かぶしき ⑤しご ⑥おとず ⑦ぼにゅう

2 次の太字の漢字の読み方を答えなさい。 [15点]

① 果物を**供**える。
② 敵の状態を**探**る。
③ **川沿**いに建つ家。
④ **株式**会社の社長。
⑤ **私語**は禁止だ。
⑥ ふるさとを**訪**れる。
⑦ **母乳**を飲ませる。
⑧ **厳**かな式典。
⑨ りんごが**成熟**する。
⑩ 希望の職に**就**く。
⑪ **忠言**耳に逆らう。
⑫ **無我**夢中で戦う。
⑬ **朗報**が届く。
⑭ 今日は**夏至**だ。
⑮ 成績を**重視**する。

3 次の漢字の部首を書きなさい。 [8点]

① 垂
② 射
③ 皇
④ 視

4 次の漢字の太い画のところは筆順の何画目か、算用数字で書きなさい。 [8点]

① 域
② 誤
③ 郵
④ 裁

5 次の漢字の総画数を算用数字で書きなさい。 [6点]

① 蔵
② 冊
③ 片

6 次の太字のかなを漢字に直しなさい。 [18点]

① 先生はご**りっぷく**だ。
② **ふくざつ**な気持ち。
③ **おうふく**切符《きっぷ》を買う。
④ **ちょさく**権を守る。
⑤ 一日消防**しょちょう**。
⑥ **ざんしょ**お見舞い。
⑦ 親**ふこう**な息子。
⑧ 明日から期末**こうさ**だ。
⑨ **ろうか**現象が始まる。

7 次のことわざの空欄にあてはまる漢字を書きなさい。 [8点]

① 青菜に□。
② □降って地《じ》固まる。
③ 石の□にも三年。
④ □あっての物種《ものだね》。

⑧おごそ ⑨せいじゅく ⑩つ ⑪ちゅうげん ⑫むが ⑬ろうほう ⑭げし ⑮じゅうし **3** ①土 ②寸 ③白 ④見 **4** ①9 ②12 ③3 ④5 **5** ①15 ②5 ③4 **6** ①立腹 ②複雑 ③往復 ④著作 ⑤署長 ⑥残暑 ⑦不孝 ⑧考査 ⑨老化 **7** ①塩 ②雨 ③上 ④命

#　4級　第1回

部首	漢字	画数	筆順	音訓	用例
イ	仰	6	ノ イ 亻 化 仰 仰	ギョウ・コウ　あお(ぐ)　おお(せ)	仰視《ぎょうし》・信仰《しんこう》・仰《あお》ぐ・仰《おお》せ
イ	伺	7	亻 亻 们 伺 伺 伺	シ　うかが(う)	伺候《しこう》・伺《うかが》う
イ	依	8	亻 亻 仁 依 依 依	イ・エ	依頼《いらい》・依拠《いきょ》・帰依《きえ》
イ	侵	9	亻 亻 亻 侵 侵 侵	シン　おか(す)	侵入《しんにゅう》・不可侵《ふかしん》・侵《おか》す
イ	俗	9	亻 亻 亻 俗 俗 俗	ゾク	俗悪《ぞくあく》・民俗学《みんぞくがく》・世俗《せぞく》
イ	倒	10	亻 亻 亻 倒 倒 倒	トウ　たお(れる・す)	倒立《とうりつ》・転倒《てんとう》・倒《たお》れる・倒《たお》す
イ	偉	12	亻 亻 亻 偉 偉 偉	イ　えら(い)	偉人《いじん》・偉業《いぎょう》・偉《えら》い
イ	傍	12	亻 亻 亻 傍 傍 傍	ボウ　かたわ(ら)	傍線《ぼうせん》・傍聴《ぼうちょう》・傍《かたわ》ら
イ	傾	13	亻 亻 亻 傾 傾 傾	ケイ　かたむ(く・ける)	傾斜《けいしゃ》・傾倒《けいとう》・傾《かたむ》く・傾《かたむ》ける
イ	僧	13	亻 亻 亻 僧 僧 僧	ソウ	僧院《そういん》・高僧《こうそう》・小僧《こぞう》
イ	儀	15	亻 亻 亻 儀 儀 儀	ギ	儀式《ぎしき》・威儀《いぎ》・地球儀《ちきゅうぎ》

「伺」「依」「叫」「噴」に注意しておきたい。「噴」は読み方・書き取りの両方で、ほかは読み方の問題でよく出題される。特に訓読みを押さえておこう。

1　次の太字のかなを漢字に直しなさい。

① びっくりぎょうてん。　非常におどろくこと。
② 先生のお宅にうかがう。　「訪問する」の謙譲語。
③ 差はいぜん縮まらない。　もとのままであるさま。
④ 敵にしんりゃくされる。　他国に入って領土などを奪うこと。
⑤ 江戸時代のふうぞく。　生活のならわし。
⑥ 相手をあっとうする。　段違いの力でおさえつけること。
⑦ 彼はいだいな人物だ。　非常に立派なさま。
⑧ 事態をぼうかんする。　周りから見ていること。
⑨ 入試けいこうを調べる。　あるほうこうにむかうこと。
⑩ こうそうの説経を聴く。　知徳な行いのすぐれた法師。
⑪ れいぎをわきまえる。　社会の交際上の作法。

2　次の太字の漢字の読み方を答えなさい。

① 監督を師と仰ぐ。　尊敬する。
② 他人の領地を侵す。　入りこむ。
③ 俗世間の生活。　一般の世の中。
④ 病気で倒れる。　寝つく。
⑤ 偉い学者。　すぐれている。
⑥ 気持ちが傾く。　ひきつけられる。
⑦ 自分の流儀を守る。　やり方。
⑧ 大きな声で叫ぶ。　大声を発する。
⑨ 弱音を吐く。　口に出して言う。
⑩ 毎日嘆き暮らす。　悲しみにひたる。
⑪ 不満が噴き出す。　勢いよく外に出る。
⑫ 『坊ちゃん』を読む。　夏目漱石の小説。
⑬ 大雨で堤が切れる。　川の土手。
⑭ テレビが壊れる。　故障する。
⑮ 山の峰がそびえる。　頂上。

1　①仰天　②伺　③依然　④侵略　⑤風俗　⑥圧倒　⑦偉大　⑧傍観　⑨傾向　⑩高僧　⑪礼儀　⑫絶叫　⑬吐血　⑭吹奏　⑮咲　⑯感嘆　⑰噴火　⑱寝坊　⑲堤防　⑳鉄塔　㉑破壊　㉒峠道　㉓連峰　㉔全幅　㉕帽子
2　①あお　②おか　③ぞくせけん　④たお　⑤えら　⑥かたむ

部首	漢字	画数	筆順	音読み	訓読み	用例
口	叫	6	丨 口 口 叩 叫 叫	キョウ	さけ(ぶ)	叫喚《きょうかん》・絶叫《ぜっきょう》 叫《さけ》ぶ
口	吐	6	丨 口 口 叶 叶 吐	ト	は(く)	音吐朗々《おんとろうろう》 吐《は》き気《け》
口	吹	7	口 口 口′ 吖 吵 吹	スイ	ふ(く)	吹奏《すいそう》・鼓吹《こすい》 吹《ふ》く
口	咲	9	口 口′ 口″ 咄 咲 咲		さ(く)	遅咲《おそざ》き
口	嘆	13	口 口廾 口艹 嘆 嘆 嘆	タン	なげ(く・かわしい)	嘆息《たんそく》・驚嘆《きょうたん》 嘆《なげ》く
口	噴	15	口 口十 口卉 噴 噴 噴	フン	ふ(く)	噴出《ふんしゅつ》・噴射《ふんしゃ》 噴《ふ》く
土	坊	7	十 土 土′ 圹 坊 坊	ボウ・ボッ		坊主《ぼうず》・宿坊《しゅくぼう》 赤《あか》ん坊《ぼう》
土	堤	12	土 圠 坦 堤 堤 堤	テイ	つつみ	堤防《ていぼう》・防波堤《ぼうはてい》 堤《つつみ》
土	塔	12	土 垬 垯 垯 塔 塔	トウ		石塔《せきとう》・鉄塔《てっとう》 無線塔《むせんとう》
土	壊	16	土 圹 坤 壊 壊 壊	カイ	こわ(す・れる)	壊滅《かいめつ》・倒壊《とうかい》 壊《こわ》す・壊《こわ》れる
山	峠	9	山 山′ 山卜 峠 峠 峠		とうげ	峠道《とうげみち》・峠越《とうげご》え
山	峰	10	山 山′ 山夂 岎 峰 峰	ホウ	みね	秀峰《しゅうほう》・霊峰《れいほう》 峰《みね》
巾	幅	12	巾 巾一 巾冖 帼 幅 幅	フク	はば	幅員《ふくいん》・全幅《ぜんぷく》 肩幅《かたはば》・道幅《みちはば》
巾	帽	12	口 巾 巾冂 帽 帽 帽	ボウ		帽子《ぼうし》・脱帽《だつぼう》 角帽《かくぼう》

⑫ **ぜっきょう**が聞こえた。
声を限りにさけぶこと。

⑬ 胃を病んで**とけつ**する。
ちをはくこと。

⑭ **すいそう**楽部に入る。
管楽器をふき鳴らすこと。

⑮ 桜が**さく**。
つぼみが開くこと。

⑯ **かんたん**の声が上がる。
心に深くかんじてほめたたえること。

⑰ 火山が**ふんか**した。
マグマが地上にふき出ること。

⑱ **ねぼう**して遅れる。
朝遅くまでねていること。

⑲ **ていぼう**沿いを歩く。
川や海沿いに築く構造物。

⑳ 山に**てっとう**を建てる。
高圧送電線の柱。

㉑ 一瞬で街を**はかい**する。
こわすこと。

㉒ **とうげみち**を上る。
山の坂のみち。

㉓ アルプスの**れんぽう**。
つらなって続く山のみね。

㉔ **ぜんぷく**の信頼。
あらん限り。

㉕ **ぼうし**をかぶる。
頭にかぶるもの。

3 筆順 次の漢字の太い画のところは筆順の何画目か、算用数字で書きなさい。

① 偉　② 噴　③ 峠

4 類字 次の太字のかなを漢字に直しなさい。

① 暮らしに**なんぎ**する。
苦労すること。

② **ぎだい**を提出する。
話し合いのテーマ。

③ **ぎり**人情に厚い。
対人関係における体面や面目。

④ **よこはば**を測る。
よこの端から端までの距離。

⑤ 前途を**しゅくふく**する。
幸せを祈ること。

⑥ **ふくぎょう**は小説家だ。
本来の仕事のかたわらにする仕事。

ことわざを覚えよう

帯《おび》に短《みじか》したすきに長《なが》し
中途半端で使いものにならないこと。

3 ⑦りゅうぎ ⑧さけ ⑨は ⑩なげ ⑪ふ ⑫ぼっ ⑬つつみ ⑭こわ ⑮みね
4 ①3 ②6 ③5
4 ①難儀 ②議題 ③義理 ④横幅 ⑤祝福 ⑥副業

第2回 4級

「暇」は音読み・訓読みともに読み方の問題でよく出されるので気をつけよう。「弾」「恒」「慎」の読みにも注意。「慎」は書き取りにも出るよ。

部首	女	女	女	女	女	弓	彳	彳	彳	彳	彳
画数	奴 5	妙 7	姓 8	娘 10	婚 11	弾 12	征 8	彼 8	御 12	微 13	徴 14
筆順	く 女 女 奵 奴	く 女 女 妁 妙 妙	女 女 女 奸 姓 姓	女 女 女 娘 娘 娘	女 女 女 婚 婚 婚	弓 弓 弓 弾 弾 弾	彳 彳 行 行 征 征	彳 彳 彳 彼 彼 彼	彳 彳 彳 彳 御 御	彳 彳 彳 彳 微 微	彳 彳 彳 彳 徴 徴
音訓	ド	ミョウ	セイ・ショウ	むすめ	コン	ダン ひ(く)・はず(む) たま	セイ	ヒ かれ・かの	ギョ・ゴ おん	ビ	チョウ
用例	奴隷《どれい》・守銭奴《しゅせんど》 農奴《のうど》	妙技《みょうぎ》・巧妙《こうみょう》 奇妙《きみょう》	姓名《せいめい》・同姓《どうせい》 百姓《ひゃくしょう》	娘心《むすめごころ》・娘盛《むすめざか》り	婚約《こんやく》・婚礼《こんれい》 新婚《しんこん》	弾丸《だんがん》・弾圧《だんあつ》 弾《ひ》く・弾《はず》む	征服《せいふく》・征伐《せいばつ》 遠征《えんせい》	彼我《ひが》・彼岸《ひがん》 彼《かれ》ら・彼女《かのじょ》	御者《ぎょしゃ》・御用《ごよう》 御中《おんちゅう》・御社《おんしゃ》	微細《びさい》・微笑《びしょう》 衰微《すいび》	徴収《ちょうしゅう》・徴候《ちょうこう》 特徴《とくちょう》

1 次の太字のかなを漢字に直しなさい。

① **のうど**を解放する。
農民とどれいの中間的な立場の人々。

② **しんみょう**な顔をする。
おとなしいさま。

③ **せいめい**判断をする。
名字と名前。

④ 素朴《そぼく》な**むらむすめ**。
むらに住む少女。

⑤ **けっこん**式を挙げる。
正式に夫婦となること。

⑥ **だんりょく**的な対応。
いろいろな状況に対応できる力。

⑦ **えんせい**試合。
とおくまで調査や試合に行くこと。

⑧ 暑さ寒さも**ひがん**まで。
春分、秋分の日の前後七日間。

⑨ 感情を**せいぎょ**する。
コントロールすること。

⑩ **びねつ**が下がらない。
健康なときより少し高い体温。

⑪ 平和の**しょうちょう**。
シンボル。

2 次の太字の漢字の読み方を答えなさい。

① **百姓**仕事をする。
農業。

② 子供の**弾**んだ声。
調子づく。

③ 銃に**弾**を込める。
弾丸。

④ **彼女**を招待する。
恋人である女の人。

⑤ **御礼**申し上げます。
「御」は敬意を表す接頭語。

⑥ **微動**だにしない。
わずかな動き。

⑦ 毎日**忙**しい。
やることが多い。

⑧ **恒久**の平和を願う。
ながく変わらないこと。

⑨ **悩**みを打ち明ける。
思いわずらうこと。

⑩ **悲惨**な結果となる。
悲しく痛ましいこと。

⑪ 派手な言動を**慎**む。
ひかえめにする。

⑫ **高慢**な態度をとる。
うぬぼれること。

⑬ 日が急に**陰**る。
暗くなる。

⑭ **隣**り合って座る。
すぐ近くになる。

⑮ **暇**を持てあます。
自由な時間。

1 ①農奴 ②神妙 ③姓名 ④村娘 ⑤結婚 ⑥弾力 ⑦遠征 ⑧彼岸 ⑨制御 ⑩微熱 ⑪象徴 ⑫多忙 ⑬恐怖 ⑭恒例 ⑮苦悩 ⑯惨事 ⑰慎重 ⑱自慢 ⑲記憶 ⑳円陣 ㉑山陰 ㉒隠居 ㉓隣接 ㉔余暇
2 ①ひゃくしょう ②はず ③たま ④かのじょ ⑤おんれい ⑥びどう

5級 4級 3級 準2級 2級

部首	漢字	画数	筆順	音読み	訓読み	用例
忄	忙	6	忄 忙	ボウ	いそが(しい)	忙殺《ぼうさつ》・繁忙《はんぼう》 忙《いそが》しい
忄	怖	8	忄 怖	フ	こわ(い)	恐怖《きょうふ》 怖《こわ》い
忄	恒	9	忄 恒	コウ		恒久《こうきゅう》・恒常《こうじょう》 恒星《こうせい》
忄	悩	10	忄 悩	ノウ	なや(む・ます)	悩殺《のうさつ》・煩悩《ぼんのう》 悩《なや》む・悩《なや》ます
忄	惨	11	忄 惨	サン・ザン	みじ(め)	悲惨《ひさん》・惨敗《ざんぱい》 惨《みじ》め
忄	慎	13	忄 慎	シン	つつし(む)	慎重《しんちょう》・謹慎《きんしん》 慎《つつし》む
忄	慢	14	忄 慢	マン		慢性化《まんせいか》・高慢《こうまん》 怠慢《たいまん》・我慢《がまん》
忄	憶	16	忄 憶	オク		憶測《おくそく》・追憶《ついおく》 記憶《きおく》
阝	陣	10	阝 陣	ジン		陣痛《じんつう》・陣地《じんち》 出陣《しゅつじん》・先陣《せんじん》
阝	陰	11	阝 陰	イン	かげ かげ(る)	陰影《いんえい》・光陰《こういん》 日陰《ひかげ》・陰《かげ》る
阝	隠	14	阝 隠	イン	かく(す・れる)	隠忍自重《いんにんじちょう》 隠《かく》す・隠《かく》れる
阝	隣	16	阝 隣	リン	となり となり	隣人《りんじん》・近隣《きんりん》 両隣《りょうどなり》・隣《とな》り
日	暇	13	日 暇	カ	ひま	余暇《よか》・寸暇《すんか》 暇《ひま》

⑫ たぼうな日々が続く。
非常にいそがしいこと。

⑬ 相手にきょうふを抱《いだ》く。
おそろしく感じること。

⑭ 毎年こうれいの行事。
いつも決まって行われること。

⑮ くのうの表情をする。
あれこれなやむこと。

⑯ 交通事故の大さんじ。
むごたらしいできごと。

⑰ しんちょうな態度。
注意深くふるまうさま。

⑱ じまんの息子。
良さを得意げに示すこと。

⑲ 幼いころのきおく。
心にとどまっている物事。

⑳ えんじんを組む。
多くの人がえんの形に並ぶこと。

㉑ さんいん地方の旅。
中国地方の日本海に面する地域。

㉒ いんきょ生活を送る。
仕事から離れて気ままに暮らすこと。

㉓ 公園がりんせつする。
となり合っていること。

㉔ よかには釣りを楽しむ。
あまりの時間。

3 部首 次の漢字の部首を書きなさい。

① 奴 ② 弾 ③ 恒 ④ 暇

4 類字 次の太字のかなを漢字に直しなさい。

① どうせい同名の人。
おなじ名字。

② 素直なせいかく。
気だて。気質。

③ 男性をのうさつする。
心をかき乱すこと。

④ 日米しゅのう会談。
中心となる人。

⑤ ついおくにふける。
過去を思いしのぶこと。

⑥ おくまん長者。
数が非常に多いこと。

ことわざを覚えよう

壁《かべ》に耳《みみ》あり障子《しょうじ》に目《め》あり

秘密はとかく漏《も》れやすいことのたとえ。

⑦ いそが ⑧ こうきゅう ⑨ なや ⑩ ひさん ⑪ つつし ⑫ こうまん ⑬ かげ ⑭ とな ⑮ ひま

3 ① 女 ② 弓 ③ 忄 ④ 日

4 ① 同姓 ② 性格 ③ 悩殺 ④ 首脳 ⑤ 追憶 ⑥ 億万

4級 第3回

部首	漢字	画数	筆順	音訓	用例
扌	払	5	一 十 才 扎 払	フツ / はら(う)	払暁《ふつぎょう》・払底《ふってい》 先払《さきばら》い・月払《つきばら》い
扌	扱	6	一 十 才 扌 扨 扱	あつか(う)	扱《あつか》う
扌	抗	7	一 十 才 扌 扩 扩 抗	コウ	抗議《こうぎ》・抗争《こうそう》 反抗《はんこう》
扌	抜	7	一 十 才 扌 扐 扐 抜	バツ / ぬ(く・ける)・ / かす・かる)	抜粋《ばっすい》・選抜《せんばつ》 抜《ぬ》く・抜《ぬ》ける
扌	押	8	才 扌 扣 押 押 押	オウ / お(す・さえる)	押収《おうしゅう》・押印《おういん》 押《お》す・押《お》さえる
扌	拠	8	才 扌 扐 执 执 拠	キョ・コ	拠点《きょてん》・根拠《こんきょ》 証拠《しょうこ》
扌	拓	8	才 扌 扩 扩 拓 拓	タク	拓本《たくほん》・魚拓《ぎょたく》 干拓《かんたく》
扌	抵	8	才 扌 扌 抵 抵 抵	テイ	抵当《ていとう》・抵触《ていしょく》 大抵《たいてい》
扌	拍	8	才 扌 扌 拍 拍 拍	ハク・ヒョウ	拍手《はくしゅ》・拍車《はくしゃ》 拍子《ひょうし》
扌	抱	8	才 扌 扚 抅 抅 抱	ホウ / だ(く)・いだ(く) / かか(える)	抱擁《ほうよう》・介抱《かいほう》 抱《かか》える
扌	振	10	才 扌 扩 扩 扼 振	シン / ふ(る・るう・ / れる)	振興《しんこう》・不振《ふしん》 振《ふ》るう

「扱」「描」「摘」が読み方の問題に頻出する。「摘」は書き取りの問題にも出ることがある。ほかには「抗」「抵」の書き取りに注意したい。

1 次の太字のかなを漢字に直しなさい。

① 料金を**しはら**う。 お金を渡すこと。
② 丁寧に**あつか**う。 使用すること。
③ 学級**たいこう**で争う。 互いに勝ちを争うこと。
④ **ばつぐん**の成績。 飛び抜けていること。
⑤ 扉を**お**す。 手前から向こうに力を加える。
⑥ **しょうこ**品を提出する。 事実を明らかにする材料。
⑦ 荒れ地を**かいたく**する。 切りひらいて田畑にする。
⑧ 必死で**ていこう**する。 逆らうこと。
⑨ **はくしゅ**で見送る。 てをたたいて音を出すこと。
⑩ 新年の**ほうふ**を述べる。 決意。
⑪ 激しく**しんどう**する。 揺れ動くこと。

2 次の太字の漢字の読み方を答えなさい。

① **抜本**的に改革する。 根本の原因を除くこと。
② 東京が**本拠地**だ。 よりどころとなる場所。
③ 疑問を**抱**く。 心の中に持つ。
④ 首を横に**振**る。 ゆり動かす。
⑤ 現行犯で**捕**まえる。 とりおさえる。
⑥ 落とし穴を**掘**る。 穴をあける。
⑦ 正確に**描写**する。 客観的に表現すること。
⑧ 貧しい**絵描**き。 画家。
⑨ **握手**を交わす。 手と手を握り合うこと。
⑩ 権力を**握**る。 自分のものにする。
⑪ 陰ながら**応援**する。 はげますこと。
⑫ 新茶を**摘**む。 指先ではさみ取る。
⑬ 腕時計が**狂**う。 違った状態になる。
⑭ 幅が**狭**まる。 間隔をつめる。
⑮ **潮干狩**りをする。 浜辺で貝をとること。

1 ①支払 ②扱 ③対抗 ④抜群 ⑤押 ⑥証拠 ⑦開拓 ⑧抵抗 ⑨拍手 ⑩抱負 ⑪振動 ⑫捕手 ⑬発掘 ⑭素描 ⑮握力 ⑯声援 ⑰搬入 ⑱指摘 ⑲熱狂 ⑳手狭 ㉑狩猟 ㉒勇猛 ㉓獲得 ㉔増殖
2 ①ばっぽん ②ほんきょち ③いだ ④ふ ⑤つか ⑥ほ ⑦びょうしゃ

部首	漢字	画数	筆順	読み	用例
扌	捕	10	扌 扌 扩 捐 捕 捕	ホ　と(らえる・らわれる・る)　つか(まえる・まる)	捕球《ほきゅう》・捕獲《ほかく》　捕《と》る・捕《つか》まる
	掘	11	扌 扌 折 扨 掘 掘	クツ　ほ(る)	発掘《はっくつ》・採掘《さいくつ》　掘《ほ》る
	描	11	扌 扌 扌 拱 描 描	ビョウ　えが(く)　か(く)	描写《びょうしゃ》・素描《そびょう》　描《えが》く・描《か》く
	握	12	扌 扌 扌 护 握 握	アク　にぎ(る)	握手《あくしゅ》・把握《はあく》　握《にぎ》る
	援	12	扌 扌 扌 扌 揺 援	エン	援助《えんじょ》・後援《こうえん》　支援《しえん》
	搬	13	扌 扔 扔 搬 搬 搬	ハン	搬出《はんしゅつ》・搬送《はんそう》　運搬《うんぱん》
	摘	14	扌 扌 扌 扌 摘 摘	テキ　つ(む)	摘出《てきしゅつ》・摘要《てきよう》　摘《つ》む
犭	狂	7	ノ 犭 犭 犴 狂 狂	キョウ　くる(う・おしい)	狂気《きょうき》・狂言《きょうげん》　狂《くる》う・狂《くる》おしい
	狭	9	犭 犭 犭 犭 狭 狭	キョウ　せま(い)・せば(める・まる)	狭量《きょうりょう》・偏狭《へんきょう》　狭《せま》い・狭《せば》める
	狩	9	ノ 犭 犭 犭 狩 狩	シュ　か(る・り)	狩猟《しゅりょう》　きのこ狩《が》り
	猛	11	犭 犭 犭 猛 猛 猛	モウ	猛烈《もうれつ》・猛暑《もうしょ》　猛毒《もうどく》
	獲	16	犭 犭 犭 犭 獲 獲	カク　え(る)	獲得《かくとく》・捕獲《ほかく》　獲物《えもの》
歹	殖	12	一 歹 歹 殖 殖 殖	ショク　ふ(える・やす)	生殖《せいしょく》・繁殖《はんしょく》　殖《ふ》える・殖《ふ》やす

⑫ 野球部でほしゅをする。　キャッチャー。

⑬ 遺跡のはっくつをする。　ほり出すこと。

⑭ 鉛筆でそびょうする。　下絵をかくこと。

⑮ あくりょくが強い。　物をにぎりしめる手のちから。

⑯ 大きなせいえんを送る。　こえを掛けて励ますこと。

⑰ 家具をはんにゅうする。　運びいれること。

⑱ 欠点をしてきする。　具体的にさし示すこと。

⑲ ねっきょう的な応援。　夢中になること。

⑳ 部屋がてぜまになる。　使用するのにせまいさま。

㉑ しゅりょうの解禁日。　野生の鳥獣をとらえること。

㉒ ゆうもう果敢《かかん》に戦う。　いさましく強いこと。

㉓ 賞品をかくとくする。　手に入れること。

㉔ 細菌《さいきん》がぞうしょくする。　ふえること。

3 画数　次の漢字の総画数を算用数字で書きなさい。

① 扱　② 拠　③ 搬　④ 獲　⑤ 殖

4 類字　次の太字のかなを漢字に直しなさい。

① 鳥が虫をほしょくする。　つかまえてたべること。

② 水分をほきゅうする。　不足した分をおぎなうこと。

③ 脱税をてきはつする。　悪事を公表すること。

④ てきとうな形に切る。　ほどよく当てはまること。

⑤ ふてきな笑いを見せる。　大胆で恐れないこと。

ことわざを覚えよう

枯《か》れ木《き》も山《やま》のにぎわい

つまらないものでもないよりはましだということ。

⑧えか　⑨あくしゅ　⑩にぎ　⑪おうえん　⑫つ　⑬くる　⑭せば　⑮しおひが

3 ①6　②8　③13　④16　⑤12

4 ①捕食　②補給　③摘発　④適当　⑤不敵

第4回 4級

部首	漢字	画数	筆順	音訓	用例
氵	汚	6	丶 冫 氵 氵一 氵二 汚	オ よご(す・れる) きたな(い)・けが(す・れる・らわしい)	汚職《おしょく》・汚点《おてん》 汚《きたな》い
氵	汗	6	丶 冫 氵 氵一 氵二 汗	カン あせ	汗顔《かんがん》・発汗《はっかん》 汗《あせ》ばむ
氵	沢	7	丶 冫 氵 氵コ 氵コ 沢 沢	タク さわ	光沢《こうたく》・潤沢《じゅんたく》 沢歩《さわある》き
氵	沈	7	丶 冫 氵 氵冖 氵冖 沈 沈	チン しず(む・める)	沈黙《ちんもく》・沈滞《ちんたい》 沈《しず》む・沈《しず》める
氵	況	8	氵 氵 氵口 沪 沪 沢 況	キョウ	状況《じょうきょう》・近況《きんきょう》 比況《ひきょう》
氵	沼	8	氵 氵 沼 沼 沼 沼	ショウ ぬま	沼沢《しょうたく》・湖沼《こしょう》 沼地《ぬまち》・泥沼《どろぬま》
氵	泊	8	氵 氵 氵' 泊 泊 泊	ハク と(まる・める)	宿泊《しゅくはく》・外泊《がいはく》 泊《と》まる・泊《と》める
氵	浸	10	氵 氵 氵ヨ 浸 浸 浸	シン ひた(す・る)	浸水《しんすい》・浸透《しんとう》 水浸《みずびた》し
氵	浜	10	氵 氵 氵 浜 浜 浜	ヒン はま	海浜《かいひん》・砂浜《すなはま》 浜辺《はまべ》
氵	浮	10	氵 氵 氵 浮 浮 浮	フ う(く・かれる・かぶ・かべる)	浮沈《ふちん》・浮力《ふりょく》 浮《う》く
氵	涙	10	氵 氵 氵 涙 涙 涙	ルイ なみだ	感涙《かんるい》・落涙《らくるい》 涙《なみだ》ぐましい

読み方の問題では「汗」「涙」「淡」が、書き取り問題では「澄」「燥」が出題されることが多い。音読み・訓読みともに押さえておこう。

1 次の太字のかなを漢字に直しなさい。

① **おめい**を返上する。 悪い評判。
② **かんがん**の至りだ。 かおからあせが出るほど恥ずかしい。
③ **こうたく**のある生地《きじ》。 表面のつや。
④ **ちんちゃく**冷静な行動。 落ちついていて動じないさま。
⑤ 野球の**じっきょう**中継。 ありのままの様子。
⑥ **ぬまち**に足をとられる。 泥深くじめじめする所。
⑦ 無断**がいはく**の禁止。 自宅以外の所にとまること。
⑧ 床上《ゆかうえ》まで**しんすい**する。 みずびたしになること。
⑨ **かいひん**公園で遊ぶ。 はまべ。
⑩ 潜水艦が**ふじょう**する。 うかびあがること。
⑪ 思わず**らくるい**する。 泣くこと。

2 次の太字の漢字の読み方を答えなさい。

① 大気が**汚染**される。 汚れること。
② 絵の具で服を**汚**す。 汚くする。
③ 運動して**汗**を流す。 皮ふから出る液体。
④ **沢歩**きに出かける。 山間の小川を歩くこと。
⑤ 熱い湯に**浸**る。 中に入る。
⑥ **感涙**にむせぶ。 心に深く感じて流す涙。
⑦ **淡**い色が好きだ。 濃度が少ない。
⑧ 資料を**添**える。 つけ加える。
⑨ 横断歩道を**渡**る。 通って行く。
⑩ 暑さで氷が**溶**ける。 液状になる。
⑪ 雨の**滴**が垂れる。 つぶ状の液体。
⑫ **濁**った空気。 透明でない状態。
⑬ **濃**いお茶を飲む。 味の感じが強い。
⑭ **煙**が目にしみる。 物が燃えるときに出る気体。
⑮ 合格を**祈願**する。 祈り願うこと。

1 ①汚名 ②汗顔 ③光沢 ④沈着 ⑤実況 ⑥沼地 ⑦外泊 ⑧浸水 ⑨海浜 ⑩浮上 ⑪落涙 ⑫冷淡 ⑬添加 ⑭渡米 ⑮溶解 ⑯点滴 ⑰散漫 ⑱澄 ⑲汚濁 ⑳濃厚 ㉑禁煙 ㉒乾燥 ㉓爆破 ㉔祈念
2 ①おせん ②よご ③あせ ④さわある ⑤ひた ⑥かんるい ⑦あわ

部首	漢字	画数	筆順	読み	用例
	淡	11	氵 氵 氵' 氵' 氵'' 淡	タン / あわ(い)	淡水《たんすい》・濃淡《のうたん》 淡《あわ》い
	添	11	氵 氵 氵 添 添 添	テン / そ(える・う)	添付《てんぷ》・添削《てんさく》 添《そ》える・添《そ》う
	渡	12	氵 氵 氵 渡 渡 渡	ト / わた(る・す)	渡航《とこう》・譲渡《じょうと》 渡《わた》る・渡《わた》す
	溶	13	氵 氵 氵 溶 溶 溶	ヨウ / と(ける・かす・く)	溶解《ようかい》・溶接《ようせつ》 溶《と》ける・溶《と》かす
	滴	14	氵 氵 氵 滴 滴 滴	テキ / しずく / したた(る)	水滴《すいてき》・雨滴《うてき》 雨《あめ》の滴《しずく》・滴《したた》る
	漫	14	氵 氵 氵 漫 漫 漫	マン	漫画《まんが》・漫然《まんぜん》 放漫《ほうまん》
	澄	15	氵 氵 氵 澄 澄 澄	チョウ / す(む・ます)	清澄《せいちょう》・澄明《ちょうめい》 澄《す》む・澄《す》ます
	濁	16	氵 氵 氵 濁 濁 濁	ダク / にご(る・す)	濁流《だくりゅう》・清濁《せいだく》 濁《にご》る・濁《にご》す
	濃	16	氵 氵 氵 濃 濃 濃	ノウ / こ(い)	濃霧《のうむ》・濃紺《のうこん》 濃《こ》い
火	煙	13	火 火 火 煙 煙 煙	エン / けむり / けむ(る・い)	煙突《えんとつ》・喫煙《きつえん》 煙《けむり》・煙《けむ》る
	燥	17	火 火 火 燥 燥 燥	ソウ	乾燥《かんそう》・焦燥《しょうそう》
	爆	19	火 火 火 爆 爆 爆	バク	爆発《ばくはつ》・爆弾《ばくだん》 起爆《きばく》
礻	祈	8	礻 礻 礻 祈 祈 祈	キ / いの(る)	祈願《きがん》・祈念《きねん》 祈《いの》る

⑫ れいたんな仕打ち。 ひややかであること。

⑬ 食品てんか物の表示。 そえくわえること。

⑭ 留学のためとべいする。 アメリカに行くこと。

⑮ 鉄をようかいする。 熱してとかすこと。

⑯ 病院でてんてきを打つ。 薬などを静脈に少しずつ入れること。

⑰ 注意力がさんまんだ。 気がちってしまうこと。

⑱ 心がすむような音色だ。 けがれがなくなること。

⑲ 水質おだくの問題。 よごれにごること。

⑳ のうこうな味の料理。 こってりとしていること。

㉑ 映画館はきんえんだ。 たばこを吸ってはいけないこと。

㉒ かんそう注意報。 かわくこと。

㉓ ビルがばくはされる。 ばくはつによって物を破壊すること。

㉔ 恒久平和をきねんする。 いのること。

3 筆順 次の漢字の太い画のところは筆順の何画目か、算用数字で書きなさい。

① 濁 ② 煙 ③ 祈

4 類字 次の太字のかなを漢字に直しなさい。

① 海岸をしんしょくする。 水が土や岩をけずること。

② 権利をしんがいされる。 おかして損害を与えること。

③ すいよう性の薬。 みずにとけること。

④ ようにんしがたい問題。 許してみとめること。

⑤ 諸国をまんゆうする。 気の向くままに遊び巡《めぐ》ること。

⑥ まんしんが敗北を招《まね》く。 おごりたかぶること。

ことわざを覚えよう

清水《きよみず》の舞台《ぶたい》から飛《と》び下《お》りる

危険を顧《かえり》みず、思い切って事を行うこと。

⑧そ ⑨わた ⑩と ⑪しずく ⑫にご ⑬こ ⑭けむり ⑮きがん **3** ①10 ②1 ③7 **4** ①浸食 ②侵害 ③水溶 ④容認 ⑤漫遊 ⑥慢心

第5回 4級

部首	漢字	画数	筆順	音訓	用例
木	朽	6	一 十 オ 木 朩 朽	キュウ く(ちる)	不朽《ふきゅう》・老朽《ろうきゅう》 朽《く》ちる
	杯	8	十 木 朩 杧 杯 杯	ハイ さかずき	苦杯《くはい》・乾杯《かんぱい》 杯《さかずき》
	枯	9	木 朩 杜 杜 枯 枯	コ か(れる・らす)	枯淡《こたん》・枯渇《こかつ》 枯《か》れる・枯《か》らす
	柄	9	木 朩 朩 杤 柄 柄	ヘイ がら・え	横柄《おうへい》・絵柄《えがら》 人柄《ひとがら》
	桃	10	十 木 村 杉 桃 桃	トウ もも	桃源郷《とうげんきょう》・桜桃《おうとう》 桃色《ももいろ》
	欄	20	木 朩 椚 椚 欄 欄	ラン	欄外《らんがい》・欄干《らんかん》 解答欄《かいとうらん》
王	珍	9	一 T 王 玠 玢 珍	チン めずら(しい)	珍奇《ちんき》・珍妙《ちんみょう》 珍《めずら》しい
	環	17	王 珥 環 環 環 環	カン	環境《かんきょう》・循環《じゅんかん》 衆人環視《しゅうじんかんし》
	肪	8	刀 月 月 肪 肪 肪	ボウ	脂肪《しぼう》
	脂	10	刀 月 月 肝 脂 脂	シ あぶら	油脂《ゆし》・樹脂《じゅし》 脂《あぶら》
	胴	10	月 刖 刖 胴 胴 胴	ドウ	胴体《どうたい》・胴回《どうまわ》り

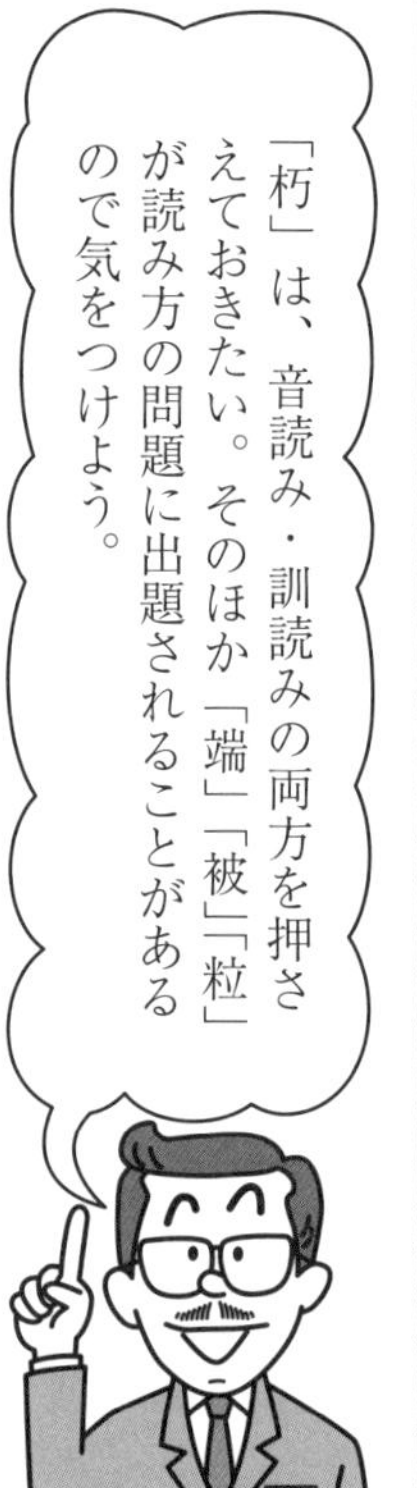
「朽」は、音読み・訓読みの両方を押さえておきたい。そのほか「端」「被」「粒」が読み方の問題に出題されることがあるので気をつけよう。

1 次の太字のかなを漢字に直しなさい。

① ろうきゅう化したビル。 古くなって役に立たないこと。
② 勝利のしゅくはい。 いわって飲む酒。
③ えいこ盛衰。 さかえることとおとろえること。
④ みがらを拘束される。 その人自身。
⑤ はくとうの皮をむく。 果肉がしろいモモ。
⑥ くうらんに語句を補う。 枠の中に何も書かれていないもの。
⑦ ちんみをみやげに買う。 めずらしい食べ物。
⑧ かんきょう破壊が進む。 人間や生物を取り巻く外界。
⑨ 低しぼう牛乳。 常温で固体の油し。
⑩ 合成じゅしを使用する。 木から出た液が固まったもの。
⑪ どうたい着陸を試みる。 主要な部分。

2 次の太字の漢字の読み方を答えなさい。

① 朽ちた倒木。 くさって形を失う。
② 父と杯を傾ける。 酒を飲むときの器。
③ 植木が枯れる。 草木が生命を失う。
④ 由緒《ゆいしょ》正しい家柄。 家の格式。
⑤ 表紙を桃色にする。 ピンク。
⑥ 脂の乗る年齢だ。 調子の出てくること。
⑦ 上着を脱ぐ。 取り去る。
⑧ プロ級の腕前だ。 力や技。
⑨ 立ったままで眠る。 目を閉じて休む。
⑩ 一瞬の出来事。 極めてわずかな間。
⑪ 主砲の一打が出る。 強打者。
⑫ 空に稲妻が走る。 雲と地上の間にひらめく電光。
⑬ 道端で財布を拾う。 道路のほとり。
⑭ 大変な迷惑を被る。 身に受ける。
⑮ 豆粒大の人形。 小さいということ。

1 ①老朽 ②祝杯 ③栄枯 ④身柄 ⑤白桃 ⑥空欄 ⑦珍味 ⑧環境 ⑨脂肪 ⑩樹脂 ⑪胴体 ⑫脚本 ⑬脱線 ⑭手腕 ⑮物腰 ⑯冬眠 ⑰瞬時 ⑱砲丸 ⑲対称 ⑳水稲 ㉑投稿 ㉒極端 ㉓被害 ㉔粒子 ㉕全般
2 ①く ②さかずき ③か ④いえがら ⑤ももいろ ⑥あぶら

部首	漢字	画数	筆順	音・訓	用例
月(肉)	脚	11	月 肝 肚 胠 脚 脚	キャク・キャ／あし	脚色《きゃくしょく》・行脚《あんぎゃ》・脚《あし》
	脱	11	月 肸 胪 胪 脟 脱	ダツ／ぬ(ぐ・げる)	脱色《だっしょく》・虚脱《きょだつ》・脱《ぬ》ぐ・脱《ぬ》げる
	腕	12	月 肸 胺 胺 腕 腕	ワン／うで	腕力《わんりょく》・敏腕《びんわん》・腕前《うでまえ》・細腕《ほそうで》
	腰	13	月 肝 腰 腰 腰 腰	ヨウ／こし	腰痛《ようつう》・腰部《ようぶ》・本腰《ほんごし》
目	眠	10	目 盯 眍 眍 眠 眠	ミン／ねむ(る・い)	安眠《あんみん》・睡眠《すいみん》・眠《ねむ》る
	瞬	18	目 盯 眍 瞬 瞬 瞬	シュン／またた(く)	瞬間《しゅんかん》・一瞬《いっしゅん》・瞬《またた》く
石	砲	10	厂 石 矷 矷 砲 砲	ホウ	大砲《たいほう》・鉄砲《てっぽう》・号砲《ごうほう》
禾	称	10	二 千 禾 秆 秆 称	ショウ	称号《しょうごう》・称賛《しょうさん》・愛称《あいしょう》・名称《めいしょう》
	稲	14	禾 秆 秆 秆 稲 稲	トウ／いね・いな	水稲《すいとう》・稲刈《いねか》り・稲作《いなさく》
	稿	15	禾 秆 秆 秆 稿 稿	コウ	原稿《げんこう》・遺稿《いこう》・脱稿《だっこう》
立	端	14	立 竝 竝 竝 端 端	タン／はし・は・はた	端正《たんせい》・異端《いたん》・片端《かたはし》・道端《みちばた》
衤	被	10	衤 衤 衤 衤 衤 被	ヒ／こうむ(る)	被告《ひこく》・被服《ひふく》・被《こうむ》る
米	粒	11	䒑 米 米 粁 粒 粒	リュウ／つぶ	粒子《りゅうし》・粒状《りゅうじょう》・豆粒《まめつぶ》・小粒《こつぶ》
舟	般	10	月 舟 舟 舟 般 般	ハン	一般《いっぱん》・諸般《しょはん》・先般《せんぱん》

⑫ドラマのきゃくほん。　シナリオ。
⑬話がだっせんする。　目的・本題から離れること。
⑭経営的しゅわんがある。　物事をうまくやる能力。
⑮ものごしの柔らかい人。　人に応対するときの話し方や態度。
⑯蛇はとうみんする。　ねむった状態でふゆを越すこと。
⑰しゅんじに反応する。　極めてわずかの時間。
⑱ほうがん投げの選手。　金属製の球。
⑲左右たいしょうの絵。　調和を保って釣り合うこと。
⑳すいとう農業が盛んだ。　水田で育てるイネ。
㉑雑誌にとうこうする。　自分の書いたものを寄せること。
㉒きょくたんな例。　非常にかたよるさま。
㉓台風によるひがい。　がいを受けること。
㉔細かいりゅうし。　極めて小さいつぶ。
㉕ぜんぱん的な動向。　ある事柄のぜんたい。

3 画数　次の漢字の総画数を算用数字で書きなさい。

①欄　②環　③被

4 類字　次の太字のかなを漢字に直しなさい。

①森の木がこしする。　かれること。
②交通じこにあう。　悪いできごと。
③蛇がだっぴする。　かわをぬぎすてること。
④著書のいんぜいが入る。　著作権の使用料。
⑤新聞のしゃせつを読む。　会社の意見や主張。
⑥少しかみんをとる。　ちょっとねむること。
⑦がんこうの鋭い人。　目のひかり。

ことわざを覚えよう

住《す》めば都《みやこ》

どんな所でも住み慣れるとそれなりのよさがある。自分の住む所が一番よいこと。

⑦ぬ　⑧うでまえ　⑨ねむ　⑩いっしゅん　⑪しゅほう　⑫いなずま　⑬みちばた　⑭こうむ　⑮まめつぶ
3 ①20　②17　③10
4 ①枯死　②事故　③脱皮　④印税　⑤社説　⑥仮眠　⑦眼光

4級

第6回

漢字	部首	画数	筆順	音訓	用例
紋	糸	10	幺 糸 糸' 紋 紋 紋	モン	紋章《もんしょう》・指紋《しもん》 家紋《かもん》
紹	糸	11	糸 紹 紹 紹 紹 紹	ショウ	紹介《しょうかい》
絡	糸	12	糸 糸 絡 絡 絡 絡	ラク から(む・まる・める)	連絡《れんらく》・脈絡《みゃくらく》 絡《から》まる
継	糸	13	糸 糸 継 継 継 継	ケイ つ(ぐ)	継続《けいぞく》・中継《ちゅうけい》 継《つ》ぐ
維	糸	14	幺 糸 糸 維 維 維	イ	維持《いじ》・維新《いしん》 繊維《せんい》
網	糸	14	糸 網 網 網 網 網	モウ あみ	網羅《もうら》・魚網《ぎょもう》 網戸《あみど》
縁	糸	15	糸 縁 縁 縁 縁 縁	エン ふち	縁故《えんこ》・血縁《けつえん》 縁取《ふちど》り・額縁《がくぶち》
緯	糸	16	幺 糸 緯 緯 緯 緯	イ	緯度《いど》・経緯《けいい》 北緯《ほくい》
繰	糸	19	糸 繰 繰 繰 繰 繰	く(る)	繰《く》り返《かえ》す
触	角	13	角 角 角 触 触 触	ショク ふ(れる) さわ(る)	触発《しょくはつ》・触媒《しょくばい》 触《ふ》れる・触《さわ》る
釈	釆	11	釆 釆 釆 釈 釈 釈	シャク	釈明《しゃくめい》・釈放《しゃくほう》 会釈《えしゃく》

この回では「維」「繰」が読み・書きの問題でよく出されるので注意しよう。ほかに、読みでは「縁」「詳」に、書き取りでは「継」「贈」に注意。

1 次の太字のかなを漢字に直しなさい。

① はもんが広がる。　石を投げるとできるなみの模様。
② 自己しょうかいをする。　解説して知らせること。
③ 電話でれんらくを取る。　情報を知らせること。
④ 伝統をけいしょうする。　うけつぐこと。
⑤ 現状をいじする。　同じ状態を保ち続けること。
⑥ いちもう打尽《だじん》にする。　一度に全部捕らえること。
⑦ 神社のえんにちに行く。　祭りが行われるひ。
⑧ 事件のけいいを述べる。　いきさつ。
⑨ 提出期限をくり上げる。　予定より早くする。
⑩ 異文化とのせっしょく。　交渉を持つこと。
⑪ 漢文をかいしゃくする。　意味や内容をのみこむこと。

2 次の太字の漢字の読み方を答えなさい。

① 家業を継ぐ。　あとを受けて続ける。
② 網戸を閉める。　網を張った戸。
③ 眼鏡《めがね》の縁をふく。　周りの部分。
④ 訴えを退ける。　裁きを求めること。
⑤ 百年の伝統を誇る。　名誉とする。
⑥ 年齢不詳の人。　詳しくわからないこと。
⑦ 詳しい資料を送る。　細かい点まで行き渡っている。
⑧ 童謡を歌う。　子供向けの歌。
⑨ 誕生日の贈り物。　プレゼント。
⑩ 工場の跡地。　建物を除いた土地。
⑪ ウサギが跳ねる。　飛び上がる。
⑫ 三段跳びをする。　陸上競技の一つ。
⑬ 社交ダンスを踊る。　音楽に合わせて体を動かす。
⑭ 足を踏まれる。　足で下の物を押さえる。
⑮ 楽しみで胸が躍る。　わくわくする。

1 ①波紋 ②紹介 ③連絡 ④継承 ⑤維持 ⑥一網 ⑦縁日 ⑧経緯 ⑨繰 ⑩接触 ⑪解釈 ⑫告訴 ⑬詰 ⑭誇示 ⑮詳細 ⑯民謡 ⑰市販 ⑱月賦 ⑲贈答 ⑳距離 ㉑追跡 ㉒跳躍 ㉓舞踊 ㉔雑踏 ㉕活躍
2 ①つ ②あみど ③ふち ④うった ⑤ほこ ⑥ふしょう

部首	漢字	画数	筆順	読み	用例
言	訴	12	亠 言 言 訂 訢 訴	ソ / うった(える)	起訴《きそ》・直訴《じきそ》 訴《うった》える
言	詰	13	言 計 計 詁 詰 詰	キツ / つ(める・まる・む)	詰問《きつもん》 詰《つ》める・詰《つ》まる
言	誇	13	言 言 訡 訡 誇 誇	コ / ほこ(る)	誇大《こだい》・誇張《こちょう》 誇《ほこ》る
言	詳	13	言 訁 詳 詳 詳 詳	ショウ / くわ(しい)	詳述《しょうじゅつ》・未詳《みしょう》 詳《くわ》しい
言	謡	16	言 訁 謡 謡 謡 謡	ヨウ / うたい / うた(う)	謡曲《ようきょく》・歌謡《かよう》 素謡《すうたい》・謡《うた》う
貝	販	11	目 貝 貝 販 販 販	ハン	販売《はんばい》・販路《はんろ》 市販《しはん》
貝	賦	15	貝 貝 貝 賦 賦 賦	フ	月賦《げっぷ》・天賦《てんぷ》
貝	贈	18	貝 貝 貝 贈 贈 贈	ゾウ・ソウ / おく(る)	贈答《ぞうとう》・寄贈《きそう(きぞう)》 贈《おく》る
足	距	12	口 足 足 距 距 距	キョ	距離《きょり》
足	跡	13	足 足 足 跡 跡 跡	セキ / あと	旧跡《きゅうせき》・追跡《ついせき》 足跡《あしあと》・城跡《しろあと》
足	跳	13	口 足 足 跳 跳 跳	チョウ / は(ねる) / と(ぶ)	跳躍《ちょうやく》 跳《は》ねる・跳《と》ぶ
足	踊	14	足 足 足 踊 踊 踊	ヨウ / おど(る・り)	舞踊《ぶよう》 踊《おど》る・踊《おど》り子《こ》
足	踏	15	足 足 足 踏 踏 踏	トウ / ふ(む・まえる)	踏襲《とうしゅう》・舞踏会《ぶとうかい》 足踏《あしぶ》み
足	躍	21	足 足 足 躍 躍 躍	ヤク / おど(る)	躍動《やくどう》・躍起《やっき》 躍《おど》る

⑫ 被害者がこくそする。
捜査を求めること。

⑬ お菓子のつめ合わせ。
いろいろな品物が入っていること。

⑭ 力をこじする。
得意げに見せること。

⑮ しょうさいな報告。
くわしくこまかなこと。

⑯ みんようを習う。
その土地の人々が作り、歌う歌。

⑰ しはんの薬を飲む。
普通の店で売ること。

⑱ 代金をげっぷで支払う。
つき割りで支払うこと。

⑲ 和歌をぞうとうし合う。
やりとりすること。

⑳ 駅までのきょりを測る。
へだたり。

㉑ 犯人をついせきする。
あとをおいかけること。

㉒ ちょうやく競技の選手。
高とびや幅とび。

㉓ 日本ぶようを習う。
動きで表現を行うこと。

㉔ ざっとうに紛《まぎ》れる。
人が多いこと。

㉕ 体育祭でかつやくする。
大いにはたらくこと。

3 筆順 次の漢字の太い画のところは筆順の何画目か、算用数字で書きなさい。

① 謡 ② 賦 ③ 踏

4 類字 次の太字のかなを漢字に直しなさい。

① えんぎでもないことだ。
不吉なものを感じること。

② しんりょくの季節。
若葉のみどり。

③ 仙台のほくいを調べる。
赤道より北のいど。

④ いぎょうを成し遂《と》げる。
すぐれたぎょうせき。

⑤ トップにやくしんする。
めざましい勢いで発展する。

⑥ 定休日はもくようです。
にちようから数えて第五番目の日。

ことわざを覚えよう

船頭《せんどう》多《おお》くして船《ふね》、山《やま》に登《のぼ》る

指図する人が多くて物事が進まないこと。

⑦くわ ⑧どうよう ⑨おく ⑩あとち ⑪は ⑫と ⑬おど ⑭ふ ⑮おど **3** ①13 ②14 ③9 **4** ①縁起 ②新緑 ③北緯 ④偉業 ⑤躍進 ⑥木曜

4級 第7回

部首	車	車	金	金	金	金	金	食	馬	馬	魚
漢字	軒	較	鈍	鉛	鋭	鎖	鑑	飾	駆	騒	鮮
画数	10	13	12	13	15	18	23	13	14	18	17
筆順	一 亘 車 車 軒 軒	一 亘 車 車 軗 較	牟 金 釒 釒 鈍 鈍	𠆢 牟 金 釒 鉛 鉛	𠆢 牟 金 釒 鋭 鋭	金 釒 釒 釒 鎖 鎖	金 釒 釒 釒 鑑 鑑	食 飠 飠 飠 飾 飾	丨 𠃍 馬 馬 駆 駆	馬 騒 騒 騒 騒 騒	⺈ 角 魚 魚 鮮 鮮
音訓	ケン のき	カク	ドン にぶ(い・る)	エン なまり	エイ するど(い)	サ くさり	カン かんが(みる)	ショク かざ(る)	ク か(ける・る)	ソウ さわ(ぐ)	セン あざ(やか)
用例	軒数《けんすう》・一軒家《いっけんや》 軒先《のきさき》・軒下《のきした》	比較《ひかく》	鈍化《どんか》・愚鈍《ぐどん》 鈍《にぶ》い・鈍《にぶ》る	黒鉛《こくえん》・亜鉛《あえん》 鉛色《なまりいろ》	鋭敏《えいびん》・新鋭《しんえい》 鋭《するど》い	鎖国《さこく》・封鎖《ふうさ》 鎖《くさり》	鑑定《かんてい》・印鑑《いんかん》 鑑《かんが》みる	服飾《ふくしょく》・修飾《しゅうしょく》 飾《かざ》る	駆除《くじょ》・先駆《せんく》 駆《か》ける	騒動《そうどう》・物騒《ぶっそう》 大騒《おおさわ》ぎ	鮮明《せんめい》・生鮮《せいせん》 鮮《あざ》やか

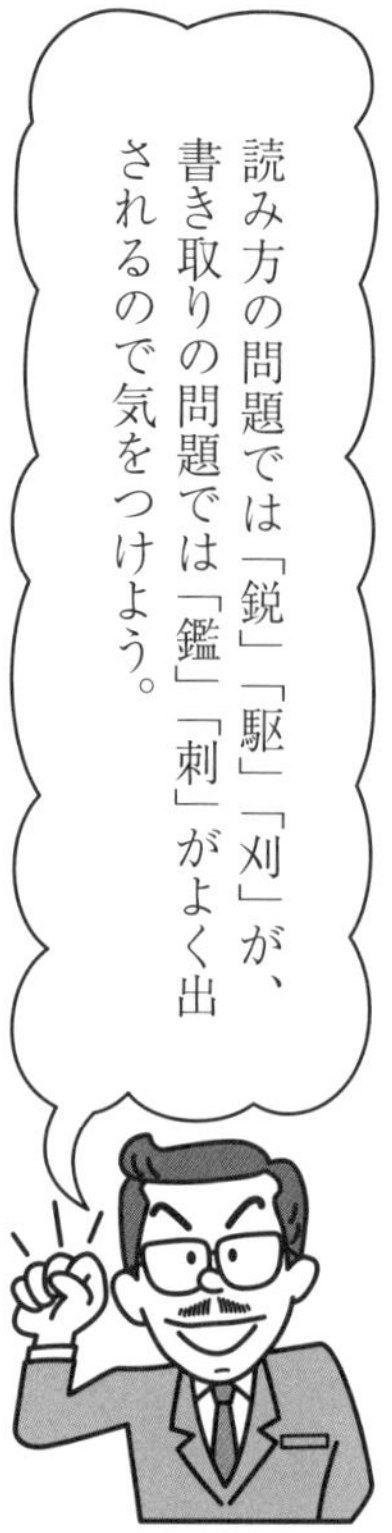

読み方の問題では「鋭」「駆」「刈」が、書き取りの問題では「鑑」「刺」がよく出されるので気をつけよう。

1 次の太字のかなを漢字に直しなさい。

① **いっけん**も家がない。 ひとつの家。

② 二つの案を**ひかく**する。 くらべ合わせること。

③ **どんかん**な人。 反応のしかたがにぶいさま。

④ **えんぴつ**で書く。 木の軸の中にしんが入った文房具。

⑤ **えいり**な刃物。 するどくてよく切れること。

⑥ **れんさ**反応が起こる。 つながっていること。

⑦ 音楽**かんしょう**。 芸術作品を味わうこと。

⑧ 室内を**そうしょく**する。 美しくかざること。

⑨ 四輪**くどう**の車。 力を与えてうごかすこと。

⑩ **そうおん**に悩まされる。 うるさく感じるおと。

⑪ **しんせん**な魚。 生き生きとしていること。

2 次の太字の漢字の読み方を答えなさい。

① **軒先**で雨やどり。 屋根が張り出した部分の端。

② 料理の腕が**鈍**る。 悪くなる。

③ **鉛色**の空。 淡いねずみ色。

④ **鋭**い指摘をする。 的確に本質をとらえるさま。

⑤ 犬を**鎖**でつなぐ。 金属の輪でできたひも。

⑥ 食卓を花で**飾**る。 美しくする。

⑦ 技術を**駆使**する。 使いこなすこと。

⑧ 一晩中仲間と**騒**ぐ。 やかましい音を立てる。

⑨ **鮮**やかな色。 目立つさま。

⑩ **刺激**の強い食べ物。 何らかの反応を起こさせること。

⑪ 悪臭《あくしゅう》が鼻を**刺**す。 においを強く感じる。

⑫ **消化剤**を飲む。 食べ物を吸収しやすくする薬。

⑬ **迷彩服**を着る。 敵の目をごまかすための服。

⑭ **人影**が見える。 人の影。

⑮ 敵の**弱点**を攻める。 攻撃すること。

1 ①一軒 ②比較 ③鈍感 ④鉛筆 ⑤鋭利 ⑥連鎖 ⑦鑑賞 ⑧装飾 ⑨駆動 ⑩騒音 ⑪新鮮 ⑫樹齢 ⑬刈 ⑭名刺 ⑮到着 ⑯真剣 ⑰洗剤 ⑱一巡 ⑲色彩 ⑳陰影 ㉑新郎 ㉒専攻 ㉓敏感 ㉔屋敷 **2** ①のきさき ②にぶ ③なまりいろ ④するど ⑤くさり ⑥かざ ⑦くし

部首	漢字	画数	筆順	音読み	訓読み	用例
歯	齢	17	｜ ト 止 歯 歯 齢	レイ		高齢《こうれい》・年齢《ねんれい》
刂	刈	4	ノ メ 乂 刈		か(る)	稲刈《いねか》り
刂	刺	8	一 丅 市 朿 朿 刺	シ	さ(す・さる)	刺客《しかく》・風刺《ふうし》 刺《さ》す・刺《さ》さる
刂	到	8	一 工 至 至 至 到	トウ		到来《とうらい》・到底《とうてい》 到達《とうたつ》
刂	剣	10	ノ 入 合 合 旬 剣	ケン	つるぎ	剣道《けんどう》・短剣《たんけん》 剣《つるぎ》の舞《まい》
刂	剤	10	亠 文 产 斉 斉 剤	ザイ		洗剤《せんざい》・下剤《げざい》 錠剤《じょうざい》
巛	巡	6	く 巛 巛 巡 巡 巡	ジュン	めぐ(る)	巡回《じゅんかい》・巡業《じゅんぎょう》 巡《めぐ》る
彡	彩	11	ノ 爫 采 平 采 彩	サイ	いろど(る)	精彩《せいさい》・水彩画《すいさいが》 彩《いろど》る
彡	影	15	日 旦 昌 景 景 影	エイ	かげ	影響《えいきょう》・投影《とうえい》 影絵《かげえ》・人影《ひとかげ》
阝	郎	9	丶 ヨ 良 良 郎 郎	ロウ		新郎《しんろう》
攵	攻	7	丅 工 工 丆 攻 攻	コウ	せ(める)	攻撃《こうげき》・後攻《こうこう》 攻《せ》める
攵	敏	10	亡 勹 每 每 敏 敏	ビン		敏速《びんそく》・過敏《かびん》 機敏《きびん》
攵	敷	15	一 亩 亩 亩 専 敷	フ	し(く)	敷設《ふせつ》・敷《し》く 敷石《しきいし》

⑫ じゅれい百年の大木。
木が生まれてから今日までの期間。

⑬ 庭の草をかる。
生えているものを切り取る。

⑭ めいしを交換する。
なまえや勤務先を記した小型の紙。

⑮ 列車がとうちゃくする。
目的地に行きつくこと。

⑯ しんけんな表情。
まじめであるさま。

⑰ 食器用のせんざい。
あらうための薬。

⑱ 打者がいちじゅんする。
また順番がまわってくること。

⑲ 絵のしきさいが美しい。
いろどりやいろ合い。

⑳ いんえいに富んだ文章。
深みがあること。

㉑ しんろう新婦の入場。
結婚式をあげたばかりの男性。

㉒ 哲学をせんこうする。
それぱかりを研究すること。

㉓ 流行にびんかんだ。
反応のしかたが鋭いこと。

㉔ 立派なやしきを構える。
大きないえ。

3 画数　次の漢字の総画数を算用数字で書きなさい。

① 鈍
② 鑑
③ 騒
④ 齢

4 類字　次の太字のかなを漢字に直しなさい。

① やくざい師を目ざす。
くすりを扱うことができる人。

② 難民をきゅうさいする。
すくい助けること。

③ 敵本土にしんこうする。
せめこむこと。

④ 作戦がせいこうする。
うまくなしとげること。

⑤ 動きがきびんだ。
すばやいさま。

⑥ けいろうの日。
お年寄りをうやまうこと。

ことわざを覚えよう

対岸《たいがん》の火事《かじ》

直接自分には利害関係のない出来事。

⑧さわ ⑨あざ ⑩しげき ⑪さ ⑫しょうかざい ⑬めいさいふく ⑭ひとかげ ⑮せ
3 ①12 ②23 ③18 ④17
4 ①薬剤 ②救済 ③侵攻 ④成功 ⑤機敏 ⑥敬老

第8回 4級

部首	漢字	画数	筆順	音訓	用例
殳	殿	13	尸 尸 屏 屈 展 殿	デン・テン との・どの	殿堂《でんどう》・御殿《ごてん》 殿様《とのさま》
隶	隷	16	士 圭 隶 隷 隷 隷	レイ	隷属《れいぞく》・奴隷《どれい》
頁	項	12	一 丅 工 巧 項 項	コウ	項目《こうもく》・同類項《どうるいこう》 要項《ようこう》
頁	頼	16	口 申 束 剌 頼 頼	ライ たの(む・もしい) たよ(る)	依頼《いらい》・信頼《しんらい》 頼《たの》む・頼《たよ》る
人	介	4	ノ 人 个 介	カイ	介入《かいにゅう》・介抱《かいほう》 紹介《しょうかい》
宀	寂	11	宀 宀 宇 宋 宋 寂	ジャク・セキ さび・さび(しい・れる)	静寂《せいじゃく》・寂然《せきぜん》（じゃくねん） 寂《さび》しい
宀	寝	13	宀 宀 疒 疒 寑 寝	シン ね(る・かす)	寝室《しんしつ》・就寝《しゅうしん》 寝《ね》る・寝《ね》かす
艹	芋	6	一 十 艹 艹 芏 芋	いも	芋掘《いもほ》り・里芋《さといも》
艹	芝	6	一 十 艹 艹 芝 芝	しば	芝居《しばい》
艹	茂	8	艹 艹 芦 芪 茂 茂	モ しげ(る)	繁茂《はんも》 茂《しげ》る
艹	荒	9	艹 芒 芒 芦 芹 荒	コウ あら(い) あ(れる・らす)	荒廃《こうはい》・荒涼《こうりょう》 荒波《あらなみ》・荒《あ》れる

「頼」「寂」「寝」「茂」「薪」が読み方の問題によく出されるので注意したい。「薪」はあまりなじみのない漢字だけど、きちんと押さえておこう。

1 次の太字のかなを漢字に直しなさい。

① 国王の**きゅうでん**。 王や君主が住む所。

② **どれい**を解放する。 他人の支配下にある人。

③ 注意**じこう**を確認する。 一つ一つのことがら。

④ **しんらい**関係を築く。 しんじてたよりとすること。

⑤ 祖父の**かいご**をする。 病人の世話をすること。

⑥ **せいじゃく**を破る声。 しずかでさびしいこと。

⑦ 十時に**しゅうしん**する。 ねどこに入ること。

⑧ **さといも**の煮物《にもの》を作る。 ぬめりのある小さいいも。

⑨ 隣の**しば**は青く見える。 イネ科の多年草

⑩ 夏草が**はんも**している。 たくさん生えていること。

⑪ **こうや**を開墾《かいこん》する。 あれはてたのはら。

2 次の太字の漢字の読み方を答えなさい。

① **御殿**のような家。 ごうかな家。

② **頼**もしい味方。 力になると思われるさま。

③ 親の援助に**頼**る。 力になると思ってすがる。

④ とても**寂**しい。 孤独な気持ちである。

⑤ 休日は一日中**寝**る。 眠りにつく。

⑥ 世間の**荒波**。 物事の激しいさま。

⑦ 食料を**蓄**える。 しまっておく。

⑧ **薪**で風呂《ふろ》を沸《わ》かす。 燃料となる枝や割り木。

⑨ **薄**味の料理。 調味料を少なめに入れること。

⑩ **突**き放した言い方。 感情を入れない。

⑪ 遠くで**雷**が鳴る。 いかずち。

⑫ 寒さで体が**震**える。 小刻みに動く。

⑬ **霧雨**が降り続く。 細かな雨。

⑭ 秘密を**暴露**する。 人々に知らせること。

⑮ 葉が**夜露**にぬれる。 夜間におりる露。

1 ①宮殿 ②奴隷 ③事項 ④信頼 ⑤介護 ⑥静寂 ⑦就寝 ⑧里芋 ⑨芝 ⑩繁茂 ⑪荒野 ⑫菓子 ⑬蓄積 ⑭薪水 ⑮軽薄 ⑯突然 ⑰罰金 ⑱箇所 ⑲模範 ⑳落雷 ㉑需要 ㉒地震 ㉓濃霧 ㉔露店
2 ①ごてん ②たの ③たよ ④さび ⑤ね ⑥あらなみ ⑦たくわ

部首	漢字	画数	筆順	読み	用例
	菓	11	艹 芇 苜 荁 菓 菓	カ	菓子《かし》・茶菓《さか》
	蓄	13	艹 芒 芓 芸 蓄 蓄	チク たくわ(える)	蓄財《ちくざい》・備蓄《びちく》 蓄《たくわ》える
	薪	16	艹 芏 芏 薪 薪 薪	シン たきぎ	薪炭《しんたん》・薪水《しんすい》 薪《たきぎ》
	薄	16	艹 芒 蒲 薄 薄 薄	ハク うす(い・める・まる・らぐ・れる)	薄情《はくじょう》・薄弱《はくじゃく》 薄《うす》い・薄《うす》める
穴	突	8	、 宀 穴 空 突 突	トツ つ(く)	突発《とっぱつ》・唐突《とうとつ》 突《つ》く
罒	罰	14	丨 冂 罒 罒 罰 罰	バツ・バチ	処罰《しょばつ》・天罰《てんばつ》 罰当《ばちあ》たり
竹	箇	14	⺮ 竹 笛 箇 箇 箇	カ	箇条書《かじょうが》き 箇所《かしょ》
竹	範	15	⺮ 笞 笞 範 範 範	ハン	範囲《はんい》・規範《きはん》 師範《しはん》
雨	雷	13	一 币 雨 雷 雷 雷	ライ かみなり	雷雨《らいう》・地雷《じらい》 雷《かみなり》おやじ
雨	需	14	一 币 雨 需 需 需	ジュ	需要《じゅよう》・必需品《ひつじゅひん》 内需《ないじゅ》
雨	震	15	一 雨 雷 震 震 震	シン ふる(う・える)	震災《しんさい》・地震《じしん》 身震《みぶる》い・震《ふる》える
雨	霧	19	雨 雺 雺 霧 霧 霧	ム きり	霧氷《むひょう》・雲散霧消《うんさんむしょう》 霧雨《きりさめ》・朝霧《あさぎり》
雨	露	21	雨 雫 雫 露 露 露	ロ・ロウ つゆ	露出《ろしゅつ》・披露《ひろう》 夜露《よつゆ》

⑫ おかし作りが趣味だ。
食事以外に食べる甘いもの。

⑬ 疲れがちくせきする。
たくさんたまること。

⑭ しんすいの労。
人に仕えて骨身を惜しまず働くこと。

⑮ けいはくな態度を嫌う。
言動に慎重さを欠くさま。

⑯ とつぜん人が倒れた。
急に。

⑰ 駐車違反のばっきん。
ばつとして出させるおかね。

⑱ 壊れたかしょを直す。
ところ。

⑲ 後輩のもはんとなる。
手本。

⑳ 街路樹にらくらいする。
かみなりがおちること。

㉑ じゅようを調べる。
商品や施設の希望。

㉒ 日本はじしんが多い。
じめんがふるえ動くこと。

㉓ のうむで前が見えない。
深いきり。

㉔ 縁日にろてんが並ぶ。
道端に並ぶみせ。

3 筆順 次の漢字の太い画のところは筆順の何画目か、算用数字で書きなさい。

① 隷　② 芝　③ 荒　④ 震

4 類字 次の太字のかなを漢字に直しなさい。

① 民法のじょうこう。
それぞれの事柄。

② 富士山にとうちょうする。
いただきにのぼること。

③ さかで客をもてなす。
おちゃとおかし。

④ 精密検査のけっか。
原因や行為から生じた状態。

⑤ かじょう書きする。
一つ一つの項目に分けて書き並べること。

⑥ 机をこていする。
動かないようにする。

ことわざを覚えよう

棚《たな》から牡丹餅《ぼたもち》

思いがけない幸運を得ること。

⑧たきぎ ⑨うすあじ ⑩つ ⑪かみなり ⑫ふる ⑬きりさめ ⑭ばくろ ⑮よつゆ
3 ①12 ②5 ③2 ④10
4 ①条項 ②登頂 ③茶菓 ④結果 ⑤箇条 ⑥固定

4級

第9回

部首	漢字	画数	筆順	音訓	用例
髟	髪	14	丨 镸 長 髟 髣 髪	ハツ かみ	頭髪《とうはつ》・整髪料《せいはつりょう》 髪結《かみゆ》い・日本髪《にほんがみ》
灬	為	9	丶 ソ 为 为 為 為	イ	営為《えいい》・作為《さくい》
灬	烈	10	一 ア 歹 歹 列 烈	レツ	烈火《れっか》・強烈《きょうれつ》 猛烈《もうれつ》
灬	煮	12	十 土 耂 者 者 煮	シャ に(る・える・やす)	煮沸《しゃふつ》 煮《に》る・煮《に》える
舛	舞	15	𠂉 𠂉 無 無 舞 舞	ブ ま(う)・まい	舞台《ぶたい》・鼓舞《こぶ》 舞《ま》う・舞扇《まいおうぎ》
尸	尽	6	コ コ 尸 尺 尽 尽	ジン つ(くす・きる・かす)	無尽蔵《むじんぞう》・理不尽《りふじん》 尽《つ》くす・尽《つ》きる
尸	尾	7	コ コ 尸 尸 屋 尾	ビ お	尾行《びこう》・語尾《ごび》 尾根《おね》
尸	屈	8	コ 尸 斤 屆 屈 屈	クツ	屈辱《くつじょく》・不屈《ふくつ》 理屈《りくつ》・退屈《たいくつ》
广	床	7	亠 广 广 庄 庄 床	ショウ とこ・ゆか	温床《おんしょう》・臨床《りんしょう》 床《とこ》の間《ま》・床板《ゆかいた》
戸	扇	10	一 ヨ 戸 戸 扇 扇	セン おうぎ	扇風機《せんぷうき》・扇動《せんどう》 舞扇《まいおうぎ》
疒	疲	10	广 疒 疒 疒 疒 疲	ヒ つか(れる)	疲労《ひろう》・疲弊《ひへい》 気疲《きづか》れ

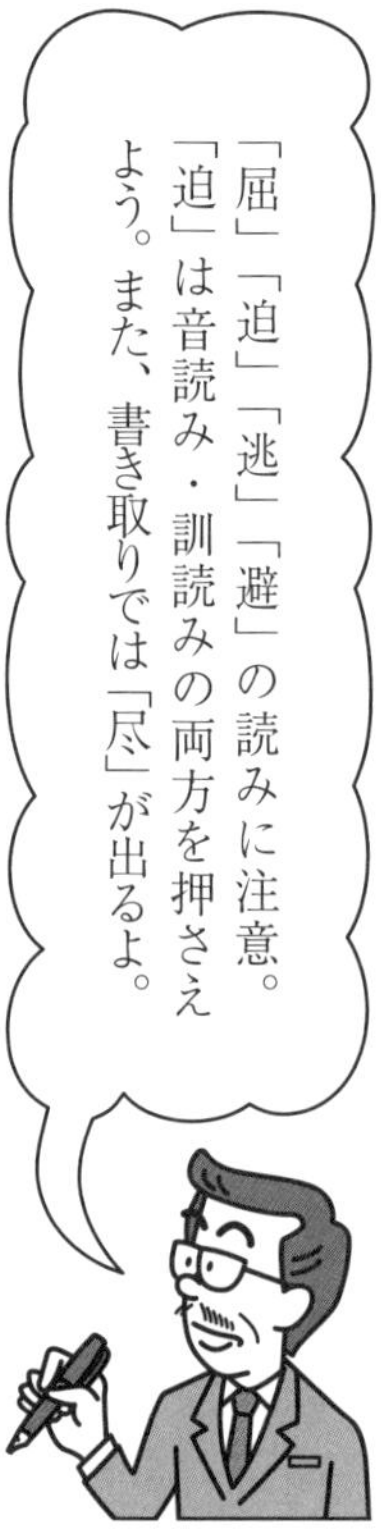

「屈」「迫」「逃」「避」の読みに注意。「迫」は音読み・訓読みの両方を押さえよう。また、書き取りでは「尽」が出るよ。

1 次の太字のかなを漢字に直しなさい。

① 力士の**だんぱつ**式。 まげを切る儀式。

② 軽率な**こうい**を責める。 おこない。

③ **つうれつ**に批判される。 非常に激しいさま。

④ **にざかな**を食べる。 さかなをにたもの。

⑤ **ぶたい**の上で演技する。 演劇や踊りを行う場所。

⑥ 発展に**じんりょく**する。 ちからをつくすこと。

⑦ **しゅび**一貫した態度。 始めと終わり。

⑧ 光が**くっせつ**する。 進行方向が変わること。

⑨ 朝七時に**きしょう**する。 ねどこからおき出すこと。

⑩ **せんす**を持って舞う。 携帯用のおうぎ。

⑪ 体に**ひろう**がたまる。 つかれ。

2 次の太字の漢字の読み方を答えなさい。

① **日本髪**を結う。 わが国に昔からある髪型。

② 木の葉が風に**舞**う。 空中をぐるぐる回る。

③ 大会**屈指**の好投手。 すぐれていること。

④ **床上**まで浸水する。 床の上。

⑤ 温泉で**疲**れをとる。 体力や気力のおとろえ。

⑥ 駅まで**迎**えに行く。 来るものを待ち受ける。

⑦ 敵の**迫力**に負ける。 心に強く迫る力。

⑧ 返済の期日が**迫**る。 近づく。

⑨ 追っ手を**逃**れる。 つかまらないようににげる。

⑩ **用途**の広い食器。 使いみち。

⑪ 日に**透**かす。 通して見る。

⑫ 食べるのが**遅**い。 時間がかかる。

⑬ 兄弟で性格が**違**う。 異なる。

⑭ 周囲に気を**遣**う。 細かい心配りをする。

⑮ 人込みを**避**ける。 離れた所に行く。

1 ①断髪 ②行為 ③痛烈 ④煮魚 ⑤舞台 ⑥尽力 ⑦首尾 ⑧屈折 ⑨起床 ⑩扇子 ⑪疲労 ⑫治療 ⑬見込 ⑭送迎 ⑮迫真 ⑯逃亡 ⑰途中 ⑱透明 ⑲遅刻 ⑳違反 ㉑派遣 ㉒避難 ㉓優越 ㉔趣味

2 ①にほんがみ ②ま ③くっし ④ゆかうえ ⑤つか ⑥むか ⑦はくりょく

部首	漢字	画数	筆順	読み	用例
	療	17	疒 疒 疒 瘆 瘆 療	リョウ	療養《りょうよう》・医療《いりょう》・診療《しんりょう》
辶	込	5	ノ 入 入 込 込	こ(む・める)	税込《ぜいこ》み・込《こ》める
辶	迎	7	′ ㇾ 卬 卬 迎 迎	ゲイ むか(える)	迎合《げいごう》・歓迎《かんげい》・迎《むか》える
辶	迫	8	′ 亻 白 白 白 迫	ハク せま(る)	迫害《はくがい》・切迫《せっぱく》・迫《せま》る
辶	逃	9	丿 丬 兆 兆 逃 逃	トウ に(げる・がす) のが(す・れる)	逃走《とうそう》・逃避《とうひ》・逃《に》げる・逃《のが》す
辶	途	10	ノ 人 亼 亼 余 途	ト	途方《とほう》・途端《とたん》・前途《ぜんと》・帰途《きと》
辶	透	10	二 千 禾 秀 秀 透	トウ す(く・かす・ける)	透視《とうし》・浸透《しんとう》・透《す》く・透《す》かす
辶	遅	12	コ 尸 尸 屖 犀 遅	チ おく(れる・らす) おそ(い)	遅延《ちえん》・遅参《ちさん》・遅《おく》れる・遅《おそ》い
辶	違	13	′ 土 咅 韋 韋 違	イ ちが(う・える)	違約《いやく》・相違《そうい》・違《ちが》う・間違《まちが》える
辶	遣	13	口 中 虫 貴 貴 遣	ケン つか(う・わす)	遣唐使《けんとうし》・派遣《はけん》・金遣《かねづか》い・遣《つか》わす
辶	避	16	コ コ 尸 辟 辟 避	ヒ さ(ける)	避暑《ひしょ》・不可避《ふかひ》・避《さ》ける
走	越	12	土 丰 走 走 越 越	エツ こ(す・える)	越冬《えっとう》・越権行為《えっけんこうい》・越《こ》す・越《こ》える
走	趣	15	土 丰 走 走 趣 趣	シュ おもむき	趣旨《しゅし》・趣向《しゅこう》・趣《おもむき》

⑫ 虫歯のちりょう。
なおすこと。

⑬ みこみのある新人。
将来の可能性。

⑭ 幼稚園のそうげいバス。
おくりむかえ。

⑮ はくしんの演技。
そのものらしさがあること。

⑯ 海外にとうぼうする。
にげて身を隠すこと。

⑰ とちゅうで道に迷う。
目的地に到着しないうち。

⑱ とうめいなガラス。
すき通って見えるさま。

⑲ 寝坊してちこくする。
おくれること。

⑳ スピードいはん。
法律や約束にそむくこと。

㉑ 記者をはけんする。
命じて出張させること。

㉒ ひなん訓練。
災いをさけて逃げること。

㉓ ゆうえつ感を持つ。
他人よりすぐれているという思い。

㉔ 読書がしゅみだ。
楽しみとして愛好するもの。

3 画数 次の漢字の総画数を算用数字で書きなさい。

① 髪
② 為
③ 舞
④ 迎

4 類字 次の太字のかなを漢字に直しなさい。

① 縦横《じゅうおう》むじんにふるまう。
思うままに自在にやること。

② しゃくはちを演奏する。
竹の根元の部分で作った縦笛。

③ くっきょうな信念。
とてもつよいさま。

④ 石油をさいくつする。
ほってとること。

⑤ こづかい銭《せん》を稼《かせ》ぐ。
ちょっとした買い物や遊びに使うお金。

⑥ 祖父のゆいごん。
死後のために残した言葉。

ことわざを覚えよう

寝《ね》た子《こ》を起《お》こす

何も知らない者にいらない知恵をつけること。

⑧せま ⑨のが ⑩ようと ⑪す ⑫おそ ⑬ちが ⑭つか ⑮さ **3** ①14 ②9 ③15 ④7 **4** ①無尽 ②尺八 ③屈強 ④採掘 ⑤小遣 ⑥遺言

4級 第10回

この回では「劣」「占」「含」を押さえよう。それぞれの音読み・訓読みを、熟語の形で読み書きできるようにしておきたい。

部首	画数	筆順	音訓	用例
匚	匹 4	一 丆 兀 匹	ヒツ ひき	匹敵《ひってき》・匹夫《ひっぷ》 一匹《いっぴき》
口	圏 12	冂 冂 冎 罔 圏 圏	ケン	圏外《けんがい》・首都圏《しゅとけん》
弋	弐 6	一 二 三 弐 弐 弐	ニ	弐万円《にまんえん》
門	闘 18	戸 門 門 闘 闘 闘	トウ たたか(う)	闘争《とうそう》・悪戦苦闘《あくせんくとう》 闘《たたか》う
一	丈 3	一 ナ 丈	ジョウ たけ	大丈夫《だいじょうぶ》 背丈《せたけ》
一	与 3	一 与 与	ヨ あた(える)	与党《よとう》・給与《きゅうよ》 与《あた》える
一	丘 5	ノ 亻 仁 斤 丘	キュウ おか	丘陵《きゅうりょう》・砂丘《さきゅう》 丘《おか》
丶	丹 4	丿 冂 円 丹	タン	丹念《たんねん》・丹精《たんせい》
乙	乾 11	十 古 吉 卓 卓 乾	カン かわ(く・かす)	乾燥《かんそう》・乾電池《かんでんち》 乾《かわ》く・乾《かわ》かす
二	互 4	一 工 互 互	ゴ たが(い)	相互《そうご》・交互《こうご》 互《たが》い
八	兼 10	当 当 当 兼 兼 兼	ケン か(ねる)	兼任《けんにん》・兼務《けんむ》 兼《か》ねる

1 次の太字のかなを漢字に直しなさい。

① プロにひってきする腕。 同じレベルであること。
② 合格けんないに入る。 範囲のうち。
③ 領収　金にまん円也。 証書では「二」を使わない。
④ とうびょう生活を送る。 やまいとたたかうこと。
⑤ じょうぶな体。 極めて健康であるさま。
⑥ 事件にかんよする。 かかわること。
⑦ 鳥取さきゅう。 すなが積もってできたおか。
⑧ たんねんに調査する。 ていねいに行うさま。
⑨ かんぱいの音頭《おんど》をとる。 さかずきを高く上げて飲み干すこと。
⑩ 両者ごかくの勝負。 優劣の差がないさま。
⑪ 辞書は弟とけんようだ。 いっしょに使うこと。

2 次の太字の漢字の読み方を答えなさい。

① 魚が数匹いる。 小動物や魚を数える単位。
② 背丈を比べる。 身長。
③ えさを与える。 やる。
④ 小高い丘に登る。 少し高くなった所。
⑤ 洗濯物が乾く。 水分がなくなる。
⑥ 互いに助け合う。 両方とも。
⑦ 大は小を兼ねる。 大きいほうが使い道がある。
⑧ 実力では劣らない。 下である。
⑨ 入部を勧める。 人にするように言う。
⑩ 相性を占う。 吉凶を判断する。
⑪ 申し出を却下する。 退けること。
⑫ 即決を求められる。 すぐその場で決めること。
⑬ 影響が地方に及ぶ。 行き渡る。
⑭ 含蓄に富む話。 意味深く味わいのあること。
⑮ 唐草模様の布。 つるや葉の様子を描いた模様。

1 ①匹敵 ②圏内 ③弐万 ④闘病 ⑤丈夫 ⑥関与 ⑦砂丘 ⑧丹念 ⑨乾杯 ⑩互角 ⑪兼用 ⑫非凡 ⑬凶作 ⑭劣悪 ⑮勧告 ⑯独占 ⑰返却 ⑱即興 ⑲追及 ⑳召集 ㉑含有 ㉒唐突 ㉓壱万

2 ①すうひき ②せたけ ③あた ④おか ⑤かわ ⑥たが ⑦か ⑧おと

部首	漢字	画数	筆順	読み	用例
几	凡	3	丿 几 凡	ボン・ハン	凡人《ぼんじん》・平凡《へいぼん》 凡例《はんれい》
凵	凶	4	ノ メ 区 凶	キョウ	凶悪《きょうあく》・凶暴《きょうぼう》 吉凶《きっきょう》・元凶《げんきょう》
力	劣	6	亅 小 小 少 劣 劣	レツ おと(る)	劣等《れっとう》・優劣《ゆうれつ》 劣《おと》る
力	勧	13	𠂉 午 乍 帋 奞 勧	カン すす(める)	勧誘《かんゆう》・勧告《かんこく》 勧《すす》める
卜	占	5	丨 卜 卜 占 占	セン し(める) うらな(う)	占領《せんりょう》・占拠《せんきょ》 占《し》める・占《うらな》う
卩	却	7	十 土 去 去 去 刦 却	キャク	退却《たいきゃく》・忘却《ぼうきゃく》 冷却《れいきゃく》
卩	即	7	㇆ ヨ 艮 艮 即 即 即	ソク	即応《そくおう》・即時《そくじ》 即位《そくい》
又	及	3	ノ 乃 及	キュウ およ(ぶ・び・ぼす)	及第《きゅうだい》・普及《ふきゅう》 及《およ》ぶ・及《およ》ぼす
口	召	5	㇇ 刀 刀 召 召	ショウ め(す)	召集《しょうしゅう》・召喚《しょうかん》 召《め》し上《あ》がる
口	含	7	人 𠆢 今 今 含 含 含	ガン ふく(む・める)	含蓄《がんちく》・包含《ほうがん》 含《ふく》む・含《ふく》める
口	唐	10	广 户 户 庐 唐 唐	トウ から	唐突《とうとつ》・遣唐使《けんとうし》 唐草模様《からくさもよう》
士	壱	7	一 十 士 吉 声 壱	イチ	壱万円《いちまんえん》

⑫ひぼんな才能。
とくにすぐれているさま。

⑬稲のきょうさく。
作物のできが悪いこと。

⑭れつあくな環境。
ひどくおとっているさま。

⑮引退をかんこくされた。
説きすすめること。

⑯上位をどくせんする。
ひとりじめすること。

⑰本をへんきゃくする。
かえすこと。

⑱そっきょうで詩を作る。
その場で作ること。

⑲責任をついきゅうする。
食いさがっておいつめる。

⑳国会のしょうしゅう。
天皇が議員にあつまるよう命じること。

㉑鉄分をがんゆうする。
成分としてふくむこと。

㉒とうとつな申し出。
とつぜんであるさま。

㉓領収　金いちまん円也。
証書では「一」を使わない。

3 部首 次の漢字の部首を書きなさい。

①圏　②闘　③丹　④占

4 類字 次の太字のかなを漢字に直しなさい。

①母はきじょうな人だ。
心がしっかりしていること。

②こうだいな平野。
ひろくおおきなさま。

③空気がかんそうする。
かわくこと。

④同窓会のかんじをする。
まとめ役。

⑤とうしを朗詠《ろうえい》する。
中国の古典の詩の一種。

⑥とうぶんのとりすぎだ。
甘みの成分。

ことわざを覚えよう

人《ひと》の花《はな》は赤《あか》い

他人のものはよく見えることのたとえ。

⑨すす　⑩うらな　⑪きゃっか　⑫そっけつ　⑬およ　⑭がんちく　⑮からくさ
3 ①口　②門　③丶　④卜
4 ①気丈　②広大　③乾燥　④幹事　⑤唐詩　⑥糖分

5級
4級
3級
準2級
2級

4級 第11回

漢字	部首	画数	筆順	音訓	用例
執	土	11	土 圭 幸 幸 執 執	シツ・シュウ / と(る)	執行《しっこう》・執着《しゅうちゃく》 執《と》る
堅	土	12	丨 𠂆 臣 臤 臤 堅	ケン / かた(い)	堅固《けんご》・中堅《ちゅうけん》 堅《かた》い
壁	土	16	コ 尸 居 辟 辟 壁	ヘキ / かべ	岸壁《がんぺき》・絶壁《ぜっぺき》 壁土《かべつち》・白壁《しらかべ》
奇	大	8	一 大 大 奇 奇 奇	キ	奇数《きすう》・奇想天外《きそうてんがい》 怪奇《かいき》・珍奇《ちんき》
奥	大	12	′ 门 冂 奥 奥 奥	オウ / おく	深奥《しんおう》・奥義《おうぎ(おくぎ)》 奥底《おくそこ》・奥深《おくぶか》い
威	女	9	ノ 厂 厂 反 威 威	イ	威圧《いあつ》・威力《いりょく》 示威《じい》
尋	寸	12	ヨ ヨ 尹 尋 尋 尋	ジン / たず(ねる)	尋問《じんもん》・尋常《じんじょう》 尋《たず》ねる
巨	工	5	丨 厂 F 巨 巨	キョ	巨額《きょがく》・巨匠《きょしょう》 巨漢《きょかん》
幾	幺	12	幺 幺 丝 幾 幾 幾	キ / いく	幾何《きか》 幾重《いくえ》・幾日《いくにち》
戒	戈	7	一 二 开 戒 戒 戒	カイ / いまし(める)	戒律《かいりつ》・訓戒《くんかい》 戒《いまし》める
戯	戈	15	ト 广 虍 虚 虚 戯	ギ / たわむ(れる)	戯曲《ぎきょく》・児戯《じぎ》 戯《たわむ》れる

この回で押さえておきたい漢字は「威」「恵」「惑」「暦」「曇」。初めの「威」は書き取りの問題に、残りの四字は読み方の問題によく見られるよ。

1 次の太字のかなを漢字に直しなさい。

① 小説をしっぴつする。 書くこと。

② けんじつな仕事ぶり。 手がたく確かで危なげがないさま。

③ てっぺきの守りを誇る。 守りが非常にかたいこと。

④ きみょうな現象。 普通ではない不思議なさま。

⑤ アルプスのやまおく。 やまのおく深い所。

⑥ いせいのよい声。 活気のあるさま。

⑦ じんじょうでない寒さ。 特別でないこと。

⑧ きょだいな迷路。 非常におおきいさま。

⑨ 代数ときかを学ぶ。 図形や空間に関する学問。

⑩ 徹夜でけいかいする。 注意し用心すること。

⑪ 幼児がゆうぎをする。 一定のルールがあるあそび。

2 次の太字の漢字の読み方を答えなさい。

① 会社で事務を執る。 仕事の態勢につく。

② 白壁の町並み。 白いしっくいを塗った壁。

③ 奇抜な意見。 風変わりなさま。

④ 威厳のある態度。 堂々としていること。

⑤ 幾分余裕がある。 ある程度。少し。

⑥ 自分を戒める。 前もって注意する。

⑦ 怒りが爆発した。 腹立ち。

⑧ 高い所を恐れる。 おびえる。

⑨ 恩恵を施す。 幸福をもたらすもの。

⑩ 恥の上塗りをする。 不名誉なこと。

⑪ 宣伝に惑わされる。 考えがまとまらなくなる。

⑫ 遠慮がちに頼む。 ひかえめにすること。

⑬ 要旨をまとめる。 内容の大事な点。

⑭ 世界に普及する。 広く行き渡ること。

⑮ 暦の上では秋だ。 カレンダー。

1 ①執筆 ②堅実 ③鉄壁 ④奇妙 ⑤山奥 ⑥威勢 ⑦尋常 ⑧巨大 ⑨幾何 ⑩警戒 ⑪遊戯 ⑫激怒 ⑬恐縮 ⑭知恵 ⑮無恥 ⑯失恋 ⑰迷惑 ⑱配慮 ⑲宗旨 ⑳下旬 ㉑是正 ㉒普通 ㉓西暦 ㉔曇天

2 ①と ②しらかべ ③きばつ ④いげん ⑤いくぶん ⑥いまし ⑦いか

部首	漢字	画数	筆順	読み	用例
心	怒	9	く 女 女 奴 奴 怒	ド / いか(る) / おこ(る)	怒号《どごう》・喜怒哀楽《きどあいらく》 / 怒《いか》り・怒《おこ》られる
心	恐	10	工 工 玑 巩 恐 恐	キョウ / おそ(れる・ろしい)	恐怖《きょうふ》・恐縮《きょうしゅく》 / 恐《おそ》ろしい
心	恵	10	一 亘 亩 叀 恵 恵	ケイ・エ / めぐ(む)	恩恵《おんけい》・知恵《ちえ》 / 恵《めぐ》む
心	恥	10	一 丅 F E 耳 恥	チ / はじ・は(じる・じらう)・は(ずかしい)	恥辱《ちじょく》・厚顔無恥《こうがんむち》 / 恥《は》じる
心	恋	10	亠 ナ 亣 亦 亦 恋	レン / こ(う)・こい / こい(しい)	恋愛《れんあい》・恋慕《れんぼ》 / 初恋《はつこい》・恋《こい》しい
心	惑	12	一 亘 亘 式 或 惑	ワク / まど(う)	当惑《とうわく》・誘惑《ゆうわく》 / 惑《まど》わされる
心	慮	15	丨 ⺊ 广 虍 慮 慮	リョ	考慮《こうりょ》・不慮《ふりょ》 / 深謀遠慮《しんぼうえんりょ》
日	旨	6	一 匕 匕 旨 旨 旨	シ / むね	論旨《ろんし》・趣旨《しゅし》 / 旨《むね》
日	旬	6	ノ 勹 勺 旬 旬 旬	ジュン・シュン	旬刊《じゅんかん》・上旬《じょうじゅん》 / 旬《しゅん》の野菜《やさい》
日	是	9	日 日 旦 早 昇 是	ゼ	是非《ぜひ》・是認《ぜにん》
日	普	12	丷 丷 并 並 並 普	フ	普請《ふしん》・普遍《ふへん》 / 普段《ふだん》
日	暦	14	一 厂 厂 麻 暦 暦	レキ / こよみ	還暦《かんれき》・旧暦《きゅうれき》 / 花暦《はなごよみ》
日	曇	16	日 昌 昻 曇 曇 曇	ドン / くも(る)	曇天《どんてん》 / 曇《くも》る

⑫ 裏切られてげきどする。
はげしくおこること。

⑬ きょうしゅくする。
おそれ入って身を小さくすること。

⑭ ちえを出し合う。
物事を考え、処理していく能力。

⑮ 厚顔むちだと批判する。
はじ知らず。

⑯ しつれんして落ち込む。
好きな人への思いがかなわないこと。

⑰ めいわくな思いをする。
不利益や不快さを感じること。

⑱ はいりょに欠ける人。
心配り。

⑲ しゅうし変えをする。
自分の好み・主義・やり方。

⑳ 今月のげじゅんに発売。
二十日ごろから月末までの間。

㉑ 不平等をぜせいする。
よい方向に改めること。

㉒ ごくふつうの家庭。
どこにでもあること。

㉓ せいれきで年を数える。
欧米でできたこよみ。

㉔ どんてんで外がうす暗い。
くもった天気。

3 **部首** 次の漢字の部首を書きなさい。

① 執　② 巨　③ 恥　④ 旬

4 **類字** 次の太字のかなを漢字に直しなさい。

① きせき的に助かる。
事実と思えないような不思議なさま。

② 新聞にきこうする。
文章を書いて送る。

③ じゅんかんの雑誌。
十日目ごとに発行する。

④ もんくなしの出来ばえ。
言い分。苦情。

⑤ 山中れきじつなし。
山の中では時がたつのを忘れること。

⑥ れきぜんとした事実。
はっきりしているさま。

ことわざを覚えよう

火《ひ》のない所《ところ》に煙《けむり》は立《た》たぬ

うわさが出るからには、根拠となる事実があるはずだということ。

⑧おそ　⑨おんけい　⑩はじ　⑪まど　⑫えんりょ　⑬ようし　⑭ふきゅう　⑮こよみ
3 ①土　②工　③心　④日
4 ①奇跡　②寄稿　③旬刊　④文句　⑤暦日　⑥歴然

第12回　4級

部首	漢字	画数	筆順	音訓	用例
手	撃	15	一 亘 車 軋 毄 撃	ゲキ　う(つ)	撃退《げきたい》・射撃《しゃげき》　撃《う》つ
斗	斜	11	人 今 余 余 斜 斜	シャ　なな(め)	斜線《しゃせん》・傾斜《けいしゃ》　斜《なな》め
日	更	7	一 丆 币 百 更 更	コウ　さら　ふ(ける・かす)	更新《こうしん》・更衣《こうい》　更《さら》に・更《ふ》ける
日	冒	9	丨 冂 曰 冃 冐 冒	ボウ　おか(す)	冒険《ぼうけん》・感冒《かんぼう》　冒《おか》す
日	替	12	二 夫 夫 扶 替 替	タイ　か(える・わる)	交替《こうたい》・代替《だいたい》　替《か》える・替《か》わる
木	朱	6	ノ 𠂉 牛 牛 朱 朱	シュ	朱色《しゅいろ》・朱塗《しゅぬ》り　朱子学《しゅしがく》
木	柔	9	マ 予 矛 柔 柔 柔	ジュウ・ニュウ　やわ(らか・らかい)	柔軟《じゅうなん》・柔和《にゅうわ》　柔《やわ》らかい
欠	歓	15	𠂉 牛 午 奋 雚 歓	カン	歓迎《かんげい》・歓声《かんせい》　交歓《こうかん》
止	歳	13	丨 止 产 产 岸 歳	サイ・セイ	歳末《さいまつ》・歳入《さいにゅう》　歳暮《せいぼ》
犬	獣	16	丷 当 単 兽 獣 獣	ジュウ　けもの	猛獣《もうじゅう》・鳥獣《ちょうじゅう》　獣道《けものみち》
玄	玄	5	丶 亠 玄 玄 玄	ゲン	玄関《げんかん》・玄米《げんまい》

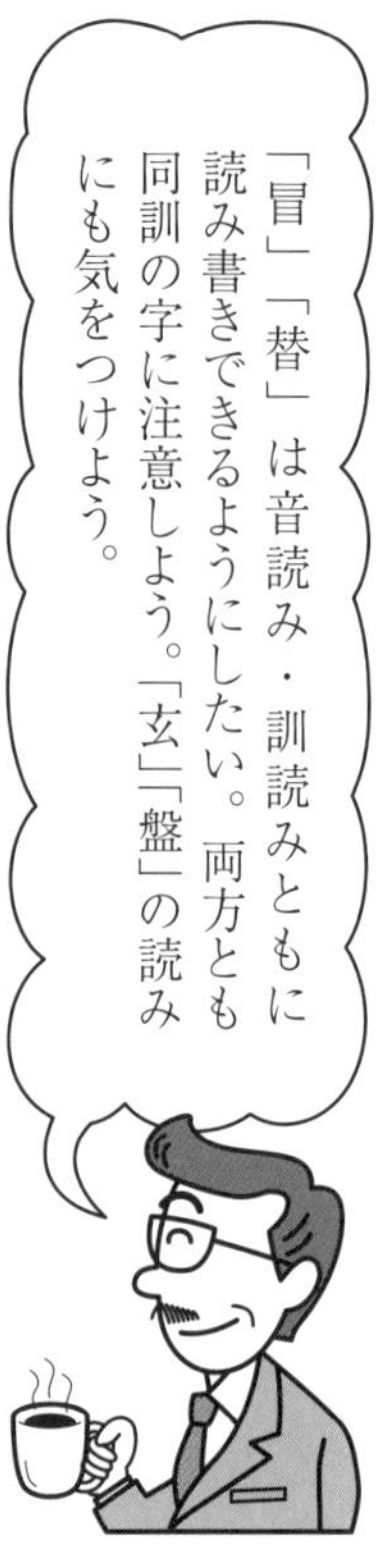
「冒」「替」は音読み・訓読みともに読み書きできるようにしたい。両方とも同訓の字に注意しよう。「玄」「盤」の読みにも気をつけよう。

1 次の太字のかなを漢字に直しなさい。

① 先制こうげきをする。　敵をうつこと。
② しゃめんを滑《すべ》り下りる。　ななめに傾いているめん。
③ 予定をへんこうする。　かえ改めること。
④ 話のぼうとうで詰まる。　初めの言葉。
⑤ こうたいで世話をする。　かわるがわる行うこと。
⑥ 印鑑にしゅにくを付ける。　はんこを押すとき使うもの。
⑦ じゅうどうの選手。　素手で行う日本の格闘術。
⑧ かんきの声を上げる。　大変よろこぶこと。
⑨ さいげつ人を待たず。　としつき。
⑩ 将来はじゅういを志す。　動物の病気を診る人。
⑪ げんかんで靴《くつ》を脱ぐ。　建物の正面の人が出入りする所。

2 次の太字の漢字の読み方を答えなさい。

① 鉄砲を撃つ。　発射する。
② 斜めに線をひく。　傾いているさま。
③ 今更質問できない。　今となってはもう。
④ 危険を冒す。　押し切って行う。
⑤ 銀行で両替をする。　ほかの貨幣と取りかえること。
⑥ 柔和な表情。　優しくてやわらかなさま。
⑦ お歳暮を届ける。　年末の贈り物。
⑧ 母親に甘える。　なれ親しんだ行為をする。
⑨ 青畳の香り。　新しい畳。
⑩ 皆の意見を聞く。　すべての人。
⑪ 暇を盗んで遊ぶ。　やりくりして利用する。
⑫ 空飛ぶ円盤を探す。　円形で平らなもの。
⑬ 経済的な後ろ盾。　助けたり守ったりする人。
⑭ 猫の繁殖時期。　生まれてふえること。
⑮ 翼を広げる。　はね。

1 ① 攻撃 ② 斜面 ③ 変更 ④ 冒頭 ⑤ 交替 ⑥ 朱肉 ⑦ 柔道 ⑧ 歓喜 ⑨ 歳月 ⑩ 獣医 ⑪ 玄関 ⑫ 甘美 ⑬ 重畳 ⑭ 皆無 ⑮ 盆地 ⑯ 盗難 ⑰ 監視 ⑱ 地盤 ⑲ 矛盾 ⑳ 矛先 ㉑ 優秀 ㉒ 紫外 ㉓ 繁栄 ㉔ 尾翼
2 ① う ② なな ③ いまさら ④ おか ⑤ りょうがえ ⑥ にゅうわ ⑦ せいぼ

部首	漢字	画数	筆順	読み	用例
甘	甘	5	一 十 廿 甘 甘	カン / あま(い・える・やかす)	甘受《かんじゅ》・甘味料《かんみりょう》 甘《あま》い・甘《あま》える
田	畳	12	田 罒 畀 畐 畳 畳	ジョウ / たた(む) / たたみ	畳語《じょうご》・半畳《はんじょう》 畳《たた》む・畳表《たたみおもて》
白	皆	9	一 ト 比 比 皆 皆	カイ / みな	皆勤《かいきん》・皆目《かいもく》 皆様《みなさま》
皿	盆	9	八 分 分 分 盆 盆	ボン	盆栽《ぼんさい》・旧盆《きゅうぼん》
皿	盗	11	冫 次 次 盗 盗 盗	トウ / ぬす(む)	盗塁《とうるい》・強盗《ごうとう》 盗《ぬす》む
皿	監	15	丨 厂 臣 臣 臣 監	カン	監守《かんしゅ》・監査《かんさ》 総監《そうかん》
皿	盤	15	舟 舟 般 般 盤 盤	バン	基盤《きばん》・吸盤《きゅうばん》 岩盤《がんばん》
目	盾	9	一 厂 斤 斤 盾 盾	ジュン / たて	矛盾《むじゅん》 後《うし》ろ盾《だて》
矛	矛	5	マ マ 予 予 矛	ム / ほこ	矛盾《むじゅん》 矛先《ほこさき》
禾	秀	7	一 二 千 禾 秀 秀	シュウ / ひい(でる)	秀逸《しゅういつ》・秀才《しゅうさい》 秀《ひい》でる
糸	紫	12	ト 止 止 此 紫 紫	シ / むらさき	紫外線《しがいせん》・紫煙《しえん》 紫《むらさき》
糸	繁	16	㇒ 𠂉 每 每 敏 繁	ハン	繁盛《はんじょう》・繁茂《はんも》 繁華街《はんかがい》
羽	翼	17	羽 羽 羽 翌 翌 翼	ヨク / つばさ	比翼《ひよく》・左翼《さよく》 翼《つばさ》

⑫かんびな調べの音楽。
うっとりと快く感じるさま。

⑬ちょうじょう至極《しごく》。
非常に満足すること。

⑭賛成意見はかいむだ。
一つもないさま。

⑮この一帯はぼんちだ。
山などに囲まれた所。

⑯自転車のとうなん事件。
ぬすまれること。

⑰かんしの目が光る。
注意して見張ること。

⑱選挙じばんを固める。
基礎・拠点となる所。

⑲言動にむじゅんがある。
つじつまが合わないこと。

⑳話のほこさきを向ける。
論争での攻撃の目標。

㉑ゆうしゅうな成績。
非常にすぐれていること。

㉒しがい線から肌を守る。
太陽光線の一種。

㉓一族のはんえいを祈る。
さかえること。

㉔飛行機のびよく。
後ろにあるつばさ。

3 部首 次の漢字の部首を書きなさい。

①撃 ②歳 ③獣 ④畳 ⑤盆

4 類字 次の太字のかなを漢字に直しなさい。

①ぼうけん小説を読む。
アドベンチャー。

②熱意にだつぼうする。
敬意を表すこと。

③戦いはまだじょばんだ。
初めのころ。

④しょはんの事情がある。
物事のさまざまの方面。

⑤楽器をはんそうする。
運びおくること。

ことわざを覚えよう

焼《や》け石《いし》に水《みず》

労力をかけても効果がないさま。

⑧あま ⑨あおだたみ ⑩みな ⑪ぬす ⑫えんばん ⑬うしろだて ⑭はんしょく ⑮つばさ
3 ①手 ②止 ③犬 ④田 ⑤皿
4 ①冒険 ②脱帽 ③序盤 ④諸般 ⑤搬送

4級 第13回

部首	漢字	画数	筆順	音訓	用例
而	耐	9	一 ア 丙 而 耐 耐	タイ / た(える)	耐久《たいきゅう》・忍耐《にんたい》 耐《た》える
肉(月)	肩	8	一 ヨ 戸 戸 肩 肩	ケン / かた	強肩《きょうけん》・双肩《そうけん》 肩車《かたぐるま》・肩書《かたが》き
肉(月)	腐	14	广 广 府 府 腐 腐	フ / くさ(る・れる・らす)	腐心《ふしん》・豆腐《とうふ》 腐《くさ》る
肉(月)	膚	15	丶 广 广 虍 虐 膚	フ	皮膚《ひふ》・完膚《かんぷ》
至	致	10	一 工 至 致 致 致	チ / いた(す)	合致《がっち》・誘致《ゆうち》 致《いた》す
舌	舗	15	人 全 舍 舗 舗 舗	ホ	舗装《ほそう》・店舗《てんぽ》
舟	舟	6	ノ 丿 介 内 舟 舟	シュウ / ふね・ふな	舟運《しゅううん》・呉越同舟《ごえつどうしゅう》 小舟《こぶね》・舟歌《ふなうた》
衣	襲	22	音 音 音 龍 龍 襲	シュウ / おそ(う)	襲撃《しゅうげき》・世襲《せしゅう》 襲《おそ》う
車	載	13	土 圭 査 車 載 載	サイ / の(せる・る)	満載《まんさい》・掲載《けいさい》 載《の》せる・載《の》る
車	輝	15	丬 丬 光 光 煇 輝	キ / かがや(く)	輝映《きえい》・光輝《こうき》 輝《かがや》かしい
車	輩	15	ノ ヲ ヨ 非 背 輩	ハイ	輩出《はいしゅつ》・同輩《どうはい》 後輩《こうはい》

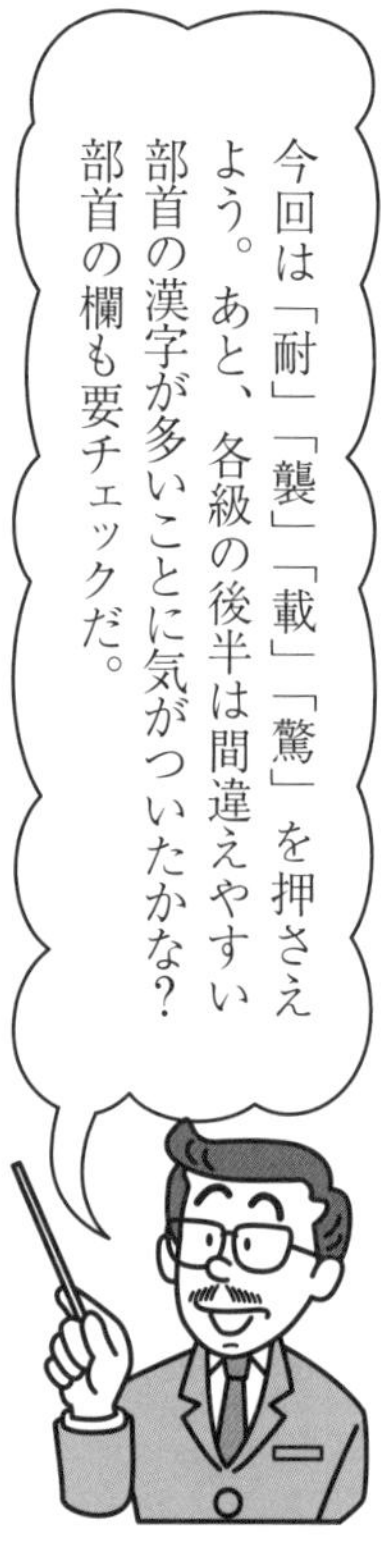
今回は「耐」「襲」「載」「驚」を押さえよう。あと、各級の後半は間違えやすい部首の漢字が多いことに気がついたかな？部首の欄も要チェックだ。

1 次の太字のかなを漢字に直しなさい。

① **たいしん**性を高める。 地しんにたえること。
② **かたみ**の狭い思いだ。 ひけめを感じること。
③ 政治が**ふはい**している。 くさること。
④ 洗剤で**ひふ**が荒れる。 肌。
⑤ 皆が**いっち**団結する。 ひとつにまとまること。
⑥ 道路の**ほそう**工事。 アスファルトなどで固めること。
⑦ 呉越《ごえつ》**どうしゅう**。 敵同士が同じ場所に居合わせること。
⑧ **しゅうめい**披露《ひろう》の公演。 親や師の名前を継ぐこと。
⑨ 雑誌の**れんさい**小説。 続き物としてのせること。
⑩ **こうき**ある伝統を守る。 ひかりかがやくこと。
⑪ **せんぱい**に相談する。 年齢や経験が自分より上の人。

2 次の太字の漢字の読み方を答えなさい。

① 苦しみに**耐**える。 我慢する。
② ご飯が**腐**る。 食べられなくなる。
③ 郷里に思いを**致**す。 届くようにする。
④ 寒波に**襲**われる。 不意に攻めかける。
⑤ 車に荷物を**載**せる。 積む。
⑥ 夜空に星が**輝**く。 光を発する。
⑦ 天才の**誉**れが高い。 よい評判を得ること。
⑧ **雄花**を観察する。 おしべだけある花。
⑨ 飛行機が**離陸**する。 空へ飛び立つこと。
⑩ 両親と遠く**離**れる。 間を置くようになる。
⑪ 足音が**響**く。 広がり伝わる。
⑫ **驚**きを隠せない。 びっくりすること。
⑬ 容姿**端麗**な人。 整っていて美しい。
⑭ 泣く子も**黙**る。 ものを言うのをやめる。
⑮ 味方を**鼓舞**する。 気持ちを奮い立たせること。

1 ①耐震 ②肩身 ③腐敗 ④皮膚 ⑤一致 ⑥舗装 ⑦同舟 ⑧襲名 ⑨連載 ⑩光輝 ⑪先輩 ⑫栄誉 ⑬豪快 ⑭雄大 ⑮優雅 ⑯雌雄 ⑰別離 ⑱反響 ⑲驚異 ⑳鬼才 ㉑麗句 ㉒沈黙 ㉓鼓動
2 ①た ②くさ ③いた ④おそ ⑤の ⑥かがや ⑦ほま ⑧おばな

部首	漢字	画数	筆順	読み	用例
言	誉	13	⺍ 𭕄 兴 誉 誉 誉	ヨ／ほま(れ)	名誉《めいよ》・栄誉《えいよ》 誉《ほま》れ
豕	豪	14	亠 亠 亠 高 亭 豪	ゴウ	豪雨《ごうう》・豪語《ごうご》 豪華《ごうか》・文豪《ぶんごう》
隹	雄	12	一 ナ 厷 厷 厷 雄	ユウ／お・おす	雄弁《ゆうべん》・英雄《えいゆう》 雄牛《おうし》・雄犬《おすいぬ》
隹	雅	13	工 工 牙 牙 牙 雅	ガ	雅楽《ががく》・風雅《ふうが》 典雅《てんが》
隹	雌	14	ト 止 此 此 此 雌	シ／め・めす	雌雄《しゆう》・雌伏《しふく》 雌花《めばな》・雌犬《めすいぬ》
隹	離	18	文 㐫 离 离 離 離	リ／はな(れる・す)	離別《りべつ》・離散《りさん》 離《はな》れる・離《はな》す
音	響	20	乡 組 郷 郷 響 響	キョウ／ひび(く)	音響《おんきょう》・影響《えいきょう》 地響《じひび》き
馬	驚	22	艹 苟 敬 敬 敬 驚	キョウ／おどろ(く・かす)	驚喜《きょうき》・驚嘆《きょうたん》 驚《おどろ》く・驚《おどろ》かす
鬼	鬼	10	′ 白 由 由 鬼 鬼	キ／おに	鬼門《きもん》・神出鬼没《しんしゅつきぼつ》 鬼《おに》
鹿	麗	19	丽 严 严 麗 麗 麗	レイ／うるわ(しい)	麗人《れいじん》・華麗《かれい》 麗《うるわ》しい
黒	黙	15	日 甲 里 黙 黙 黙	モク／だま(る)	黙殺《もくさつ》・暗黙《あんもく》 黙《だま》る
鼓	鼓	13	士 吉 壴 壴 壴 鼓	コ／つづみ	鼓吹《こすい》・太鼓《たいこ》 小鼓《こつづみ》

⑫ えいよある賞を受ける。
さかえあるほまれ。

⑬ ごうかいな食べっぷり。
力強く気持ちのいいさま。

⑭ ゆうだいな景色。
力強く規模のおおきいこと。

⑮ ゆうがな身のこなし。
上品で美しいこと。

⑯ しゆうを決する。
勝ち負け。

⑰ 友とのべつりを惜しむ。
わかれ。

⑱ はんきょうが大きい。
ある物事がもとで起こる動き。

⑲ きょうい的な記録。
おどろきあやしむべきこと。

⑳ きさいと呼ばれる。
人間とは思えないほどのすぐれた能力。

㉑ 美辞《びじ》れいくを並べる。
美しくきれいに飾りたてたことば。

㉒ ちんもくが長く続く。
だまり込むこと。

㉓ こどうが高まる。
心臓がどきどきと動くこと。

3 部首 次の漢字の部首を書きなさい。

① 舗 ② 載 ③ 誉 ④ 豪 ⑤ 黙

4 類字 次の太字のかなを漢字に直しなさい。

① 軽妙なひっちの作家。
書きぶり。

② ファンがさっとうする。
一度に押し寄せること。

③ 滑《すべ》っててんとうする。
たおれること。

④ きょうてん動地。
世間をひどくおどろかすこと。

⑤ 町内をやけいする。
よるに見回ること。

ことわざを覚えよう

寄《よ》らば大樹《たいじゅ》の陰《かげ》

同じ頼るなら、力のあるものを頼るほうがよいということ。

⑨りりく ⑩はな ⑪ひび ⑫おどろ ⑬たんれい ⑭だま ⑮こぶ
3 ①舌 ②車 ③言 ④豕 ⑤黒
4 ①筆致 ②殺到 ③転倒 ④驚天 ⑤夜警

4級→3級
昇級問題

得点	
1	/37
2	/15
3	/8
4	/8
5	/6
6	/18
7	/8
合計	/100

●70点以上で合格です。

1 次の太字のかなを漢字に直しなさい。［37点］

① ぞくあくなテレビ番組。
② 家屋のとうかい。
③ しんこん旅行に行く。
④ 彼女の美しいびしょう。
⑤ じんつうが始まる。
⑥ せんばつ試験を受ける。
⑦ もうどくを持つ動物。
⑧ 政治家のおしょく事件。
⑨ かわいいえがらの本。
⑩ ほんごしを入れる。
⑪ 毎晩あんみんできない。
⑫ げんこうを書く。
⑬ けいぞくは力なり。
⑭ 被疑者のしゃくほう。
⑮ てんぷの才能だ。
⑯ いんかんを押す。
⑰ シロアリのくじょ。
⑱ けんどう二段。
⑲ はくじょうな態度。
⑳ 工場のえんとつ。
㉑ 試験はんいを発表する。
㉒ せいはつ料をつける。
㉓ 毎日たいくつだ。
㉔ せっぱくした様子。
㉕ えっけん行為だ。
㉖ へいぼんな人生。
㉗ 国王がそくいする。
㉘ 生徒会のしっこう委員。
㉙ 一、三、五はきすうだ。
㉚ 記録をこうしんする。
㉛ 新入生のかんげい会。
㉜ げんまいを食べる。
㉝ かいきん賞をもらう。
㉞ 銀行ごうとう。
㉟ てんぽの改装工事。
㊱ りさんした家族。
㊲ あんもくの了解《りょうかい》。

---

1 ①俗悪 ②倒壊 ③新婚 ④微笑 ⑤陣痛 ⑥選抜 ⑦猛毒 ⑧汚職 ⑨絵柄 ⑩本腰 ⑪安眠 ⑫原稿 ⑬継続 ⑭釈放 ⑮天賦 ⑯印鑑 ⑰駆除 ⑱剣道 ⑲薄情 ⑳煙突 ㉑範囲 ㉒整髪 ㉓退屈 ㉔切迫 ㉕越権 ㉖平凡 ㉗即位 ㉘執行 ㉙奇数 ㉚更新 ㉛歓迎 ㉜玄米 ㉝皆勤 ㉞強盗 ㉟店舗 ㊱離散 ㊲暗黙

2 ①こわ ②こんきょ ③えもの ④はまべ ⑤はし ⑥こちょう ⑦かげふ

2 次の太字の漢字の読み方を答えなさい。〔15点〕

① おばけが怖い。
② 根拠のないうわさ。
③ 獲物をねらう。
④ 浜辺を散歩する。
⑤ 布の切れ端。
⑥ 事実を誇張して書く。
⑦ 影踏みをして遊ぶ。
⑧ 敏腕の検察官。
⑨ 医療ミスが起こる。
⑩ 大半を占める意見。
⑪ 初恋を実らせる。
⑫ 明快な論旨。
⑬ 歳末大売り出し。
⑭ 肩幅が広い。
⑮ 大学の後輩。

3 次の漢字の部首を書きなさい。〔8点〕

① 扇
② 乾
③ 壱
④ 戯

4 次の漢字の太い画のところは筆順の何画目か、算用数字で書きなさい。〔8点〕

① 添
② 郎
③ 茂
④ 紫

5 次の漢字の総画数を算用数字で書きなさい。〔6点〕

① 与
② 襲
③ 雅

6 次の太字のかなを漢字に直しなさい。〔18点〕

① 結婚のぎしき。
② かいぎに参加する。
③ ぎむ教育を受ける。
④ 病気がまんせい化する。
⑤ まんがを読む。
⑥ わくせいを調査する。
⑦ かんどう的な映画。
⑧ クラス一のしゅうさい。
⑨ 学級いいん。

7 次のことわざの空欄にあてはまる漢字を書きなさい。〔8点〕

① □に耳あり障子に目あり。
② 船頭多くして船、□に登る。
③ 人の□は赤い。
④ 寄らば大樹の□。

⑧びんわん ⑨いりょう ⑩し ⑪はつこい ⑫ろんし ⑬さいまつ ⑭かたはば ⑮こうはい
3 ①戸 ②乙 ③士 ④戈
4 ①8 ②9 ③4 ④2
5 ①3 ②22 ③13
6 ①儀式 ②会議 ③義務 ④慢性 ⑤漫画 ⑥惑星 ⑦感動 ⑧秀才 ⑨委員
7 ①壁 ②山 ③花 ④陰

3級

第1回

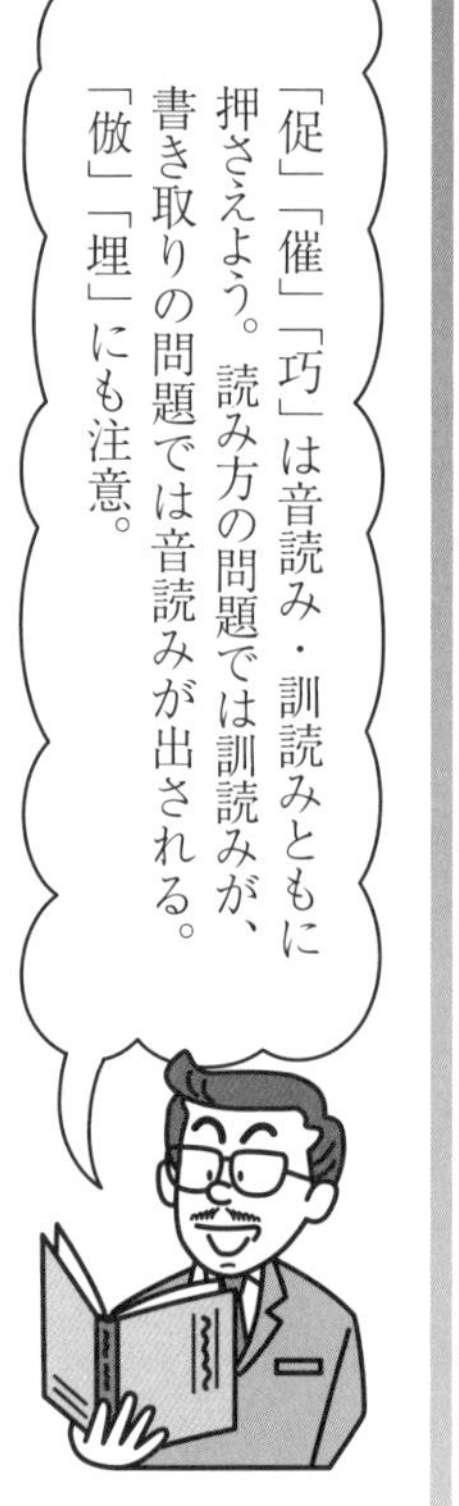
「促」「催」「巧」は音読み・訓読みともに押さえよう。読み方の問題では訓読みが、書き取りの問題では音読みが出される。「倣」「埋」にも注意。

部首	画数	筆順	音訓	用例
亻	伐 6	ノ 亻 仁 代 伐 伐	バツ	伐採《ばっさい》・討伐《とうばつ》
亻	伏 6	ノ 亻 仁 什 伏 伏	フク ふ(せる・す)	伏線《ふくせん》・降伏《こうふく》 伏《ふ》せる・伏《ふ》す
亻	伸 7	亻 仆 们 伯 佃 伸	シン の(びる・ばす・べる)	伸縮《しんしゅく》・追伸《ついしん》 伸《の》びる・伸《の》ばす
亻	伴 7	ノ 亻 仈 伫 伴 伴	ハン・バン ともな(う)	随伴《ずいはん》・伴奏《ばんそう》 伴《ともな》う
亻	佳 8	亻 仁 什 仕 佳 佳	カ	佳作《かさく》・佳人《かじん》 佳人薄命《かじんはくめい》
亻	侍 8	亻 仁 什 件 侍 侍	ジ さむらい	侍従《じじゅう》・侍医《じい》 侍所《さむらいどころ》
亻	促 9	亻 们 伵 伹 促 促	ソク うなが(す)	促成《そくせい》・催促《さいそく》 促《うなが》す
亻	倹 10	亻 仒 伶 佮 佮 倹	ケン	倹約《けんやく》・節倹《せっけん》 勤倹《きんけん》
亻	倣 10	亻 仁 仿 仿 倣 倣	ホウ なら(う)	模倣《もほう》 倣《なら》う
亻	偶 11	亻 们 但 倜 偶 偶	グウ	偶発《ぐうはつ》・土偶《どぐう》
亻	債 13	亻 仕 佳 倩 債 債	サイ	債券《さいけん》・国債《こくさい》

1 次の太字のかなを漢字に直しなさい。

① さつばつとした雰囲気。 あたたかみがなくあらあらしいこと。
② きふくに富んだ人生。 栄えたり衰えたりすること。
③ くっしん運動。 かがめたりのばしたりすること。
④ 夫人どうはんで出席。 連れ立って行くこと。
⑤ 物語はかきょうに入る。 おもしろい場面。
⑥ 天皇のじじゅうとなる。 仕える人。
⑦ 成長をそくしんする。 うながしすすめること。
⑧ 生活費をけんやくする。 切りつめること。
⑨ 人の作品をもほうする。 まねること。
⑩ 友人にぐうぜん出会う。 たまたま。
⑪ ふさいを抱える。 借金。

2 次の太字の漢字の読み方を答えなさい。

① 名前を伏せる。 公表しない。
② 身長が伸びる。 長くなる。
③ 危険を伴う仕事。 同時に生じさせる。
④ 注意を促す。 するように仕向ける。
⑤ 配偶者の氏名欄。 夫。妻。
⑥ 債務を負っている。 借りた金を返す義務。
⑦ 誕生会を催す。 会合などを開く。
⑧ 埋蔵金を探す。 どこかの地下にある財宝。
⑨ 穴を埋める。 物を詰めてふさぐ。
⑩ 牛肉の塊を買う。 ひとまとまり。
⑪ 前方後円墳《ぜんぽうこうえんふん》。 前が四角く後ろが丸い古墳。
⑫ 鼻孔を膨らませる。 鼻の穴。
⑬ 黒部《くろべ》峡谷の旅。 幅が狭い谷。
⑭ 巧みな話術。 手際よくすぐれているさま。
⑮ 帆立貝を料理する。 貝柱が大きくておいしい貝。

1 ①殺伐 ②起伏 ③屈伸 ④同伴 ⑤佳境 ⑥侍従 ⑦促進 ⑧倹約 ⑨模倣 ⑩偶然 ⑪負債 ⑫催促 ⑬喚起 ⑭喫煙 ⑮委嘱 ⑯坑内 ⑰埋設 ⑱金塊 ⑲古墳 ⑳花壇 ㉑気孔 ㉒孤独 ㉓海峡 ㉔巧妙 ㉕帆船

2 ①ふ ②の ③ともな ④うなが ⑤はいぐうしゃ

部首		口			土					子		山	工	巾
漢字	催	喚	喫	嘱	坑	埋	塊	墳	壇	孔	孤	峡	巧	帆
画数	13	12	12	15	7	10	13	15	16	4	9	9	5	6
筆順	亻 仙 伴 催	口 吖 咍 喚	口 叮 吽 喫	口 吖 吚 嘱	十 土 圹 坑	十 土 圳 埋	土 圹 坤 塊	土 圹 墳	土 圹 墳 壇	孑 孑 孔	子 孑 孤	山 屮 峡	一 丅 工 巧	丨 口 巾 帆
読み	サイ・もよお(す)	カン	キツ	ショク	コウ	マイ・う(める・まる・もれる)	カイ・かたまり	フン	ダン・タン	コウ	コ	キョウ	コウ・たく(み)	ハン・ほ
用例	催眠《さいみん》・主催《しゅさい》・催《もよお》し物《もの》	喚声《かんせい》・召喚《しょうかん》・阿鼻叫喚《あびきょうかん》	喫茶店《きっさてん》・満喫《まんきつ》	嘱託《しょくたく》・委嘱《いしょく》	坑道《こうどう》・炭坑《たんこう》	埋蔵《まいぞう》・埋没《まいぼつ》・埋《う》める・埋《う》まる	塊状《かいじょう》・氷塊《ひょうかい》・塊《かたまり》	墳墓《ふんぼ》・古墳《こふん》	壇上《だんじょう》・祭壇《さいだん》・土壇場《どたんば》	孔子《こうし》・鼻孔《びこう》・気孔《きこう》	孤高《ここう》・孤児《こじ》・孤立無援《こりつむえん》	峡谷《きょうこく》・海峡《かいきょう》	巧妙《こうみょう》・技巧《ぎこう》・巧《たく》み	帆船《はんせん》・順風満帆《じゅんぷうまんぱん》・帆柱《ほばしら》

⑫ 返事をさいそくする。
せきたてること。

⑬ 注意をかんきする。
呼びおこすこと。

⑭ たばこはきつえん室で。
たばこを吸うこと。

⑮ 委員をいしょくされる。
頼んでまかせること。

⑯ こうないで石炭を採る。
採掘のために掘った穴の内部。

⑰ ガス管をまいせつする。
地下に取りつけること。

⑱ きんかいを発見した。
きんのかたまり。

⑲ こふんの発掘調査。
土を盛って作る古代の墓。

⑳ 公園のかだん。
草花が植えてある所。

㉑ 葉のきこうを見る。
植物の表皮にある小さなあな。

㉒ こどくな生涯。
ひとりぼっちであること。

㉓ 明石かいきょう大橋。
うみで陸地に挟まれた所。

㉔ こうみょうな手口。
非常にたくみなさま。

㉕ はんせんが入港する。
ほをかけたふね。

3 画数 次の漢字の総画数を算用数字で書きなさい。

① 催
② 喚
③ 嘱
④ 壇
⑤ 巧

4 類字 次の太字のかなを漢字に直しなさい。

① せっけんして貯金する。
出費を少なくすること。

② けんごう宮本武蔵《むさし》。
けんを用いて戦うことの達人。

③ いんけんな手段。
心の内に悪意を抱いているさま。

④ 毒物をけんしゅつする。
調べて見つけ出すこと。

⑤ 自らのたいけんを語る。
実際に見たり聞いたり行ったりしたこと。

故事成語を覚えよう

青《あお》は藍《あい》より出《い》でて藍《あい》より青《あお》し

弟子が師よりもすぐれた存在になることのたとえ。「出藍《しゅつらん》の誉《ほま》れ」

⑥さいむ ⑦もよお ⑧まいぞうきん ⑨う ⑩かたまり ⑪こうえんふん ⑫びこう ⑬きょうこく ⑭たく ⑮ほたてがい

3 ①13 ②12 ③15 ④16 ⑤5

4 ①節倹 ②剣豪 ③陰険 ④検出 ⑤体験

漢字	獄	猟	徐	弧	嬢	嫁	婿	姫	娯	妨	如
部首	犭	犭	彳	弓	女	女	女	女	女	女	女
画数	14	11	10	9	16	13	12	10	10	7	6
筆順	犭 犭 犭 犭 獄 獄	犭 犭 犭 犭 猟 猟	彳 彳 彳 徐 徐 徐	弓 弓 弓 弧 弧 弧	女 女 女 嬢 嬢 嬢	女 女 女 嫁 嫁 嫁	女 女 女 婿 婿 婿	女 女 女 姫 姫 姫	女 女 女 娯 娯 娯	く 女 女 妨 妨 妨	く 女 女 如 如 如
音訓	ゴク	リョウ	ジョ	コ	ジョウ	カ よめ とつ(ぐ)	セイ むこ	ひめ	ゴ	ボウ さまた(げる)	ジョ・ニョ
用例	獄中《ごくちゅう》・疑獄《ぎごく》 監獄《かんごく》	猟銃《りょうじゅう》・密猟《みつりょう》	徐行《じょこう》	弧状《こじょう》・円弧《えんこ》	令嬢《れいじょう》・愛嬢《あいじょう》	転嫁《てんか》 花嫁《はなよめ》・嫁《とつ》ぐ	女婿《じょせい》 花婿《はなむこ》	姫小松《ひめこまつ》・舞姫《まいひめ》	娯楽《ごらく》	妨害《ぼうがい》 妨《さまた》げる	欠如《けつじょ》・面目躍如《めんぼくやくじょ》 如実《にょじつ》・不如意《ふにょい》

「妨」「悔」「慌」「施」の読みを押さえたい。特に「妨」「悔」「慌」は送りがなに気をつけよう。間違えないようにね。

1 次の太字のかなを漢字に直しなさい。

① とつじょ雷雨になる。
急に。

② 営業ぼうがいで訴える。
じゃまずること。

③ ごらく費がかさむ。
遊びやたのしみ。

④ 美しいひめぎみ。
貴人の娘の敬称。

⑤ むすめむこと仲がよい。
むすめの夫。

⑥ はなよめ衣装。
結婚したばかりの女性。

⑦ 深窓のれいじょう。
他人の娘の敬称。

⑧ 鳥が空にえんこを描く。
えん周の一部分。

⑨ じょこう運転をする。
ゆっくりと進むこと。

⑩ りょうしが鹿《しか》をねらう。
かりゅうど。

⑪ 聞いて極楽見てじごく。
話と実際が全く違うことのたとえ。

2 次の太字の漢字の読み方を答えなさい。

① 進行を妨げる。
じゃまする。

② 姉は農家に嫁いだ。
嫁に行く。

③ 奇怪な事件。
怪しく不思議なさま。

④ 怪しい人物。
正体がわからない。

⑤ 前非《ぜんぴ》を悔いる。
反省する。

⑥ 悔恨の情を抱く。
過ちを悔やむこと。

⑦ 恨みをはらす。
何かに対して持つ不満、不快。

⑧ 悦楽を味わう。
喜び楽しむこと。

⑨ 限界を悟る。
はっきりと知る。

⑩ 彼の死を惜しむ。
残念に思う。

⑪ 犯人を憎む。
ひどく嫌う。

⑫ 調査を実施する。
行うこと。

⑬ 壁に装飾を施す。
つけ加える。

⑭ 経済学概論。
全体の内容のまとめ。

⑮ 毎朝ご飯を炊く。
熱して食べられるようにする。

1 ①突如 ②妨害 ③娯楽 ④姫君 ⑤娘婿 ⑥花嫁 ⑦令嬢 ⑧円弧 ⑨徐行 ⑩猟師 ⑪地獄 ⑫怪談 ⑬後悔 ⑭痛恨 ⑮満悦 ⑯覚悟 ⑰惜敗 ⑱慌 ⑲感慨 ⑳愛憎 ㉑施設 ㉒将棋 ㉓楼閣 ㉔概要 ㉕炊事 ㉖暖炉

2 ①さまた ②とつ ③きかい ④あや ⑤く

部首	漢字	画数	読み	用例
忄	怪	8	カイ あや(しい・しむ)	怪異《かいい》・奇怪《きかい》 怪《あや》しい・怪《あや》しむ
忄	悔	9	カイ く(いる・やむ) くや(しい)	悔恨《かいこん》・後悔《こうかい》 悔《く》いる・悔《くや》しい
忄	恨	9	コン うら(む・めしい)	遺恨《いこん》・多情多恨《たじょうたこん》 恨《うら》む・恨《うら》めしい
忄	悦	10	エツ	悦楽《えつらく》・満悦《まんえつ》 喜悦《きえつ》
忄	悟	10	ゴ さと(る)	悟性《ごせい》・覚悟《かくご》 悟《さと》る
忄	惜	11	セキ お(しい・しむ)	惜別《せきべつ》・愛惜《あいせき》 惜《お》しい・惜《お》しむ
忄	慌	12	コウ あわ(てる・ただしい)	恐慌《きょうこう》 慌《あわ》ただしい
忄	慨	13	ガイ	慨嘆《がいたん》・憤慨《ふんがい》 感慨無量《かんがいむりょう》
忄	憎	14	ゾウ にく(む・い・らしい・しみ)	憎悪《ぞうお》・愛憎《あいぞう》 憎《にく》む・憎《にく》い
方	施	9	シ・セ ほどこ(す)	実施《じっし》・布施《ふせ》 施《ほどこ》す
木	棋	12	キ	棋譜《きふ》・棋士《きし》
木	楼	13	ロウ	鐘楼《しょうろう》・望楼《ぼうろう》 空中楼閣《くうちゅうろうかく》
木	概	14	ガイ	概念《がいねん》・概略《がいりゃく》 大概《たいがい》・気概《きがい》
火	炊	8	スイ た(く)	炊飯器《すいはんき》・自炊《じすい》 炊《た》く
火	炉	8	ロ	炉端《ろばた》・溶鉱炉《ようこうろ》 夏炉冬扇《かろとうせん》

⑫かいだんを聞く。
幽霊の話。

⑬こうかい先に立たず。
あとでくやんでも取り返しはつかない。

⑭つうこんのミスが出る。
非常に残念なこと。

⑮ごまんえつの表情。
みちたりて喜ぶこと。

⑯決死のかくごを決める。
心構えをすること。

⑰二対一でせきはいした。
わずかな差で負けること。

⑱あわてて家を出る。
落ち着きをなくすさま。

⑲かんがい深い思い出。
しみじみとした気持ちになること。

⑳あいぞうは表裏一体だ。
好き嫌いの感情。

㉑養護しせつで働く。
ある目的のための設備。

㉒兄としょうぎをさす。
交互にこまを動かす室内遊戯。

㉓空中ろうかく。
根拠のないこと。

㉔がいようを説明する。
あらまし。

㉕すいじ洗濯は苦手だ。
食べ物を煮たきすること。

㉖だんろに火をつける。
火をたいて室内をあたためる装置。

3 筆順 次の漢字の太い画のところは筆順の何画目か、算用数字で書きなさい。

①姫
②弧
③慨
④棋

4 類字 次の太字のかなを漢字に直しなさい。

①こじょうの日本列島。
弓のようにそり曲がっていること。

②こぐん奮闘して勝つ。
一人で努力すること。

③かいぶつ退治の話。
力の強い大きなばけもの。

④はんけい三センチの円。
中心から円周までの長さ。

⑤駅前をけいゆするバス。
通過すること。

⑥けいそつな行動をとる。
かるはずみなさま。

故事成語を覚えよう

井《い》の中《なか》の蛙《かわず》

自分の狭い見聞や見識にとらわれ、広い世界があることを知らないことのたとえ。

3 ⑥かいこん ⑦うら ⑧えつらく ⑨さと ⑩お ⑪にく ⑫じっし ⑬ほどこ ⑭がいろん ⑮た **3** ①6 ②7 ③11 ④10 **4** ①弧状 ②孤軍 ③怪物 ④半径 ⑤経由 ⑥軽率

部首	氵										
画数	没 7	泌 8	浪 10	湿 12	湾 12	滑 13	滞 13	滝 13	滅 13	漂 14	漏 14
筆順	氵 氵 氵 氿 汐 没	氵 氵 氵 泌 泌 泌	氵 氵 氵 泊 浪 浪	氵 汩 淠 湿 湿 湿	氵 氵 汁 汴 湾 湾	氵 氵 氵 泗 滑 滑	氵 氵 氵 泄 滞 滞	氵 氵 汁 汴 滝 滝	氵 氵 氵 汇 減 滅	氵 氵 沔 漂 漂 漂	氵 氵 沪 漏 漏 漏
音訓	ボツ	ヒツ・ヒ	ロウ	シツ しめ(る・す)	ワン	カツ・コツ すべ(る) なめ(らか)	タイ とどこお(る)	たき	メツ ほろ(びる・ぼす)	ヒョウ ただよ(う)	ロウ も(る・れる・らす)
用例	没収《ぼっしゅう》・出没《しゅつぼつ》 埋没《まいぼつ》	分泌《ぶんぴつ》(ぶんぴ) 泌尿器《ひにょうき》	浪費《ろうひ》・浮浪《ふろう》 流浪《るろう》	湿気《しっけ》・多湿《たしつ》 湿《しめ》る・湿《しめ》す	湾岸《わんがん》・湾内《わんない》 港湾《こうわん》	滑脱《かつだつ》・滑稽《こっけい》 滑《すべ》る・滑《なめ》らか	滞納《たいのう》・渋滞《じゅうたい》 滞《とどこお》る	滝登《たきのぼ》り・滝口《たきぐち》	絶滅《ぜつめつ》・消滅《しょうめつ》 滅《ほろ》びる・滅《ほろ》ぼす	漂着《ひょうちゃく》・漂泊《ひょうはく》 漂《ただよ》う	漏水《ろうすい》・遺漏《いろう》 漏《も》る・漏《も》れる

「滑」「滞」「漏」「潤」「潜」の読みに注意しよう。訓読みが一つじゃなかったり、送りがなの付け方が紛らわしかったりする。確認しておこう。

1 次の太字のかなを漢字に直しなさい。

① ぼつらくした貴族。 おちぶれること。
② 胃液がぶんぴつする。 にじみ出ること。
③ ほうろうの旅に出る。 さすらうこと。
④ 今日はしつどが高い。 空気のしめり具合。
⑤ わんきょくした柱。 まがっていること。
⑥ えんかつに事を進める。 とどこおりなくすらすらといくさま。
⑦ 前線がていたいする。 同じ所にとどまること。
⑧ たきに打たれる修行。 高所から水が勢いよく流れ落ちる所。
⑨ ライトがてんめつする。 ついたり消えたりすること。
⑩ 食器をひょうはくする。 白くすること。
⑪ ろうでん箇所を調べる。 でんきがもれること。

2 次の太字の漢字の読み方を答えなさい。

① 部活動に没頭する。 熱中すること。
② 湿っぽい空気。 じめじめしている。
③ 滑らかな動き。 つかえることのないさま。
④ 車の流れが滞る。 つかえる。
⑤ 芸が身を滅ぼす。 終わらせる。
⑥ 花の香りが漂う。 空中で揺れ動く。
⑦ 万事遺漏はない。 不十分な点。
⑧ 潤いのある生活。 恵みをうけて豊かであること。
⑨ 涙で目が潤む。 ぬれる。
⑩ 心に悪意が潜む。 隠れる。
⑪ 海に潜る。 水中に入る。
⑫ 陳腐なせりふ。 つまらないさま。
⑬ 陶磁器を集める。 焼き物の種類。
⑭ 隔月発行の雑誌。 ひと月おき。
⑮ 壁を隔てて話す。 間に置く。

1 ①没落 ②分泌 ③放浪 ④湿度 ⑤湾曲 ⑥円滑 ⑦停滞 ⑧滝 ⑨点滅 ⑩漂白 ⑪漏電 ⑫利潤 ⑬潜在 ⑭濫用 ⑮浅瀬 ⑯阻止 ⑰陳列 ⑱陶芸 ⑲陪席 ⑳隆盛 ㉑丘陵 ㉒随筆 ㉓間隔 ㉔殊勝 ㉕犠牲 ㉖犠打
2 ①ぼっとう ②しめ ③なめ ④とどこお ⑤ほろ

部首	漢字	画数	筆順	読み	用例
	潤	15	氵 汈 沪 淍 潤 潤	ジュン うるお(う・す) うる(む)	潤沢《じゅんたく》・湿潤《しつじゅん》 潤《うるお》い・潤《うる》む
	潜	15	氵 氵 汁 泄 潜 潜	セン ひそ(む) もぐ(る)	潜水《せんすい》・潜行《せんこう》 潜《ひそ》む・潜《もぐ》る
	濫	18	氵 氵 泸 泸 濫 濫	ラン	濫獲《らんかく》・濫発《らんぱつ》 粗製濫造《そせいらんぞう》
	瀬	19	氵 沪 沫 沫 瀬 瀬	せ	瀬戸際《せとぎわ》 立《た》つ瀬《せ》
阝	阻	8	ア 阝 阝 阝 阳 阻	ソ はば(む)	阻害《そがい》・阻止《そし》 阻《はば》む
阝	陳	11	阝 阝 阿 陌 陣 陳	チン	陳謝《ちんしゃ》・陳述《ちんじゅつ》 新陳代謝《しんちんたいしゃ》
阝	陶	11	阝 阝 阝 陶 陶 陶	トウ	陶酔《とうすい》・陶器《とうき》
阝	陪	11	阝 阝 阝 阝 陪 陪	バイ	陪審《ばいしん》・陪席《ばいせき》 陪臣《ばいしん》
阝	隆	11	阝 阝 阝 陉 降 隆	リュウ	隆盛《りゅうせい》・隆起《りゅうき》 興隆《こうりゅう》
阝	陵	11	阝 阝 阝 阝 陵 陵	リョウ みささぎ	陵墓《りょうぼ》・丘陵《きゅうりょう》 陵《みささぎ》
阝	随	12	阝 阝 阝 阝 陏 随	ズイ	随想《ずいそう》・随分《ずいぶん》 追随《ついずい》
阝	隔	13	阝 阝 阝 隔 隔 隔	カク へだ(てる・たる)	隔絶《かくぜつ》・隔離《かくり》 隔《へだ》てる・隔《へだ》たる
歹	殊	10	一 歹 歹 歹 殊 殊	シュ こと	特殊《とくしゅ》・文殊《もんじゅ》 殊《こと》の外《ほか》
牛	牲	9	牛 牛 牛 牲 牲 牲	セイ	犠牲《ぎせい》
牛	犠	17	牛 牛 牛 犠 犠 犠	ギ	犠牲《ぎせい》・犠打《ぎだ》

⑫ りじゅんを追求する。
総費用を引いた収益。

⑬ せんざい能力。
表面に現れずひそんでいること。

⑭ 職権をらんようする。
みだりにもちいること。

⑮ 川のあさせを渡る。
水のあさい所。

⑯ 力ずくでそしする。
はばむこと。

⑰ 商品をちんれつする。
並べること。

⑱ とうげい教室に通う。
焼き物のげいじゅつ。

⑲ ばいせきの栄に浴する。
目上の人と同席すること。

⑳ りゅうせいを極める。
いきおいのさかんなこと。

㉑ きゅうりょう地帯。
傾斜のなだらかな地形。

㉒ ずいひつを読む。
エッセー。

㉓ かんかくをあけて座る。
二つのもののあいだの距離。

㉔ しゅしょうな態度。
心がけがしっかりしていること。

㉕ 多くのぎせいを払う。
目的のために失うこと。

㉖ ぎだによる得点。
野球のバントやフライ。

3 画数 次の漢字の総画数を算用数字で書きなさい。

① 湾 ② 漏 ③ 濫 ④ 陶 ⑤ 犠

4 類字 次の太字のかなを漢字に直しなさい。

① 失策でじめつする。
じぶんの行動が原因でほろびること。

② 料理の塩かげんをみる。
程度。調子。

③ 船がひょうりゅうする。
海上をただようこと。

④ 選挙のかいひょう結果。
ひょうの数を集計すること。

⑤ 成績のしひょうとする。
ある物事の基準。

故事成語を覚えよう

瓜田《かでん》に履《くつ》を納《い》れず

疑いをうけやすい行動はしないように心がけること。「李下《りか》に冠《かんむり》を正《ただ》さず」

⑥ ただよ ⑦ いろう ⑧ うるお ⑨ うる ⑩ ひそ ⑪ もぐ ⑫ ちんぷ ⑬ とうじき ⑭ かくげつ ⑮ へだ
3 ① 12 ② 14 ③ 18 ④ 11 ⑤ 17
4 ① 自滅 ② 加減 ③ 漂流 ④ 開票 ⑤ 指標

3級 第4回

部首	扌										
画数	択 7	抑 7	拘 8	抽 8	掛 11	掲 11	控 11	措 11	掃 11	排 11	換 12
筆順	一 十 扌 扌 扣 択	一 十 扌 扌 扣 抑	扌 扌 扚 拘 拘 拘	扌 扌 扣 抽 抽 抽	一 扌 扌 挂 掛 掛	扌 扌 押 掲 掲 掲	扌 扌 扌 控 控 控	扌 扌 拌 措 措 措	扌 扌 扫 掃 掃 掃	一 十 扌 排 排 排	扌 扌 扌 换 換 換
音訓	タク	ヨク おさ(える)	コウ	チュウ	か(ける・かる) かかり	ケイ かか(げる)	コウ ひか(える)	ソ	ソウ は(く)	ハイ	カン か(える・わる)
用例	選択《せんたく》・採択《さいたく》 二者択一《にしゃたくいつ》	抑制《よくせい》・抑止《よくし》 抑《おさ》える	拘束《こうそく》・拘留《こうりゅう》 拘泥《こうでい》	抽象《ちゅうしょう》・抽出《ちゅうしゅつ》 抽選《ちゅうせん》	掛《か》け軸《じく》	掲示《けいじ》・前掲《ぜんけい》 掲《かか》げる	控訴《こうそ》・控除《こうじょ》 控《ひか》える	措置《そち》・挙措《きょそ》	清掃《せいそう》・一掃《いっそう》 掃《は》く	排除《はいじょ》・排気《はいき》 排他的《はいたてき》	換気《かんき》・転換《てんかん》 換《か》える・換《か》わる

「携」は音読み・訓読みの両方とも読み書きできるようにしよう。ほかに、「膨」が読み方の問題に、「拘」「撮」「擦」が書き取り問題に頻出するよ。

1 次の太字のかなを漢字に直しなさい。

① 進路を**せんたく**する。 えらびとること。
② 自由が**よくあつ**される。 おさえつけること。
③ 身柄を**こうそく**する。 自由を制限すること。
④ **ちゅうしょう**的な意見。 その意がはっきりしないこと。
⑤ 電話を**かけ**る。 他方へ向けて行うこと。
⑥ 雑誌に**けいさい**する。 文章などをのせること。
⑦ 塩分を**ひか**える。 節制する。
⑧ 適切な**そち**をとる。 うまく処理すること。
⑨ 部屋を**そうじ**する。 きれいにすること。
⑩ 暴力を**はいじょ**する。 とりのぞくこと。
⑪ 意見を**こうかん**する。 互いにやりとりすること。

2 次の太字の漢字の読み方を答えなさい。

① 二者**択一**を迫る。 一つを選ぶこと。
② 症状を**抑**える。 進むのを食い止める。
③ 栄養素を**抽出**する。 抜き出すこと。
④ 目標を高く**掲**げる。 知らせる。
⑤ 庭をほうきで**掃**く。 そうじする。
⑥ 気分**転換**をする。 別のものに変えること。
⑦ 電車に乗り**換**える。 乗り物を降りて他の乗り物に乗る。
⑧ 旗を**掲揚**する。 高い所に上げること。
⑨ 花火が**揚**がる。 下から上に移る。
⑩ 自信が**揺**らぐ。 ぐらつく。
⑪ 法律に**携**わる。 関係する。
⑫ 記念写真を**撮**る。 写す。
⑬ 車の**擦過傷**。 すり傷。
⑭ **肝試**しをする。 気味悪い場所に行かせること。
⑮ つぼみが**膨**らむ。 大きくなる。

1 ①選択 ②抑圧 ③拘束 ④抽象 ⑤掛 ⑥掲載 ⑦控 ⑧措置 ⑨掃除 ⑩排除 ⑪交換 ⑫抑揚 ⑬動揺 ⑭提携 ⑮乳搾 ⑯摂取 ⑰撮影 ⑱擁護 ⑲擦 ⑳肝臓 ㉑胎動 ㉒落胆 ㉓細胞 ㉔角膜 ㉕膨大
2 ①たくいつ ②おさ ③ちゅうしゅつ ④かか ⑤は

部首	漢字	画数	筆順	読み	用例
	揚	12	扌…揚	ヨウ あ(げる・がる)	掲揚《けいよう》・称揚《しょうよう》 揚《あ》げる・揚《あ》がる
	揺	12	扌…揺	ヨウ ゆ(れる・る・らぐ・るぐ・すぶる・さぶる・すぶる)	動揺《どうよう》 揺《ゆ》れる
	携	13	扌…携	ケイ たずさ(える・わる)	携帯《けいたい》・必携《ひっけい》 携《たずさ》える・携《たずさ》わる
	搾	13	扌…搾	サク しぼ(る)	搾取《さくしゅ》・圧搾《あっさく》 搾《しぼ》る
	摂	13	扌…摂	セツ	摂理《せつり》・摂生《せっせい》
	撮	15	扌…撮	サツ と(る)	撮影《さつえい》・空撮《くうさつ》 撮《と》る
	擁	16	扌…擁	ヨウ	擁立《ようりつ》・抱擁《ほうよう》
	擦	17	扌…擦	サツ す(る・れる)	擦過傷《さっかしょう》・摩擦《まさつ》 擦《す》り傷《きず》
月(肉)	肝	7	丿…肝	カン きも	肝臓《かんぞう》・肝要《かんよう》 肝《きも》っ玉《たま》
月(肉)	胎	9	月…胎	タイ	胎教《たいきょう》・母胎《ぼたい》 換骨奪胎《かんこつだったい》
月(肉)	胆	9	月…胆	タン	大胆《だいたん》・落胆《らくたん》
月(肉)	胞	9	月…胞	ホウ	胞子《ほうし》・細胞《さいぼう》
月(肉)	膜	14	月…膜	マク	粘膜《ねんまく》・鼓膜《こまく》
月(肉)	膨	16	月…膨	ボウ ふく(らむ・れる)	膨大《ぼうだい》 水膨《みずぶく》れ

⑫ よくようのない声。
声の調子の上げ下げ。

⑬ 内心のどうようを隠す。
ゆれうごくこと。

⑭ 大企業とていけいする。
共同で行うこと。

⑮ ちちしぼりをする。
牛から乳をとる作業。

⑯ 栄養をせっしゅする。
とり入れること。

⑰ 映画をさつえいする。
カメラでとること。

⑱ 人権をようごする。
守ること。

⑲ すり傷が絶えない。
物にこすってできた傷。

⑳ かんぞうの病気。
腹部の右上にある器官。

㉑ 若い力のたいどう。
かすかな動き。

㉒ 失敗してらくたんする。
がっかりすること。

㉓ さいぼう分裂。
生物体を組成する単位。

㉔ かくまくを移植する。
眼球の外壁前面にあるまく。

㉕ ぼうだいな量の本。
非常に多いさま。

3 画数 次の漢字の総画数を算用数字で書きなさい。

① 抑
② 掛
③ 擁
④ 膨

4 類字 次の太字のかなを漢字に直しなさい。

① ガスをはいしゅつする。
不要物を外にだすこと。

② 神社にさんぱいする。
おまいりしておがむこと。

③ 日本円にかんさんする。
別の単位の数に置きかえること。

④ 証人をかんもんする。
呼び出して問いただすこと。

⑤ たんせきで入院する。
たんのうにできるいし状のもの。

⑥ 借金のたんぽ。
抵当。

故事成語を覚えよう

杞憂《きゆう》

不必要な心配。取り越し苦労。

⑥てんかん ⑦か ⑧けいよう ⑨あ ⑩ゆ ⑪たずさ ⑫と ⑬さっかしょう ⑭きもだめ ⑮ふく **3** ①7 ②11 ③16 ④16 **4** ①排出 ②参拝 ③換算 ④喚問 ⑤胆石 ⑥担保

3級 第5回

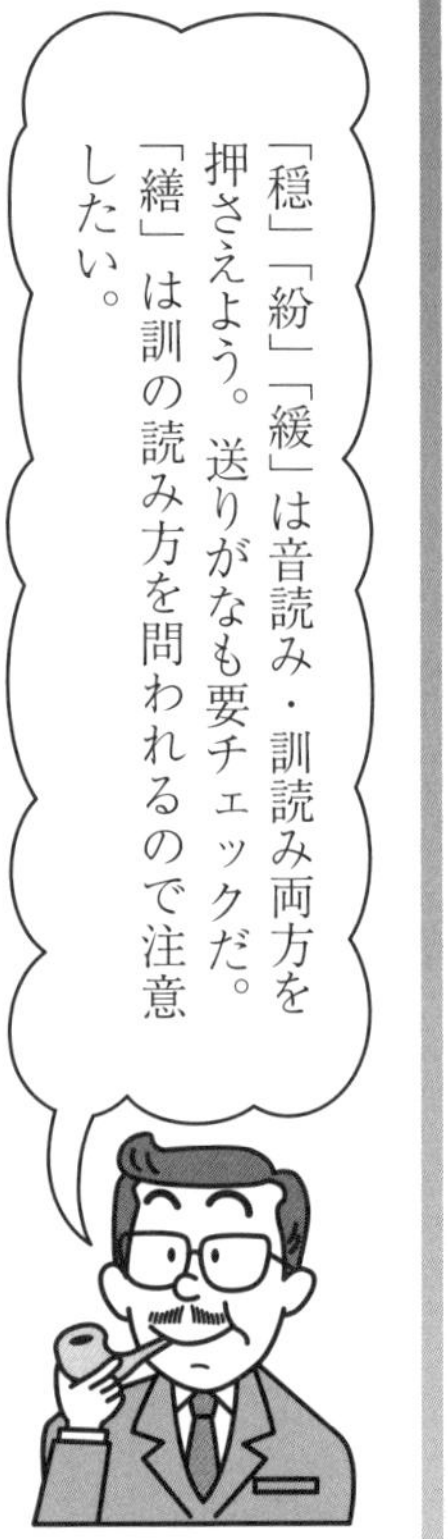

「穏」「紛」「緩」は音読み・訓読み両方を押さえよう。送りがなも要チェックだ。「繕」は訓の読み方を問われるので注意したい。

部首	漢字	画数	筆順	音訓	用例
礻	祉	8	ラ ネ 礻 礻 礻 祉	シ	福祉《ふくし》
田	畔	10	冂 皿 田 田' 畔 畔	ハン	河畔《かはん》
石	硬	12	厂 石 石 石 硬 硬	コウ / かた(い)	硬派《こうは》・硬直《こうちょく》 硬《かた》い
石	碑	14	石 石' 石 石 碑 碑	ヒ	記念碑《きねんひ》・石碑《せきひ》 墓碑《ぼひ》
石	礎	18	石 石 石 石 礎 礎	ソ / いしずえ	基礎《きそ》・定礎《ていそ》 礎《いしずえ》
禾	稚	13	禾 禾 禾 禾 禾 稚	チ	稚魚《ちぎょ》・幼稚《ようち》
禾	穂	15	禾 禾 禾 禾 穂 穂	スイ / ほ	出穂《しゅっすい》 穂先《ほさき》・稲穂《いなほ》
禾	穏	16	禾 禾 禾 禾 穏 穏	オン / おだ(やか)	穏健《おんけん》・不穏《ふおん》 穏《おだ》やか
禾	穫	18	禾 禾 禾 禾 穫 穫	カク	収穫《しゅうかく》
衤	裸	13	衤 衤 衤 衤 裸 裸	ラ / はだか	裸体《らたい》・赤裸々《せきらら》 丸裸《まるはだか》
耳	聴	17	丆 耳 耳 耳 聴 聴	チョウ / き(く)	聴衆《ちょうしゅう》・視聴覚《しちょうかく》 聴《き》く

1 次の太字のかなを漢字に直しなさい。

① 公共ふくしの充実。　欲求の充足。

② こはんの村で憩《いこ》う。　みずうみのほとり。

③ 態度をこうかさせる。　主張を曲げなくなること。

④ 公園にせきひが建つ。　いし造りのひ。

⑤ 発展のきそを固める。　物事が成立するおおもと。

⑥ ようちな考え。　未熟なさま。

⑦ いなほが一面に実る。　イネのほ。

⑧ へいおんな暮らし。　静かでおだやかであるさま。

⑨ 野菜をしゅうかくする。　取り入れ。

⑩ らふの絵を描く。　はだかの女性。

⑪ 事情ちょうしゅ。　ききとること。

2 次の太字の漢字の読み方を答えなさい。

① 強硬に反対する。　強く主張するさま。

② 表現が硬い文章。　柔軟性に欠けるさま。

③ 場を穏便に収める。　事を荒立てずに取り扱うさま。

④ 穏やかな気候。　安らかに静まっているさま。

⑤ 裁判を傍聴する。　当事者以外の者が聞くこと。

⑥ 演奏を聴く。　聞いて理解する。

⑦ 彼の仕事は粗い。　大ざっぱである。

⑧ よく粘るもち。　やわらかで伸び縮みする状態。

⑨ 紛らわしい名前。　似ていてわからなくなる。

⑩ ぞうきんを絞る。　しめつけて水分を出す。

⑪ 緩やかな坂道。　傾きが徐々であるさま。

⑫ 戸締まりの確認。　戸を閉め、かぎをかけること。

⑬ ロープで縛る。　巻きつけて結ぶ。

⑭ 洋服を縫う。　針と糸で布をとじ合わせる。

⑮ ほころびを繕う。　修理する。

1 ①福祉 ②湖畔 ③硬化 ④石碑 ⑤基礎 ⑥幼稚 ⑦稲穂 ⑧平穏 ⑨収穫 ⑩裸婦 ⑪聴取 ⑫純粋 ⑬粗末 ⑭粘土 ⑮食糧 ⑯紛失 ⑰濃紺 ⑱絞 ⑲大綱 ⑳緩和 ㉑締結 ㉒束縛 ㉓縫合 ㉔修繕 ㉕軌道 ㉖軸足
2 ①きょうこう ②かた ③おんびん ④おだ ⑤ぼうちょう

粋	粗	粘	糧	紛	紺	絞	綱	緩	締	縛	縫	繕	軌	軸
米				糸									車	
10	11	11	18	10	11	12	14	15	15	16	16	18	9	12
スイ いき	ソ あら(い)	ネン ねば(る)	リョウ・ロウ かて	フン まぎ(れる・らす・らわす・らわしい)	コン	コウ しぼ(る) し(める・まる)	コウ つな	カン ゆる(い・やか・む・める)	テイ し(まる・める)	バク しば(る)	ホウ ぬ(う)	ゼン つくろ(う)	キ	ジク
粋人《すいじん》・抜粋《ばっすい》 粋《いき》な姿《すがた》	粗品《そしな》・粗野《そや》 粗《あら》い	粘液《ねんえき》・粘着《ねんちゃく》 粘《ねば》る	食糧《しょくりょう》・兵糧《ひょうろう》 心《こころ》の糧《かて》	紛糾《ふんきゅう》・紛争《ふんそう》 紛《まぎ》らわす	紺青《こんじょう》・濃紺《のうこん》 紺屋《こんや(こうや)》	絞殺《こうさつ》・絞首刑《こうしゅけい》 絞《しぼ》る・絞《し》める	綱領《こうりょう》・大綱《たいこう》 綱渡《つなわた》り・横綱《よこづな》	緩慢《かんまん》・緩急《かんきゅう》 緩《ゆる》い・緩《ゆる》やか	締結《ていけつ》 締《し》め切《き》り	束縛《そくばく》・捕縛《ほばく》 縛《しば》る	裁縫《さいほう》・天衣無縫《てんいむほう》 縫《ぬ》う	修繕《しゅうぜん》・営繕《えいぜん》 繕《つくろ》う	軌道《きどう》・常軌《じょうき》	軸装《じくそう》・車軸《しゃじく》 地軸《ちじく》

⑫ じゅんすいな心。
ひたむきであるさま。

⑬ 物をそまつにする。
いい加減に扱うさま。

⑭ ねんどで動物を作る。
陶磁器の材料になる土。

⑮ しょくりょう事情。
たべもの（特に主食）。

⑯ 切符をふんしつする。
なくすこと。

⑰ のうこんの制服。
こいこん色。

⑱ 首をしめられる。
周りから強く圧力を加える。

⑲ 計画のたいこうを示す。
基本となる事柄。

⑳ 緊張をかんわする。
やわらげること。

㉑ 条約をていけつする。
取りむすぶこと。

㉒ そくばくを嫌う人。
制限を加え自由を奪うこと。

㉓ 傷口をほうごうする。
ぬいあわせること。

㉔ 靴をしゅうぜんに出す。
つくろい直すこと。

㉕ 経営がきどうに乗る。
計画されたみちすじ。

㉖ じくあしが安定しない。
体を支えるほうのあし。

3 部首 次の漢字の部首を書きなさい。

① 祉 ② 碑 ③ 裸 ④ 聴 ⑤ 粘

4 類字 次の太字のかなを漢字に直しなさい。

① おんわな人柄。
おだやかで優しいさま。

② くもがくれする。
人が姿を消すこと。

③ こうき粛正《しゅくせい》。
役人の不正をいましめ規律を正す。

④ もうまく剝離《はくり》を起こす。
眼球の内面をおおう膜。

⑤ てっこう業が盛んな町。
てつとはがね。

故事成語を覚えよう

窮鼠《きゅうそ》猫《ねこ》をかむ

弱い者でも追いつめられると強者に反撃することのたとえ。

⑥き ⑦あら ⑧ねば ⑨まぎ ⑩しぼ ⑪ゆる ⑫とじ ⑬しば ⑭ぬ ⑮つくろ
3 ①礻 ②石 ③衤 ④耳 ⑤米
4 ①穏和 ②雲隠 ③綱紀 ④網膜 ⑤鉄鋼

3級 第6回

部首	漢字	画数	筆順	音訓	用例
言	訂	9	亠 言 言 言 訂	テイ	訂正《ていせい》・改訂《かいてい》
言	託	10	亠 言 言 訁 託	タク	託児所《たくじしょ》・託宣《たくせん》 屈託《くったく》・結託《けったく》
言	詠	12	亠 言 訁 訂 詠	エイ よ(む)	詠嘆《えいたん》・朗詠《ろうえい》 詠《よ》む
言	該	13	言 言 訁 該 該	ガイ	該当《がいとう》・該博《がいはく》
言	誘	14	言 言 訁 誘 誘	ユウ さそ(う)	誘導《ゆうどう》・誘惑《ゆうわく》 誘《さそ》う
言	請	15	言 言 訁 請 請	セイ・シン こ(う) う(ける)	申請《しんせい》・普請《ふしん》 請《こ》う・下請《したう》け
言	諾	15	言 言 訁 諾 諾	ダク	諾否《だくひ》・快諾《かいだく》
言	諮	16	言 言 訁 諮 諮	シ はか(る)	諮問《しもん》・諮議《しぎ》 諮《はか》る
言	謀	16	言 言 訁 謀 謀	ボウ・ム はか(る)	参謀《さんぼう》・謀反《むほん》 謀《はか》る
言	譲	20	言 言 訁 譲 譲	ジョウ ゆず(る)	譲渡《じょうと》・委譲《いじょう》 譲《ゆず》る
貝	賊	13	貝 貝 貝 賊 賊	ゾク	海賊版《かいぞくばん》・山賊《さんぞく》

「誘」の訓読みが問われることが多い。送りがなに気をつけよう。ほかには「詠」「請」「諮」「譲」「鋳」「鍛」「駐」にも注意しよう。

1 次の太字のかなを漢字に直しなさい。

① 誤字をていせいする。 誤りを直すこと。
② 業務をいたくする。 人に頼んでやってもらうこと。
③ えいたんの声を漏らす。 感動すること。
④ 全項目にがいとうする。 あてはまること。
⑤ 観光客をゆうちする。 さそって来させること。
⑥ 費用をせいきゅうする。 相手にもとめること。
⑦ 親のしょうだくを得る。 申し入れを聞き入れること。
⑧ 首相のしもん機関。 意見を求めること。
⑨ むぼうな運転をしない。 深い考えのないさま。
⑩ 互いにじょうほする。 自分の意見を曲げること。
⑪ とうぞくに襲われる。 他人の物を奪う者。

2 次の太字の漢字の読み方を答えなさい。

① 全面的に改訂する。 改め直すこと。
② 漢詩を朗詠する。 曲節をつけてうたうこと。
③ 映画に誘われる。 いっしょにするようすすめる。
④ 出馬を要請する。 願い出て求めること。
⑤ 要求を受諾する。 引き受けること。
⑥ 意見を会議に諮る。 相談する。
⑦ 事件の共謀者。 共に悪事をたくらむこと。
⑧ 土地を割譲する。 分けて譲ること。
⑨ 席を譲る。 ほかに与える。
⑩ 演奏に陶酔する。 心を奪われること。
⑪ バスに酔う。 気持ちが悪くなる。
⑫ 記念硬貨を鋳る。 金属を溶かして作る。
⑬ 足腰を鍛える。 強くする。
⑭ お寺の鐘が鳴る。 たたいたりついたりして鳴らすもの。
⑮ 飽きっぽい性格。 物事への興味をすぐ失う。

1 ①訂正 ②委託 ③詠嘆 ④該当 ⑤誘致 ⑥請求 ⑦承諾 ⑧諮問 ⑨無謀 ⑩譲歩 ⑪盗賊 ⑫心酔 ⑬酵素 ⑭鋳造 ⑮錯覚 ⑯錠剤 ⑰錬金 ⑱鍛錬(鍛練) ⑲鎮圧 ⑳警鐘 ㉑飽和 ㉒餓死 ㉓駐車 ㉔騎手 ㉕骨髄 ㉖捕鯨

2 ①かいてい ②ろうえい ③さそ ④ようせい ⑤じゅだく

部首	漢字	画数	筆順	読み	用例
酉	酔	11	… 酔	スイ よ(う)	心酔《しんすい》・酔生夢死《すいせいむし》 酔《よ》う
酉	酵	14	… 酵	コウ	酵素《こうそ》・酵母《こうぼ》 発酵《はっこう》
金	鋳	15	… 鋳	チュウ い(る)	鋳造《ちゅうぞう》・鋳鉄《ちゅうてつ》 鋳物《いもの》・鋳型《いがた》
金	錯	16	… 錯	サク	交錯《こうさく》・時代錯誤《じだいさくご》 試行錯誤《しこうさくご》
金	錠	16	… 錠	ジョウ	錠剤《じょうざい》・錠前《じょうまえ》 手錠《てじょう》
金	錬	16	… 錬	レン	錬金術《れんきんじゅつ》・鍛錬《たんれん》
金	鍛	17	… 鍛	タン きた(える)	鍛鉄《たんてつ》・鍛錬《たんれん》 鍛《きた》える
金	鎮	18	… 鎮	チン しず(める・まる)	鎮火《ちんか》・重鎮《じゅうちん》 鎮《しず》める・鎮《しず》まる
金	鐘	20	… 鐘	ショウ かね	警鐘《けいしょう》・半鐘《はんしょう》 鐘《かね》の音《ね》
食	飽	13	… 飽	ホウ あ(きる・かす)	飽食《ほうしょく》・飽和《ほうわ》 飽《あ》きる・飽《あ》かす
食	餓	15	… 餓	ガ	餓死《がし》・飢餓《きが》
馬	駐	15	… 駐	チュウ	駐車《ちゅうしゃ》・駐留《ちゅうりゅう》
馬	騎	18	… 騎	キ	騎士《きし》・騎馬《きば》 一騎当千《いっきとうせん》
骨	髄	19	… 髄	ズイ	骨髄《こつずい》・神髄《しんずい》
魚	鯨	19	… 鯨	ゲイ くじら	鯨油《げいゆ》・捕鯨《ほげい》 鯨《くじら》

⑫ 太宰治《だざいおさむ》にしんすいする。
熱中すること。

⑬ こうそが消化を助ける。
生体内での化学反応の触媒となる物質。

⑭ 貨幣をちゅうぞうする。
金属を溶かして型に入れること。

⑮ 目のさっかく。
事実を間違えて感じ取ること。

⑯ じょうざいの薬を飲む。
固形にした薬。

⑰ れんきん術の研究。
鉄や銅などから金を作ること。

⑱ 心身をたんれんする。
きたえること。

⑲ 反乱軍をちんあつする。
押さえつけること。

⑳ けいしょうを鳴らす。
危険を告げること。

㉑ ほうわ状態の人口。
最大限満たされた状態にあること。

㉒ がし寸前の犬。
うえじに。

㉓ ちゅうしゃ違反。
くるまをとめること。

㉔ 競馬のきしゅ。
馬に乗る人。

㉕ こつずいを移植する。
ほねの内部にある組織。

㉖ ほげいを制限する。
クジラをつかまえること。

3 **筆順** 次の漢字の太い画のところは筆順の何画目か、算用数字で書きなさい。

① 誘　② 賊　③ 飽

4 **類字** 次の太字のかなを漢字に直しなさい。

① 精神がさくらんする。
入りみだれこんらんすること。

② しゃっきんが増える。
かりたおかね。

③ 父があいせきした笛。
大切にすること。

④ きょその不審な人物。
立ち居振る舞い。

⑤ 心身をれんせいする。
きたえて立派にすること。

⑥ しれんに耐える。
苦難。

故事成語を覚えよう

漁父《ぎょふ》の利《り》

当事者どうしが争っているうちに、第三者が利益を横取りすること。

⑥はか ⑦きょうぼう ⑧かつじょう ⑨ゆず ⑩とうすい ⑪よ ⑫い ⑬きた ⑭かね ⑮あ
3 ①11 ②10 ③10
4 ①錯乱 ②借金 ③愛惜 ④挙措 ⑤錬成 ⑥試練

第7回 3級

漢字	部首	画数	筆順	音訓	用例
刑	刂	6	一 二 于 开 开 刑	ケイ	刑法《けいほう》・刑罰《けいばつ》 求刑《きゅうけい》
削	刂	9	丨 ⺌ ⺌ 肖 肖 削	サク けず(る)	削除《さくじょ》・削減《さくげん》 削《けず》る
彫	彡	11	冂 円 用 周 周 彫	チョウ ほ(る)	彫刻《ちょうこく》・彫塑《ちょうそ》 木彫《きぼ》り・彫《ほ》る
邦	阝	7	一 三 丰 丰 邦 邦	ホウ	邦人《ほうじん》・邦楽《ほうがく》 連邦《れんぽう》
邪	阝	8	一 𠄌 工 牙 牙 邪	ジャ	邪推《じゃすい》・正邪《せいじゃ》
郊	阝	9	亠 六 交 交 交 郊	コウ	郊外《こうがい》・近郊《きんこう》
郭	阝	11	亠 古 亨 享 享 郭	カク	輪郭《りんかく》・外郭《がいかく》
敢	攵	12	工 干 耳 耳 耳 敢	カン	敢行《かんこう》・敢然《かんぜん》 果敢《かかん》
殴	殳	8	一 ヌ 区 区 殴 殴	オウ なぐ(る)	殴打《おうだ》 殴《なぐ》る
顧	頁	21	戸 戸 雇 雇 顧 顧	コ かえり(みる)	顧客《こきゃく》・回顧《かいこ》 顧《かえり》みる
企	𠆢	6	ノ 人 个 企 企 企	キ くわだ(てる)	企図《きと》・企業《きぎょう》 企《くわだ》てる

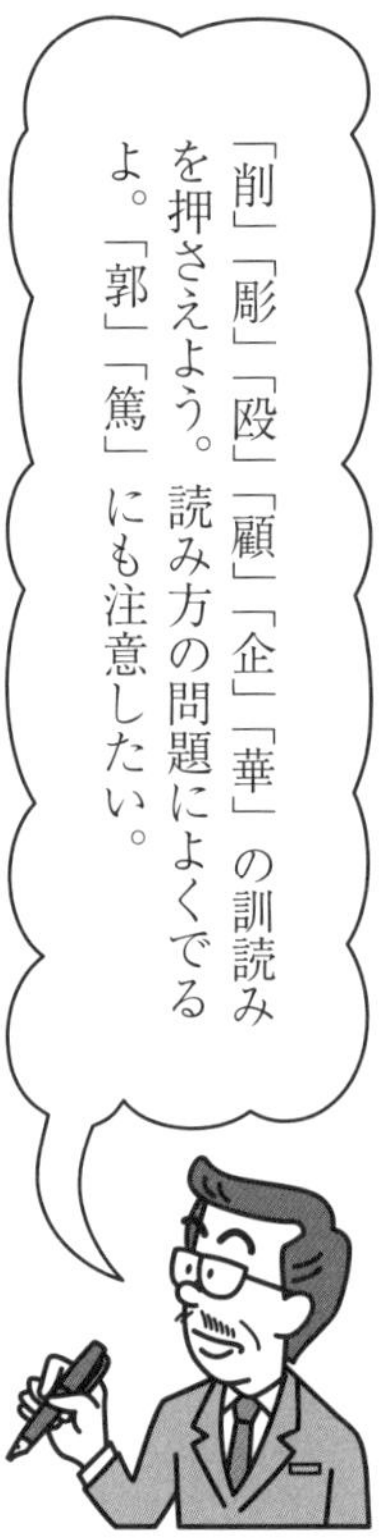
「削」「彫」「殴」「顧」「企」「華」の訓読みを押さえよう。読み方の問題によくでるよ。「郭」「篤」にも注意したい。

1 次の太字のかなを漢字に直しなさい。

① 捜査中のけいじ。　私服で行動する巡査。
② 作文をてんさくする。　他人の文章を改め直すこと。
③ ちょうこくを展示する。　木などをほって像を作ること。
④ ほんぽう初公開の絵画。　わが国。
⑤ その方法はじゃどうだ。　正式でないやり方。
⑥ こうがいに家を買う。　都会に隣接した田園地帯。
⑦ 話のりんかくをつかむ。　概略。
⑧ ゆうかんな行為。　いさましく物事をすること。
⑨ 弟の頭をなぐる。　力をこめて打つ。
⑩ 野球部のこもんの先生。　相談や意見を受ける人。
⑪ 新製品のきかく。　くわだて。

2 次の太字の漢字の読み方を答えなさい。

① 政治犯を処刑する。　罰を加えること。
② 鉛筆を削る。　刃物で表面をそぎ取る。
③ 美しい彫像。　刻んで作った像。
④ 木彫りの人形。　木材を刻んで形や模様を作ること。
⑤ 心に邪念が潜む。　正しくない考え。
⑥ 敢闘賞をもらう。　勇ましく戦うこと。
⑦ 少年時代を顧みる。　思い起こす。
⑧ 陰謀を企てる。　計画し実行しようとする。
⑨ 妹は冠を曲げた。　機嫌を悪くする。
⑩ 不審な人物がいる。　疑わしい。
⑪ 苗代を作る。　イネの苗を育てる水田。
⑫ 豪華な料理。　ぜいたくで派手なさま。
⑬ 華やいだ雰囲気。　明るく晴れやかな状態になる。
⑭ 家計簿をつける。　一家の収入や支出をつけた帳面。
⑮ 国籍を書く。　国民としての資格。

1 ①刑事 ②添削 ③彫刻 ④本邦 ⑤邪道 ⑥郊外 ⑦輪郭 ⑧勇敢 ⑨殴 ⑩顧問 ⑪企画 ⑫冗談 ⑬栄冠 ⑭宴会 ⑮審査 ⑯窒息 ⑰芳香 ⑱苗木 ⑲華美 ⑳白菊 ㉑葬儀 ㉒藩校 ㉓切符 ㉔危篤 ㉕名簿 ㉖本籍
2 ①しょけい ②けず ③ちょうぞう ④きぼ ⑤じゃねん

部首	漢字	画数	筆順	音読み	訓読み	用例
冖	冗	4	丶 冖 冖 冗	ジョウ		冗談《じょうだん》・冗長《じょうちょう》
冖	冠	9	冖 冖 冖 冖 冖 冠	カン	かんむり	冠位《かんい》・冠婚葬祭《かんこんそうさい》 冠《かんむり》
宀	宴	10	宀 宀 宀 宴 宴 宴	エン		宴会場《えんかいじょう》・酒宴《しゅえん》
宀	審	15	宀 宀 宀 審 審 審	シン		審判《しんぱん》・不審《ふしん》
穴	窒	11	宀 穴 穴 窒 窒 窒	チツ		窒息《ちっそく》・窒素《ちっそ》
艹	芳	7	一 艹 艹 芳 芳 芳	ホウ	かんば(しい)	芳香《ほうこう》・芳名録《ほうめいろく》 芳《かんば》しい
艹	苗	8	一 艹 艹 苗 苗 苗	ビョウ	なえ・なわ	種苗《しゅびょう》・痘苗《とうびょう》 苗床《なえどこ》・苗代《なわしろ》
艹	華	10	艹 艹 艹 華 華 華	カ・ケ	はな	華麗《かれい》・香華《こうげ》 華《はな》やか
艹	菊	11	艹 艹 艹 菊 菊 菊	キク		菊花《きっか》・白菊《しらぎく》
艹	葬	12	艹 艹 艹 葬 葬 葬	ソウ	ほうむ(る)	葬式《そうしき》・埋葬《まいそう》 葬《ほうむ》る
艹	藩	18	艹 艹 艹 藩 藩 藩	ハン		藩主《はんしゅ》・藩校《はんこう》 親藩《しんぱん》
竹	符	11	⺮ ⺮ ⺮ 符 符 符	フ		符号《ふごう》・切符《きっぷ》
竹	篤	16	⺮ ⺮ ⺮ 篤 篤 篤	トク		篤志家《とくしか》・危篤《きとく》 温厚篤実《おんこうとくじつ》
竹	簿	19	⺮ ⺮ ⺮ 簿 簿 簿	ボ		簿記《ぼき》・名簿《めいぼ》
竹	籍	20	⺮ ⺮ ⺮ 籍 籍 籍	セキ		入籍《にゅうせき》・書籍《しょせき》 戸籍《こせき》・在籍《ざいせき》

⑫ 笑えないじょうだんだ。
ふざけて言う話。

⑬ 優勝のえいかんに輝く。
名誉。

⑭ えんかいの幹事をする。
酒食を共にし楽しむ集まり。

⑮ 書類しんさを行う。
詳しく調べて優劣を決めること。

⑯ 煙にちっそくしそうだ。
呼吸が止まること。

⑰ ほうこうを放つ花。
よいかおり。

⑱ 桜のなえぎを植える。
きのなえ。

⑲ かびな服装を避ける。
派手でぜいたくなさま。

⑳ しらぎくを育てる。
しろい色のキク。

㉑ そうぎに参列する。
死者をほうむる行事。

㉒ はんこう跡を見学する。
江戸時代の学校。

㉓ 新幹線のきっぷ。
チケット。

㉔ 祖父がきとくになる。
生命があぶない状態。

㉕ 住所をめいぼで調べる。
なまえなどを記した帳面。

㉖ ほんせきは広島にある。
その人のこせきのある場所。

3 部首 次の漢字の部首を書きなさい。

① 彫　② 邦　③ 顧　④ 宴　⑤ 窒

4 類字 次の太字のかなを漢字に直しなさい。

① けいばつを科する。
犯罪者に負わせるばつ。

② しゅうかん雑誌を買う。
七日間に一度発行すること。

③ げんけいをとどめる。
もとのかたち。

④ 大都市きんこうに住む。
都市周辺の地域。

⑤ じこうが成立する。
ある状態の継続後、権利の取得、消失を認める制度。

故事成語を覚えよう

蛍雪《けいせつ》の功《こう》

苦労して学んだ成果。

⑥かんとう ⑦かえり ⑧くわだ ⑨かんむり ⑩ふしん ⑪なわしろ ⑫ごうか ⑬はな ⑭かけいぼ ⑮こくせき **3** ①彡 ②阝 ③頁 ④宀 ⑤穴 **4** ①刑罰 ②週刊 ③原形 ④近郊 ⑤時効

3級 第8回

漢字	部首	画数	筆順	音訓	用例
虐	虍	9	⺊ ト 广 卢 虐 虐	ギャク / しいた(げる)	虐殺《ぎゃくさつ》・残虐《ざんぎゃく》 虐《しいた》げる
虚	虍	11	⺊ ト 广 卢 虍 虚	キョ・コ	虚構《きょこう》・空虚《くうきょ》 虚空《こくう》
覆	襾	18	一 覀 覀 覀 覆 覆	フク / おお(う) くつがえ(す・る)	覆面《ふくめん》・転覆《てんぷく》 覆《おお》う・覆《くつがえ》す
零	雨	13	一 币 雨 雫 雫 零	レイ	零時《れいじ》・零落《れいらく》 零細《れいさい》
霊	雨	15	一 雨 雪 雫 霊 霊	レイ・リョウ / たま	幽霊《ゆうれい》・悪霊《あくりょう》 霊屋《たまや》
慕	⺗	14	艹 苩 莫 慕 慕 慕	ボ / した(う)	慕情《ぼじょう》・恋慕《れんぼ》 慕《した》う
焦	灬	12	亻 亻 亻 什 隹 焦	ショウ / こ(げる)・がす・がれる)・あせ(る)	焦燥《しょうそう》・焦土《しょうど》 焦《こ》がす・焦《あせ》る
厘	厂	9	一 厂 厂 戸 厘 厘	リン	一分一厘《いちぶいちりん》
尿	尸	7	㇕ コ 尸 尸 尿 尿	ニョウ	尿素《にょうそ》・排尿《はいにょう》 検尿《けんにょう》
廊	广	12	亠 广 庐 庐 庐 廊	ロウ	廊下《ろうか》・回廊《かいろう》 画廊《がろう》
廉	广	13	广 产 产 庐 廉 廉	レン	廉価《れんか》・清廉《せいれん》

「虐」「癖」「遵」「赴」は読み方の問題で、「遭」は書き取りの問題で、「遂」「匿」は両方の問題で頻出する。「癖」「遂」「遭」は音・訓両方の読みに注意。

1 次の太字のかなを漢字に直しなさい。

① 捕虜を**ぎゃくたい**する。
むごい扱いをすること。

② **くうきょ**な人生を送る。
むなしいさま。

③ **ふくめん**で顔を隠す。
顔をおおい隠すための布。

④ **れいらく**した資産家。
おちぶれること。

⑤ **しんれい**写真。
科学で説明できない不思議な現象。

⑥ 亡き母を**しぼ**する。
おもいしたうこと。

⑦ 話の**しょうてん**。
中心。

⑧ 一**りん**は約〇・三ミリ。
長さの単位。

⑨ **にょうい**を我慢する。
小便をしたいという感覚。

⑩ **がろう**で個展を開く。
絵などを陳列する所。

⑪ 私は**せいれん**潔白だ。
心が清く欲がないこと。

2 次の太字の漢字の読み方を答えなさい。

① **自虐**的になる。
自分で自分を痛めつけること。

② **虚勢**を張る。
からいばりをする。

③ ふるさとを**慕**う。
恋しく思う。

④ 焼き魚が**焦**げる。
火に焼けて黒、茶色になる。

⑤ **利尿**剤を飲む。
尿がよく出るようにする薬。

⑥ **廊下**では走らない。
細長い通路。

⑦ **廉価**で仕入れる。
安い値段。

⑧ 藤《ふじ》の**花房**が美しい。
花が群がって咲いているもの。

⑨ 悪い**癖**が出る。
習慣化した好みや傾向。

⑩ **不遇**な晩年を送る。
運が悪くて幸せでないこと。

⑪ 進歩を**遂**げる。
成し果たす。

⑫ 交通事故に**遭**う。
事件などに出会う。

⑬ 目的地へ**赴**く。
向かって行く。

⑭ 犯人を**隠匿**する。
かくまうこと。

⑮ **折衝**を重ねる。
談判、かけひきをすること。

1 ①虐待 ②空虚 ③覆面 ④零落 ⑤心霊 ⑥思慕 ⑦焦点 ⑧厘 ⑨尿意 ⑩画廊 ⑪清廉 ⑫冷房 ⑬疾走 ⑭水痘 ⑮潔癖 ⑯逮捕 ⑰待遇 ⑱遂行 ⑲遭難 ⑳遵法 ㉑赴任 ㉒超越 ㉓魅力 ㉔巨匠 ㉕匿名 ㉖衝突
2 ①じぎゃく ②きょせい ③した ④こ ⑤りにょう

部首	戸	疒	疒	疒	辶	辶	辶	辶	辶	走	走	鬼	匚	匚	行
漢字	房	疾	痘	癖	逮	遇	遂	遭	遵	赴	超	魅	匠	匿	衝
画数	8	10	12	18	11	12	12	14	15	9	12	15	6	10	15
筆順	一 ⺕ 戸 戸 房 房	亠 广 疒 疒 疟 疾	广 疒 疒 疔 痄 痘	疒 疒 疒 㾏 癖 癖	⺕ ⺕ ⺕ 隶 隶 逮	冂 日 吕 禺 禺 遇	丷 丷 丷 㒸 豕 遂	一 冂 曲 曲 曹 遭	丷 丷 䒑 酋 尊 遵	土 キ キ 走 赴 赴	土 キ キ 走 起 超	′ 由 鬼 鬼 鬿 魅	一 丆 ア 戸 斤 匠	一 丌 ヲ ヲ 若 匿	彳 彳 彳 徝 徝 衝
読み	ボウ ふさ	シツ	トウ	ヘキ くせ	タイ	グウ	スイ と(げる)	ソウ あ(う)	ジュン	フ おもむ(く)	チョウ こ(える・す)	ミ	ショウ	トク	ショウ
用例	官房《かんぼう》・冷房《れいぼう》 一房《ひとふさ》・乳房《ちぶさ》	疾走《しっそう》・疾病《しっぺい》 疾患《しっかん》	天然痘《てんねんとう》・種痘《しゅとう》	性癖《せいへき》・習癖《しゅうへき》 口癖《くちぐせ》	逮捕《たいほ》	優遇《ゆうぐう》・境遇《きょうぐう》 千載一遇《せんざいいちぐう》	未遂《みすい》・完遂《かんすい》 遂《と》げる	遭遇《そうぐう》・遭難《そうなん》 遭《あ》う	遵守《じゅんしゅ》・遵法《じゅんぽう》	赴任《ふにん》・赴援《ふえん》 赴《おもむ》く	超越《ちょうえつ》・超過《ちょうか》 超《こ》える・超《こ》す	魅了《みりょう》・魅惑的《みわくてき》 魅力《みりょく》	宗匠《そうしょう》・意匠《いしょう》 師匠《ししょう》	匿名《とくめい》・隠匿《いんとく》	衝動《しょうどう》・折衝《せっしょう》 意気衝天《いきしょうてん》

⑫れいぼうが効いた部屋。
室内の温度を外気より低くすること。

⑬全力でしっそうする。
はやくはしること。

⑭すいとうにかかる。
みずぼうそう。

⑮彼女はけっぺきな人だ。
汚いことを極度に嫌うさま。

⑯現行犯でたいほする。
つかまえること。

⑰たいぐうの悪い店だ。
もてなすこと。

⑱任務をすいこうする。
やりとおすこと。

⑲雪山でそうなんする。
災いにあうこと。

⑳じゅんぽう精神が強い。
ほうりつを守ること。

㉑単身ふにんをする。
命じられた所へ行くこと。

㉒人知をちょうえつする。
より高い立場にあること。

㉓人気俳優のみりょく。
人をひきつけるちから。

㉔映画界のきょしょう。
特にすぐれている人。

㉕とくめいで投書する。
なまえをかくすこと。

㉖意見がしょうとつする。
争い合うこと。

3 **筆順** 次の漢字の太い画のところは筆順の何画目か、算用数字で書きなさい。

①虚 ②焦 ③房 ④匠

4 **類字** 次の太字のかなを漢字に直しなさい。

①恵まれたきょうぐう。
身の上。

②ぐうぞうを崇拝する。
神仏のように形を作ったもの。

③しょうげき的な映像。
ショック。

④しゅじゅつを受ける。
患部を切るなどする治療法。

⑤がいとうで演説する。
まちかど。

⑥えいせいに気をつける。
清潔を保つこと。

故事成語を覚えよう

五十歩百歩《ごじっぽひゃっぽ》

本質的には同じであること。どちらもたいした違いのないこと。

ざい ⑥ろうか ⑦れんか ⑧はなぶさ ⑨くせ ⑩ふぐう ⑪と ⑫あ ⑬おもむ ⑭いんとく ⑮せっしょう **3** ①4 ②2 ③7 ④4 **4** ①境遇 ②偶像 ③衝撃 ④手術 ⑤街頭 ⑥衛生

3級 第9回

部首	門	ノ	乙	亅	儿	儿	冫	冫	力	力	力
画数	閲 15	乏 4	乙 1	了 2	克 7	免 8	凍 10	凝 16	励 7	勘 11	募 12
筆順	門 閲 閲	乏	乙	了	一 十 古 古 克	免	冫 凍 凍	冫 凝 凝	一 厂 励	一 甘 甚 勘	莫 募 募
音訓	エツ	ボウ とぼ(しい)	オツ	リョウ	コク	メン まぬか(れる)	トウ こお(る) こご(える)	ギョウ こ(る・らす)	レイ はげ(む・ます)	カン	ボ つの(る)
用例	閲覧《えつらん》・校閲《こうえつ》	欠乏《けつぼう》・耐乏《たいぼう》 乏《とぼ》しい	乙種《おつしゅ》・甲乙《こうおつ》	了承《りょうしょう》・了見《りょうけん》 完了《かんりょう》・校了《こうりょう》	克服《こくふく》・克己心《こっきしん》 克明《こくめい》	免除《めんじょ》・放免《ほうめん》 免《まぬか》れる(まぬが)	凍結《とうけつ》・解凍《かいとう》 凍《こお》る・凍《こご》える	凝固《ぎょうこ》・凝縮《ぎょうしゅく》 凝《こ》り性《しょう》・凝《こ》らす	励行《れいこう》・奨励《しょうれい》 励《はげ》む・励《はげ》ます	勘当《かんどう》・勘案《かんあん》 勘定《かんじょう》	募集《ぼしゅう》・応募《おうぼ》 募《つの》る

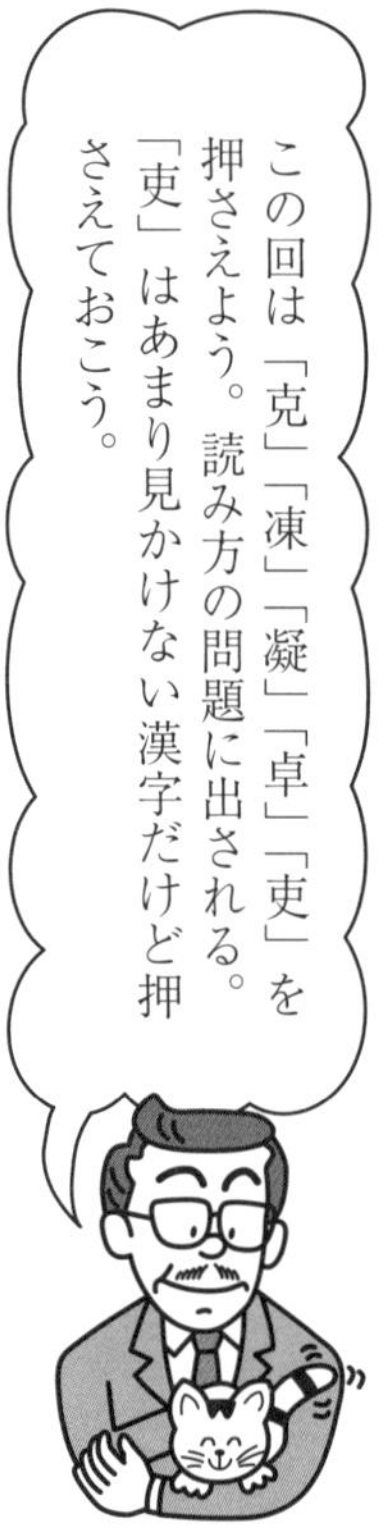

この回は「克」「凍」「凝」「卓」「吏」を押さえよう。読み方の問題に出される。「吏」はあまり見かけない漢字だけど押さえておこう。

1 次の太字のかなを漢字に直しなさい。

① 原稿をこうえつする。 内容を検討すること。
② びんぼうくじを引く。 最も損な役回り。
③ 十干《じっかん》の二番目はおつ。 「甲」の次。
④ 暗黙のりょうかい。 納得すること。
⑤ 恐怖心をこくふくする。 困難にうちかつこと。
⑥ 運転めんきょを取る。 行政官庁のゆるし。
⑦ れいとう食品。 こおらせること。
⑧ 相手をぎょうしする。 じっと見つめること。
⑨ 選手をげきれいする。 はげまし奮起させること。
⑩ 今回はかんべんしよう。 我慢して許すこと。
⑪ 懸賞におうぼする。 申し込むこと。

2 次の太字の漢字の読み方を答えなさい。

① 本を閲覧する。 見たり読んだりすること。
② 社会経験が乏しい。 足りない。
③ 試験の終了時刻。 すっかり終わること。
④ 免税品を買う。 税金をかけない品物。
⑤ 凍えた体を温める。 寒さで体の感覚を失う。
⑥ 肩が凝っている。 血行不良で筋肉が固くなる。
⑦ 友人を励ます。 気力をわき起こさせる。
⑧ 参加者を募る。 呼び集める。
⑨ 市場に野菜を卸す。 売り渡す。
⑩ アサガオの双葉。 種が発芽した際の二枚の葉。
⑪ 合格の吉報を聞く。 よい知らせ。
⑫ 哀れみを請《こ》う。 同情。
⑬ 棚にペンキを塗る。 表面につける。
⑭ 旧習を墨守する。 かたくなに守ること。
⑮ 筆に墨をつける。 墨汁。

1 ①校閲 ②貧乏 ③乙 ④了解 ⑤克服 ⑥免許 ⑦冷凍 ⑧凝視 ⑨激励 ⑩勘弁 ⑪応募 ⑫食卓 ⑬卑屈 ⑭卸値 ⑮又聞 ⑯双方 ⑰不吉 ⑱官吏 ⑲悲哀 ⑳哲学 ㉑啓発 ㉒塗装 ㉓水墨 ㉔失墜 ㉕開墾 ㉖老婆
2 ①えつらん ②とぼ ③しゅうりょう ④めんぜい

部首	漢字	画数	音読み・訓読み	用例
十	卓	8	タク	卓越《たくえつ》・食卓《しょくたく》 電卓《でんたく》
十	卑	9	ヒ いや(しい・しむ・しめる)	卑下《ひげ》・野卑《やひ》 卑《いや》しい
卩	卸	9	おろ(す) おろし	卸《おろ》す・卸商《おろししょう》 卸値《おろしね》
又	又	2	また	又貸《またが》し
又	双	4	ソウ ふた	双方《そうほう》・双肩《そうけん》 双子《ふたご》
口	吉	6	キチ・キツ	吉日《きちじつ》(きつじつ)・大吉《だいきち》 吉報《きっぽう》・不吉《ふきつ》
口	吏	6	リ	吏員《りいん》・官吏《かんり》
口	哀	9	アイ あわ(れ・れむ)	哀歓《あいかん》・悲哀《ひあい》 哀《あわ》れ・哀《あわ》れみ
口	哲	10	テツ	哲学《てつがく》・先哲《せんてつ》
口	啓	11	ケイ	啓示《けいじ》・拝啓《はいけい》 一筆啓上《いっぴつけいじょう》
土	塗	13	ト ぬ(る)	塗装《とそう》・塗布《とふ》 塗《ぬ》る
土	墨	14	ボク すみ	墨汁《ぼくじゅう》・白墨《はくぼく》 墨絵《すみえ》
土	墜	15	ツイ	墜落《ついらく》・失墜《しっつい》 撃墜《げきつい》
土	墾	16	コン	開墾《かいこん》
女	婆	11	バ	老婆《ろうば》・産婆役《さんばやく》

⑫ しょくたくを囲む。
テーブル。

⑬ ひくつな笑い。
意気地のないさま。

⑭ 商品をおろしねで売る。
問屋が小売店に売るねだん。

⑮ またぎきの話をする。
間接的にきくこと。

⑯ そうほうの意見を聞く。
あちらとこちら。

⑰ ふきつな予感がする。
縁起のよくないさま。

⑱ かんりとは役人のことだ。
「国家公務員」の旧称。

⑲ 人生のひあいを味わう。
かなしみとあわれさ。

⑳ てつがくを専攻する。
世界や人生の根本原理の研究。

㉑ 自己けいはつに努める。
教え導き高めること。

㉒ 外壁のとそうを行う。
とりょうをぬること。

㉓ 美しいすいぼく画。
すみの濃淡で表現する絵。

㉔ 信用がしっついする。
うしなうこと。

㉕ 荒れ地をかいこんする。
切りひらくこと。

㉖ 劇でろうばの役をする。
年とった女。

3 部首 次の漢字の部首を書きなさい。

① 乙
② 卑
③ 吏
④ 婆

4 類字 次の太字のかなを漢字に直しなさい。

① 標語をこうぼする。
広く知らせて集めること。

② ぼひょうを建てる。
埋葬した場所の目印。

③ 亡き友をついぼする。
思い出してしたうこと。

④ 美しいゆうぐれ。
日がくれるころ。

⑤ おろししょうの組合。
品物を仕入れて店に売る商売。

⑥ 瞬間れいきゃく剤。
温度を下げること。

故事成語を覚えよう

塞翁《さいおう》が馬《うま》

人生の幸・不幸は予測しがたいこと。

ひん ⑤ここ ⑥こ ⑦はげ ⑧つの ⑨おろ ⑩ふたば ⑪きっぽう ⑫あわ ⑬ぬ ⑭ぼくしゅ ⑮すみ
3 ①乙 ②十 ③口 ④女
4 ①公募 ②墓標 ③追慕 ④夕暮 ⑤卸商 ⑥冷却

第10回 3級

部首	漢字	画数	筆順	音訓	用例
大	奉	8	一 三 夫 夫 奏 奉	ホウ・ブ / たてまつ(る)	奉納《ほうのう》・奉行《ぶぎょう》 奉《たてまつ》る
大	契	9	一 十 ま 刧 刧 契	ケイ / ちぎ(る)	契約《けいやく》・契機《けいき》 契《ちぎ》り
大	奪	14	大 夲 夲 夲 奞 奪	ダツ / うば(う)	奪還《だっかん》・争奪《そうだつ》 奪《うば》う
寸	寿	7	一 三 夫 寺 寿 寿	ジュ / ことぶき	寿命《じゅみょう》・長寿《ちょうじゅ》 寿《ことぶき》
寸	封	9	十 土 圭 圭 封 封	フウ・ホウ	封筒《ふうとう》・密封《みっぷう》 封建的《ほうけんてき》
山	岳	8	ノ 亻 斤 丘 乒 岳	ガク / たけ	岳父《がくふ》・山岳《さんがく》 十勝岳《とかちだけ》
山	崩	11	丶 山 山 岸 崩 崩	ホウ / くず(れる・す)	崩壊《ほうかい》・崩御《ほうぎょ》 崩《くず》れる・崩《くず》す
巾	帝	9	丶 亠 产 产 帝 帝	テイ	帝王《ていおう》・帝国《ていこく》 皇帝《こうてい》
幺	幻	4	く 幺 幺 幻	ゲン / まぼろし	幻想《げんそう》・幻滅《げんめつ》 幻《まぼろし》
幺	幽	9	丨 刂 幺 幽 幽 幽	ユウ	幽玄《ゆうげん》・幽閉《ゆうへい》 深山幽谷《しんざんゆうこく》
手	掌	12	丶 丷 ⺍ 尚 堂 掌	ショウ	掌中《しょうちゅう》・掌握《しょうあく》 車掌《しゃしょう》

読み方では「哀」「幽」「怠」「愚」「憂」「憩」「欺」を、書き取りでは「契」を押さえよう。訓読みに気をつけて。部首も確認しておこう。

1 次の太字のかなを漢字に直しなさい。

① 社会にほうしする。 献身的に働くこと。
② けいやくを更新する。 当事者どうしによる取り決め。
③ 金品をりゃくだつする。 暴力でうばいとること。
④ じゅみょうが尽きる。 いのちの長さ。
⑤ 手紙をかいふうする。 あけること。
⑥ さんがく地帯。 高く険しいやま。
⑦ 武家社会のほうかい。 くずれこわれること。
⑧ ていおうの座を譲る。 君主。
⑨ げんかくに襲われる。 ないものをあるように感じること。
⑩ ゆうげんな趣の庭だ。 奥深い余情のあるさま。
⑪ 政権をしょうあくする。 意のままに動かせるようにする。

2 次の太字の漢字の読み方を答えなさい。

① 財布を奪う。 無理に取り上げる。
② 道路を封鎖する。 閉ざすこと。
③ 封建的な家庭。 上下関係を重んじているさま。
④ 十勝岳に登る。 北海道にある山。活火山。
⑤ 敵が総崩れになる。 完全に乱れること。
⑥ 亡き人の幻を追う。 実在しているように見えるもの。
⑦ 霊前で合掌する。 手を合わせて礼拝すること。
⑧ 練習を怠る。 すべきことをしない。
⑨ 怠け癖がつく。 すべきことをしないですます習慣。
⑩ 愚かな争い。 ばかげている。
⑪ 友人を慰める。 元気づける。
⑫ 母の病状を憂える。 心配する。
⑬ 憩いの時間。 休息。
⑭ 朝日が昇る。 上のほうに行く。
⑮ 花をも欺く美しさ。 美しさが花に劣らないということ。

1 ①奉仕 ②契約 ③略奪 ④寿命 ⑤開封 ⑥山岳 ⑦崩壊 ⑧帝王 ⑨幻覚 ⑩幽玄 ⑪掌握 ⑫忌中 ⑬怠慢 ⑭愚直 ⑮慈悲 ⑯慰安 ⑰憂慮 ⑱休憩 ⑲北斗 ⑳斤 ㉑排斥 ㉒昇進 ㉓結晶 ㉔暫定 ㉕西欧 ㉖詐欺
2 ①うば ②ふうさ ③ほうけん ④とかちだけ ⑤そうくず

部首	漢字	画数	筆順	音訓	用例
心	忌	7	一 コ 己 己 忌 忌	キ い(む・まわしい)	忌中《きちゅう》・禁忌《きんき》 忌《い》まわしい
心	怠	9	ム ム 台 台 怠 怠	タイ おこた(る) なま(ける)	怠慢《たいまん》・怠惰《たいだ》 怠《おこた》る・怠《なま》ける
心	愚	13	口 日 月 禺 禺 愚	グ おろ(か)	愚問《ぐもん》・暗愚《あんぐ》 愚《おろ》か
心	慈	13	丷 䒑 玄 玆 玆 慈	ジ いつく(しむ)	慈愛《じあい》・慈悲《じひ》 慈《いつく》しむ
心	慰	15	一 尸 尉 尉 慰 慰	イ なぐさ(める・む)	慰安《いあん》・慰労《いろう》 慰《なぐさ》める・慰《なぐさ》む
心	憂	15	一 丆 百 頁 惪 憂	ユウ うれ(える・い) う(い)	憂慮《ゆうりょ》・一喜一憂《いっきいちゆう》 憂《うれ》い・物憂《ものう》い
心	憩	16	二 千 舌 舌 甜 憩	ケイ いこ(い) いこ(う)	休憩《きゅうけい》・小憩《しょうけい》 憩《いこ》い・憩《いこ》う
斗	斗	4	丶 丷 斗 斗	ト	斗酒《としゅ》 北斗七星《ほくとしちせい》
斤	斤	4	丿 厂 斤 斤	キン	斤量《きんりょう》・一斤《いっきん》
斤	斥	5	丿 厂 斤 斤 斥	セキ	斥候《せっこう》・排斥《はいせき》
日	昇	8	口 日 旦 昇 昇 昇	ショウ のぼ(る)	昇華《しょうか》・上昇《じょうしょう》 昇《のぼ》る
日	晶	12	口 日 日 昌 晶 晶	ショウ	結晶《けっしょう》・水晶《すいしょう》
日	暫	15	亘 車 車 斬 斬 暫	ザン	暫定《ざんてい》・暫時《ざんじ》
欠	欧	8	一 ヌ 区 区 欧 欧	オウ	欧米《おうべい》・渡欧《とおう》
欠	欺	12	一 廾 甘 其 其 欺	ギ あざむ(く)	詐欺《さぎ》 欺《あざむ》く

⑫ きちゅうのはり紙。
喪に服する間。

⑬ 何事にもたいまんな人。
なまけること。

⑭ ぐちょくな性格。
賢さはないが正直であるさま。

⑮ じひ深い対応。
いつくしみあわれむ心。

⑯ 会社のいあん旅行。
労をねぎらうこと。

⑰ 現状をゆうりょする。
心配すること。

⑱ 公園できゅうけいする。
やすむこと。

⑲ ほくと七星を探す。
大ぐま座にある七つの星。

⑳ 一きんは約六百グラム。
重量の単位。

㉑ 外国製品はいせき運動。
追い出すこと。

㉒ 課長にしょうしんする。
地位がのぼりすすむこと。

㉓ 汗と涙のけっしょうだ。
形をなしたもの。

㉔ ざんてい措置をとる。
仮に決めておくこと。

㉕ せいおう諸国を訪ねる。
にしヨーロッパ。

㉖ 結婚さぎにあう。
人をだましてお金をとること。

3 部首 次の漢字の部首を書きなさい。

① 奉　② 寿　③ 幽　④ 斗

4 類字 次の太字のかなを漢字に直しなさい。

① 敵陣をだっしゅする。
うばいとること。

② チップをふんぱつする。
標準以上に金品を出すこと。

③ へんげん自在の作戦。
現れたかと思うと消えること。

④ ようじは無料です。
おさない子。

⑤ 食生活のおうべい化。
ヨーロッパとアメリカ。

⑥ よこなぐりの雨。
よこから強く吹きつけること。

故事成語を覚えよう

助長《じょちょう》

手助けしたために、かえって害を与えてしまうこと。

⑥まぼろし ⑦がっしょう ⑧おこた ⑨なま ⑩おろ ⑪なぐさ ⑫うれ ⑬いこ ⑭のぼ ⑮あざむ
3 ①大 ②寸 ③幺 ④斗
4 ①奪取 ②奮発 ③変幻 ④幼児 ⑤欧米 ⑥横殴

漢字	部首	画数	筆順	音訓	用例
架	木	9	フ カ 加 加 架 架	カ / か(ける・かる)	架設《かせつ》・書架《しょか》 架《か》ける・架《か》かる
某	木	9	一 廾 甘 甘 草 某	ボウ	某所《ぼうしょ》・某氏《ぼうし》
桑	木	10	ヌ 又 叒 叒 桒 桑	ソウ / くわ	桑園《そうえん》 桑畑《くわばたけ》
棄	木	13	亠 云 㐬 奋 奋 棄	キ	棄却《ききゃく》・放棄《ほうき》 自暴自棄《じぼうじき》
炎	火	8	丶 丷 丷 火 火 炎	エン / ほのお	炎天下《えんてんか》・気炎《きえん》 炎《ほのお》
甲	田	5	｜ 冂 日 日 甲	コウ・カン	甲乙《こうおつ》・甲骨《こうこつ》 甲板《かんぱん》(こうはん)
畜	田	10	亠 玄 玄 斉 斉 畜	チク	畜産《ちくさん》・家畜《かちく》
既	旡	10	艮 既 既 既 既 既	キ / すで(に)	既決《きけつ》・既知《きち》 既《すで》に
緊	糸	15	｜ 𦣝 臣 臤 堅 緊	キン	緊張《きんちょう》・緊迫《きんぱく》 緊密《きんみつ》
翻	羽	18	丶 釆 番 番 翻 翻	ホン / ひるがえ(る・す)	翻案《ほんあん》・翻意《ほんい》 翻《ひるがえ》す
脅	肉(月)	10	カ 劦 劦 劦 脅 脅	キョウ / おびや(かす) / おど(す・かす)	脅威《きょうい》・脅迫《きょうはく》 脅《おびや》かす・脅《おど》し

「脅」「赦」は読み方・書き取りの両方に出される。「脅」は音・訓の両方の読み方を押さえよう。ほかは「既」「翻」「裂」に気をつけよう。

1 次の太字のかなを漢字に直しなさい。

① **かくう**の生き物。 想像によること。
② 都内**ぼうしょ**に集まる。 あるところ。
③ 蚕が**くわ**の葉を食べる。 甘味のある果実ができる。
④ 選挙を**きけん**する。 けんりをすてること。
⑤ 工場が**えんじょう**する。 燃えあがること。
⑥ **こうおつ**を付けがたい。 優劣。
⑦ **ちくさん**農家。 動物を生活に利用するために飼うこと。
⑧ **きせい**の洋服を買う。 完成品として作られてあるもの。
⑨ **きんきゅう**事態。 いそぐ必要のあること。
⑩ 日本語に**ほんやく**する。 他国の言語に直すこと。
⑪ 核兵器の**きょうい**。 強い力でおびやかすこと。

2 次の太字の漢字の読み方を答えなさい。

① 川に橋を**架**ける。 かけ渡す。
② 家が**炎**に包まれる。 赤く燃え立つ火。
③ **甲高**い声。 調子が高く鋭い。
④ **既知**の事実だ。 すでに知られていること。
⑤ **翻意**を促す。 意志を変えること。
⑥ 刃物を持って**脅**す。 怖がらせる。
⑦ 体力が**衰**える。 弱くなる。
⑧ 二人の仲を**裂**く。 離す。
⑨ 自分の意志を**貫**く。 最後まで守る。
⑩ とても**賢**い幼児。 知能がすぐれている。
⑪ **恩赦**が行われる。 刑罰の内容を変更させること。
⑫ タイ料理は**辛**い。 口を刺激する感じのあるさま。
⑬ アルバイトを**雇**う。 賃金を払って人を使う。
⑭ 死者の**魂**を慰める。 生物に宿ると考えられている。
⑮ 庭には**鶏**がいる。 肉や卵は食用になる鳥。

1 ①架空 ②某所 ③桑 ④棄権 ⑤炎上 ⑥甲乙 ⑦畜産 ⑧既製 ⑨緊急 ⑩翻訳 ⑪脅威 ⑫野蛮 ⑬衰弱 ⑭寝袋 ⑮分裂 ⑯養豚 ⑰貫通 ⑱賢明 ⑲容赦 ⑳辛酸 ㉑屈辱 ㉒一隻 ㉓解雇 ㉔魂胆 ㉕邪魔 ㉖鶏卵
2 ①か ②ほのお ③かんだか ④きち ⑤ほんい

部首	漢字	画数	筆順	音読み	訓読み	用例
虫	蛮	12	亠 亣 亦 峦 蛮 蛮	バン		蛮行《ばんこう》・野蛮《やばん》
衣	衰	10	亠 亩 声 声 衰 衰	スイ	おとろ(える)	衰退《すいたい》・老衰《ろうすい》 衰《おとろ》える
衣	袋	11	亻 代 岱 岱 袋 袋	タイ	ふくろ	風袋《ふうたい》 紙袋《かみぶくろ》・手袋《てぶくろ》
衣	裂	12	一 歹 列 刿 裂 裂	レツ	さ(く・ける)	破裂《はれつ》・支離滅裂《しりめつれつ》 裂《さ》く・裂《さ》ける
豕	豚	11	月 肝 肝 肟 豚 豚	トン	ぶた	養豚《ようとん》 豚肉《ぶたにく》・子豚《こぶた》
貝	貫	11	乚 口 毌 毌 胃 貫	カン	つらぬ(く)	貫通《かんつう》・初志貫徹《しょしかんてつ》 貫《つらぬ》く
貝	賢	16	丨 𠂆 臤 臤 腎 賢	ケン	かしこ(い)	賢明《けんめい》・先賢《せんけん》 賢《かしこ》い
赤	赦	11	土 赤 赤 赤 赦 赦	シャ		赦免《しゃめん》・容赦《ようしゃ》 恩赦《おんしゃ》
辛	辛	7	丶 亠 立 立 立 辛	シン	から(い)	辛苦《しんく》・香辛料《こうしんりょう》 辛《から》い・辛口《からくち》
辰	辱	10	厂 尸 辰 辰 辰 辱	ジョク	はずかし(める)	雪辱《せつじょく》・屈辱《くつじょく》 辱《はずかし》める
隹	隻	10	亻 什 什 隹 隹 隻	セキ		隻眼《せきがん》・数隻《すうせき》 片言隻語《へんげんせきご》
隹	雇	12	一 コ 戸 戸 戸 雇	コ	やと(う)	雇用《こよう》・解雇《かいこ》 日雇《ひやと》い
鬼	魂	14	二 云 云 䰟 魂 魂	コン	たましい	魂胆《こんたん》・商魂《しょうこん》 魂《たましい》
鬼	魔	21	亠 广 麻 麿 魔 魔	マ		魔法《まほう》・睡魔《すいま》 悪魔《あくま》
鳥	鶏	19	爫 爫 奚 鶏 鶏 鶏	ケイ	にわとり	養鶏《ようけい》・鶏口牛後《けいこうぎゅうご》 鶏《にわとり》

⑫ やばんな行為。
荒っぽいさま。

⑬ 病気ですいじゃくする。
おとろえよわること。

⑭ ねぶくろに入って休む。
登山中ねるときに使うもの。

⑮ 細胞がぶんれつする。
わかれること。

⑯ ようとん場を見学する。
ブタを飼育すること。

⑰ かんつうしたトンネル。
つらぬきとおること。

⑱ けんめいな選択。
適切なさま。

⑲ ようしゃない攻撃。
手加減すること。

⑳ しんさんをなめる。
つらく苦しいこと。

㉑ くつじょくに耐える。
抑えつけられて恥を受けること。

㉒ 船がいっせき出航する。
船などを数える単位。

㉓ 不当にかいこされる。
くびにすること。

㉔ 見え透いたこんたんだ。
計略。

㉕ 勉強のじゃまをする。
さまたげること。

㉖ けいらんを料理に使う。
ニワトリのたまご。

3 **部首** 次の漢字の部首を書きなさい。

① 某　② 炎　③ 翻　④ 蛮　⑤ 赦

4 **類字** 次の太字のかなを漢字に直しなさい。

① かいき日食が起こる。
月が太陽を一時的に覆い隠す現象。

② がいたんに堪《た》えない。
なげきいきどおること。

③ 天気がいきようを見る。
だいたいの様子。

④ 指導力がすいたいする。
弱くなること。

⑤ 友の死をあいせきする。
悲しみおしむこと。

故事成語を覚えよう

人事《じんじ》を尽《つ》くして天命《てんめい》を待《ま》つ
できる限りの努力をして、結果は運命にまかせること。

⑥ おど　⑦ おとろ　⑧ さ　⑨ つらぬ　⑩ かしこ　⑪ おんしゃ　⑫ から　⑬ やと　⑭ たましい　⑮ にわとり
3 ① 木　② 火　③ 羽　④ 虫　⑤ 赤
4 ① 皆既　② 慨嘆　③ 概況　④ 衰退　⑤ 哀惜

3級→準2級 昇級問題

得点	
1	/37
2	/15
3	/8
4	/8
5	/6
6	/18
7	/8
合計	/100

●70点以上で合格です。

1 次の太字のかなを漢字に直しなさい。〔37点〕

①ピアノでばんそうする。
②まいぼつしている人材。
③注意力のけつじょ。
④きかいな事件。
⑤社会のがいねん。
⑥小遣いをろうひする。
⑦社長がちんしゃする。
⑧車のはいきガス。
⑨こまくが破れる。
⑩体がこうちょくする。
⑪そしなでございます。
⑫学園ふんそうが起こる。
⑬休暇のしんせいをする。
⑭情報がこうさくする。
⑮予算をさくげんする。
⑯かかんに挑戦《ちょうせん》する。
⑰しんぱんに抗議する。
⑱女優のかれいな姿。
⑲にゅうせきを済ませる。
⑳重量がちょうかする。
㉑ししょう譲りの技だ。
㉒塩分がけつぼうする。
㉓試験をめんじょする。
㉔道路がとうけつする。
㉕息子をかんどうする。
㉖アルバイトのぼしゅう。
㉗自分をひげする。
㉘神社にほうのうする。
㉙ちょうじゅを祝う。
㉚彼にはげんめつした。
㉛新幹線のしゃしょう。
㉜権利をほうきする。
㉝かちくを飼育する。
㉞きんちょうの一瞬。
㉟てぶくろを買いに行く。
㊱せつじょくを果たす。
㊲まほう使いが現れる。

1 ①伴奏 ②埋没 ③欠如 ④奇怪 ⑤概念 ⑥浪費 ⑦陳謝 ⑧排気 ⑨鼓膜 ⑩硬直 ⑪粗品 ⑫紛争 ⑬申請 ⑭交錯 ⑮削減 ⑯果敢 ⑰審判 ⑱華麗 ⑲入籍 ⑳超過 ㉑師匠 ㉒欠乏 ㉓免除 ㉔凍結 ㉕勘当 ㉖募集 ㉗卑下 ㉘奉納 ㉙長寿 ㉚幻滅 ㉛車掌 ㉜放棄 ㉝家畜 ㉞緊張 ㉟手袋 ㊱雪辱 ㊲魔法
2 ①ばっさい ②くや ③へだ ④よくし ⑤いのちづな ⑥くったく ⑦じゃすい

2 次の太字の漢字の読み方を答えなさい。 【15点】

① 森林の**伐採**。
② 負けて**悔**しい。
③ 大きな**隔**たりがある。
④ 犯罪の**抑止**対策。
⑤ シートベルトは**命綱**。
⑥ **屈託**した表情。
⑦ 関係を**邪推**する。
⑧ 「忙しい」が**口癖**だ。
⑨ 悲惨な**境遇**。
⑩ **双子**の兄弟。
⑪ 先哲の教え。
⑫ **禁忌**を破る。
⑬ **暫時**お待ちください。
⑭ 橋を**架設**する。
⑮ 悪質な**脅迫**事件。

3 次の漢字の部首を書きなさい。 【8点】

① 窒　② 克　③ 哀　④ 衰

4 次の漢字の太い画のところは筆順の何画目か、算用数字で書きなさい。 【8点】

① 擁　② 繕　③ 虐　④ 昇

5 次の漢字の総画数を算用数字で書きなさい。 【6点】

① 姫　② 遭　③ 卸

6 次の太字のかなを漢字に直しなさい。 【18点】

① すぐれた**ぎこう**を持つ。
② 実験が**せいこう**する。
③ **はいえん**で入院する。
④ **さいがい**に備える。
⑤ 水道管が**はれつ**する。
⑥ **きょうれつ**な印象。
⑦ **ぎょうれつ**に並ぶ。
⑧ **からくち**のカレー。
⑨ **こううん**の女神。

7 次の故事成語の空欄にあてはまる漢字を書きなさい。 【8点】

① □の中の蛙《かわず》。
② 漁父の□。
③ 五十歩□□。
④ 塞翁《さいおう》が□。

⑧くちぐせ　⑨きょうぐう　⑩ふたご　⑪せんてつ　⑫きんき　⑬ざんじ　⑭かせつ　⑮きょうはく

3 ①穴　②儿　③口　④衣

4 ①10　②10　③3　④7

5 ①10　②14　③9

6 ①技巧　②成功　③肺炎　④災害　⑤破裂　⑥強烈　⑦行列　⑧辛口　⑨幸運

7 ①井　②利　③百歩　④馬

準2級

第1回

部首	画数	筆順	音訓	用例
亻 仙	5	ノ イ 仆 仙 仙	セン	仙人《せんにん》・酒仙《しゅせん》
亻 但	7	ノ イ 仆 仴 但 但	ただ(し)	但《ただ》し書《が》き
亻 伯	7	イ 亻′ 伯 伯 伯	ハク	伯仲《はくちゅう》・画伯《がはく》
亻 侮	8	イ 亻′ 佐 侮 侮 侮	ブ / あなど(る)	侮辱《ぶじょく》・軽侮《けいぶ》 / 侮《あなど》る
亻 併	8	ノ イ 亻′ 併 併 併	ヘイ / あわ(せる)	併発《へいはつ》・併用《へいよう》 / 併《あわ》せる
亻 侯	9	イ 亻′ 伊 伊 侯 侯	コウ	諸侯《しょこう》・王侯《おうこう》
亻 俊	9	イ 亻′ 俊 俊 俊 俊	シュン	俊敏《しゅんびん》・俊才《しゅんさい》 / 俊傑《しゅんけつ》
亻 俸	10	イ 仨 伕 俸 俸 俸	ホウ	俸給《ほうきゅう》・減俸《げんぽう》 / 年俸《ねんぽう》
亻 倫	10	イ 亻 伶 倫 倫 倫	リン	倫理《りんり》・絶倫《ぜつりん》
亻 偽	11	イ 亻 伪 伪 偽 偽	ギ / いつわ(る) / にせ	虚偽《きょぎ》・真偽《しんぎ》 / 偽《いつわ》る・偽物《にせもの》
亻 偵	11	イ 亻′ 亻卜 伯 偵 偵	テイ	偵察《ていさつ》・内偵《ないてい》 / 探偵《たんてい》

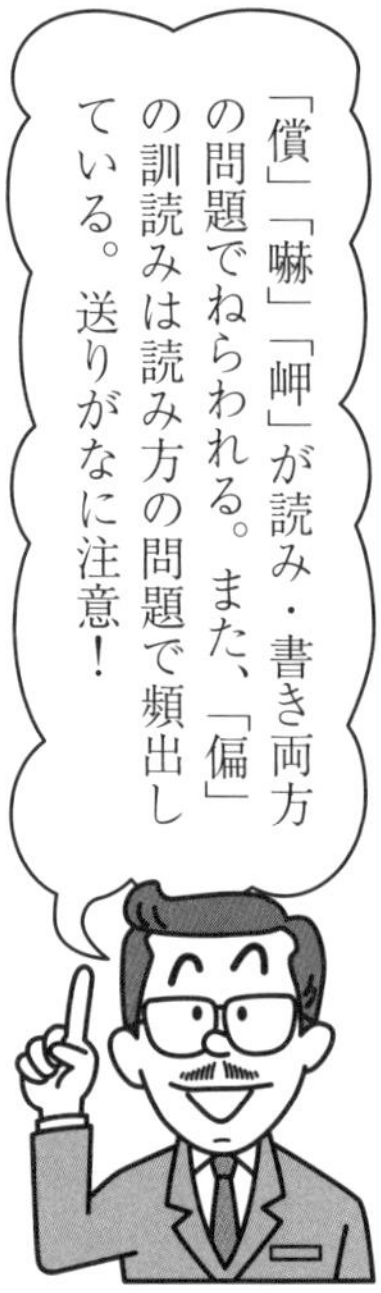

「償」「嚇」「岬」が読み・書き両方の問題でねらわれる。また、「偏」の訓読みは読み方の問題で頻出している。送りがなに注意！

1 次の太字のかなを漢字に直しなさい。

① せんにんのような人。　世俗を超越した人。

② ただし書きをよく読む。　説明などを書き加えた文。

③ 実力がはくちゅうする。　優劣がないこと。

④ 父をぶじょくされた。　恥をかかせること。

⑤ 隣町とがっぺいする。　一つにあわさること。

⑥ おうこう貴族。　君主。領主。

⑦ しゅんびんな動き。　行動がすばやいさま。

⑧ ねんぽう一億円の選手。　一ねん分の給料。

⑨ 社会のりんりに背く。　道徳。

⑩ 彼はぎぜん者だ。　よい人に見せかけること。

⑪ たんていに尾行される。　相手の事情をひそかに調べる人。

2 次の太字の漢字の読み方を答えなさい。

① 軽侮の目で見る。　軽く見てばかにすること。

② 併せて考える。　いっしょにする。

③ 画壇の俊英。　才能がすぐれている人。

④ 俸給で生活する。　給料。

⑤ 彼は精力絶倫だ。　飛び抜けていること。

⑥ 紙幣を偽造する。　本物をまねてつくること。

⑦ 名前を偽る。　うそを言う。

⑧ 密偵が捕まる。　スパイ。

⑨ 末っ子を偏愛する。　特定の人だけを愛すること。

⑩ 考え方が偏る。　不均衡になる。

⑪ 勝利の代償。　目的達成のための損害。

⑫ 罪を償う。　埋め合わせをする。

⑬ 材料を吟味する。　よく調べること。

⑭ 示唆に富んだ意見。　暗に気づかせること。

⑮ 父が嚇怒した。　激しく怒ること。

1 ①仙人 ②但 ③伯仲 ④侮辱 ⑤合併 ⑥王侯 ⑦俊敏 ⑧年俸 ⑨倫理 ⑩偽善 ⑪探偵 ⑫偏食 ⑬傑作 ⑭公僕 ⑮同僚 ⑯儒家 ⑰補償 ⑱吟遊 ⑲教唆 ⑳一喝 ㉑唯一 ㉒威嚇 ㉓岬 ㉔管弦

2 ①けいぶ ②あわ ③しゅんえい ④ほうきゅう ⑤ぜつりん ⑥ぎぞう ⑦いつわ

部首	漢字	画数	筆順	読み	用例
	偏	11	亻 仁 伊 侷 偏 偏	ヘン / かたよ(る)	偏見《へんけん》・偏食《へんしょく》 偏《かたよ》る
	傑	13	亻 亻ク 亻夕 亻夕丰 亻夕木 傑	ケツ	傑作《けっさく》・傑出《けっしゅつ》 豪傑《ごうけつ》
	僕	14	亻 亻' 亻'' 亻业 僕 僕	ボク	公僕《こうぼく》
	僚	14	亻 亻大 亻夾 亻寮 僚 僚	リョウ	僚友《りょうゆう》・官僚《かんりょう》
	儒	16	亻 亻雨 亻需 儒 儒 儒	ジュ	儒学《じゅがく》・儒教《じゅきょう》 儒者《じゅしゃ》
	償	17	亻 亻' 亻尚 償 償 償	ショウ / つぐな(う)	償還《しょうかん》・補償《ほしょう》 償《つぐな》う
口	吟	7	口 口' 口ヘ 吟 吟 吟	ギン	吟詠《ぎんえい》・吟味《ぎんみ》 苦吟《くぎん》・詩吟《しぎん》
口	唆	10	口 口ム 口允 唆 唆 唆	サ / そそのか(す)	示唆《しさ》・教唆《きょうさ》 唆《そそのか》す
口	喝	11	口 口日 口曰 喝 喝 喝	カツ	喝破《かっぱ》・恐喝《きょうかつ》
口	唯	11	口 口' 口亻 唯 唯 唯	ユイ・イ	唯一《ゆいいつ》 唯々《いい》諾々《だくだく》
口	嚇	17	口 口土 口赤 嚇 嚇 嚇	カク	嚇怒《かくど》・威嚇《いかく》
山	岬	8	丨 山 山 岬 岬 岬	みさき	岬《みさき》
弓	弦	8	⺕ 弓 弓' 弦 弦 弦	ゲン / つる	管弦《かんげん》・正弦《せいげん》 弦《つる》

⑫ へんしょくは体に悪い。
たべものの好き嫌いが激しいこと。

⑬ 彼の最高けっさく。
非常にすぐれた作品。

⑭ こうぼくとして働く。
役人。公務員。

⑮ どうりょうと旅行する。
職場が同じで地位も同じ人。

⑯ じゅかは孔子に始まる。
孔子の思想を学ぶ人たち。

⑰ 損害をほしょうする。
おぎないつぐなうこと。

⑱ ぎんゆう詩人。
歌いながら諸国を遍歴した人。

⑲ 殺人をきょうさする。
他人をそそのかすこと。

⑳ 大声でいっかつする。
しかりつけること。

㉑ ゆいいつ無二の親友。
ただひとつであること。

㉒ いかく射撃をする。
おどかすこと。

㉓ みさきから海を眺める。
陸地が海や湖の中に突き出た部分。

㉔ かんげん楽団の演奏会。
オーケストラ。

3 画数 次の漢字の総画数を算用数字で書きなさい。

① 俊
② 偽
③ 偏
④ 唆
⑤ 嚇

4 類字 次の太字のかなを漢字に直しなさい。

① がはくが個展を開く。
絵描きを敬って言う語。

② 四分の三びょうしの曲。
強弱の音の組み合わせ。

③ あっぱく感を与える。
相手を押さえつけること。

④ きょうかつの罪。
弱みにつけこんでおどしつけること。

⑤ けいさいの許可をとる。
文章などをのせること。

故事成語を覚えよう

他山《たざん》の石《いし》

どんなものでも、自分の品性・知徳を磨《みが》くのに役立つこと。

⑧みってい ⑨へんあい ⑩かたよ ⑪だいしょう ⑫つぐな ⑬ぎんみ ⑭しさ ⑮かくど
3 ①9 ②11 ③11 ④10 ⑤17
4 ①画伯 ②拍子 ③圧迫 ④恐喝 ⑤掲載

準2級 第2回

部首	土										
画数	坪 8	垣 9	培 11	堀 11	堪 12	塚 12	塀 12	壌 16	妃 6	妊 7	姻 9
筆順	扌 扌 扌 坪 坪 坪	十 扌 扌 垣 垣 垣	扌 扌 扌 培 培 培	扌 扌 扌 堀 堀 堀	扌 扌 扌 堪 堪 堪	扌 扌 扌 塚 塚 塚	一 扌 扌 塀 塀 塀	扌 扌 扌 壌 壌 壌	く 女 女 妃 妃 妃	女 女 女 妊 妊 妊	女 如 如 姻 姻 姻
音訓	つぼ	かき	バイ つちか(う)	ほり	カン た(える)	つか	ヘイ	ジョウ	ヒ	ニン	イン
用例	坪数《つぼすう》・建坪《たてつぼ》	垣根《かきね》	培養《ばいよう》・栽培《さいばい》 培《つちか》う	外堀《そとぼり》・釣堀《つりぼり》	堪忍《かんにん》・堪能《かんのう(たんのう)》 堪《た》える	貝塚《かいづか》	土塀《どべい》・板塀《いたべい》	土壌《どじょう》 鼓腹撃壌《こふくげきじょう》	王妃《おうひ》	妊娠《にんしん》・懐妊《かいにん》 避妊《ひにん》	姻族《いんぞく》・婚姻《こんいん》

「堪」「嫌」「悼」が読み方の問題によく出る。訓読みの送りがなに気をつけよう。書き取りでは「姻」「惰」に注意したい。

1 次の太字のかなを漢字に直しなさい。

① **たてつぼ**の広い家。 たてものの一階部分が占める面積。
② **たけがき**で囲む。 たけで作ったかきね。
③ 細菌を**ばいよう**する。 人工的に育てて増やすこと。
④ 城の**そとぼり**を埋める。 城の周囲のほり。
⑤ 鑑賞に**たえ**ない絵。 それだけの値打ちがある。
⑥ **かいづか**を発見する。 古代人が物を捨てた場所。
⑦ **どべい**で庭を囲む。 つちのへい。
⑧ **どじょう**が肥えている。 つち。
⑨ 某国の**おうひ**。 おうのきさき。
⑩ **ひにん**の方法を学ぶ。 子供ができるのをさけること。
⑪ **こんいん**届。 夫婦となること。

2 次の太字の漢字の読み方を答えなさい。

① **坪数**を計算する。 土地の面積。
② **垣根**越しに話す。 家、敷地の仕切り。
③ **板塀**をめぐらせる。 家の境界に板を立てたもの。
④ **妊婦**に席を譲る。 みごもっている女性。
⑤ **触媒**となる物質。 化学反応の速度を変える作用を持つ。
⑥ 野菜を**嫌**う。 いやがる。
⑦ 源氏の**嫡流**の家系。 本家の血筋。
⑧ **冷徹**な表情。 物事を冷静に見とおすさま。
⑨ 政治家の**追悼**集会。 死者の生前をしのぶこと。
⑩ **惰性**に流される。 今までの習慣や勢い。
⑪ **懐紙**に和歌を書く。 詩歌を記録する紙。
⑫ **寄附**を頼む。 金品を差し出すこと。
⑬ 敵の城が**陥落**した。 攻め落とされること。
⑭ 困難な状況に**陥**る。 はまり込む。
⑮ 都会の**片隅**。 目立たない端。

1 ①建坪 ②竹垣 ③培養 ④外堀 ⑤堪 ⑥貝塚 ⑦土塀 ⑧土壌 ⑨王妃 ⑩避妊 ⑪婚姻 ⑫妊娠 ⑬媒介 ⑭機嫌 ⑮嫡子 ⑯循環 ⑰徹夜 ⑱哀悼 ⑲怠惰 ⑳愉快 ㉑憤慨 ㉒懐古 ㉓遺憾 ㉔附属 ㉕欠陥 ㉖一隅
2 ①つぼすう ②かきね ③いたべい ④にんぷ ⑤しょくばい

部首	漢字	画数	筆順	音読み	訓読み	用例
女	娠	10	く 女 女一 女厂 娠 娠	シン		妊娠《にんしん》
女	媒	12	女 女一 女丗 女甘 媒 媒	バイ		媒介《ばいかい》・媒体《ばいたい》 触媒《しょくばい》
女	嫌	13	女 女 女兰 女兰 嫌 嫌	ケン・ゲン	きら(う) いや	嫌疑《けんぎ》・機嫌《きげん》 嫌《きら》い・嫌気《いやけ》
女	嫡	14	女 女亠 女产 女产 嫡 嫡	チャク		嫡子《ちゃくし》・嫡流《ちゃくりゅう》
彳	循	12	彳 彳厂 彳斤 彳斤 循 循	ジュン		循環《じゅんかん》・因循《いんじゅん》
彳	徹	15	彳 彳亠 彳产 彳育 徹 徹	テツ		徹底《てってい》・透徹《とうてつ》 徹頭徹尾《てっとうてつび》
忄	悼	11	忄 忄卜 忄占 忄占 悼 悼	トウ	いた(む)	悼辞《とうじ》・哀悼《あいとう》 悼《いた》む
忄	惰	12	忄 忄一 忄ナ 忄左 惰 惰	ダ		惰眠《だみん》・惰性《だせい》 怠惰《たいだ》
忄	愉	12	忄 忄八 忄人 忄合 愉 愉	ユ		愉快《ゆかい》・愉悦《ゆえつ》
忄	憤	15	忄 忄十 忄卄 忄卉 憤 憤	フン	いきどお(る)	憤慨《ふんがい》・義憤《ぎふん》 憤《いきどお》る
忄	懐	16	忄 忄亠 忄亦 忄亦 懐 懐	カイ	ふところ なつ(かしい・かしむ・く・ける)	懐古《かいこ》・述懐《じゅっかい》 懐手《ふところで》・懐《なつ》かしい
忄	憾	16	忄 忄厂 忄厂 忄咸 憾 憾	カン		遺憾《いかん》
阝	附	8	阝 阝亻 阝付 阝付 附 附	フ		附属《ふぞく》・附録《ふろく》 寄附《きふ》
阝	陥	10	阝 阝ク 阝ク 阝臽 陥 陥	カン	おちい(る) おとしい(れる)	陥没《かんぼつ》・欠陥《けっかん》 陥《おちい》る・陥《おとしい》れる
阝	隅	12	了 阝 阝日 阝日 隅 隅	グウ	すみ	一隅《いちぐう》 片隅《かたすみ》

⑫妻はにんしん六か月だ。（子供が体内にいること。）
⑬病気をばいかいする虫。（あるものから他に移すこと。）
⑭きげんが悪い。（気分のよしあし。）
⑮ちゃくしが産まれる。（跡つぎ。）
⑯血液がじゅんかんする。（ひとまわりすること。）
⑰試験勉強でてつやする。（一晩中起きていること。）
⑱あいとうの意を表す。（人の死を悲しみいたむこと。）
⑲たいだな日々を送る。（だらけるさま。）
⑳ゆかいな気持ち。（楽しく気分よいさま。）
㉑社会にふんがいする。（いきどおること。）
㉒かいこ趣味の文章。（昔をなつかしむこと。）
㉓いかんに思う。（残念な気持ち。）
㉔大学のふぞく高校。（ついていること。）
㉕けっかん商品。（不備な点。）
㉖庭のいちぐうに咲く花。（かたすみ。）

3 筆順 次の漢字の太い画のところは筆順の何画目か、算用数字で書きなさい。

①堪 ②嫌 ③循 ④隅

4 類字 次の太字のかなを漢字に直しなさい。

①ふんぜんと席をける。（いきどおるさま。）
②弥生《やよい》時代のふんぼ。（はか。）
③不満がふんしゅつする。（勢いよくふきでること。）
④相手をかいじゅうする。（手なずけること。）
⑤堤防がけっかいする。（切れて崩れること。）

故事成語を覚えよう

蛇足《だそく》
むだな行為。あってても益のないもの。

⑥きら ⑦ちゃくりゅう ⑧れいてつ ⑨ついとう ⑩だせい ⑪かいし ⑫きふ ⑬かんらく ⑭おちい ⑮かたすみ
3 ①5 ②11 ③6 ④9
4 ①憤然 ②墳墓 ③噴出 ④懐柔 ⑤決壊

準2級 第3回

部首	漢字	画数	筆順	音訓	用例
扌	抄	7	一 十 扌 扎 扑 抄	ショウ	抄出《しょうしゅつ》・抄録《しょうろく》 抄本《しょうほん》
	把	7	一 扌 扌 扣 扣 把	ハ	把握《はあく》・把持《はじ》 十把《じっぱ》
	扶	7	十 扌 扌 扌 扶 扶	フ	扶養《ふよう》・扶助《ふじょ》
	拐	8	一 十 扌 扌 拐 拐	カイ	拐帯《かいたい》・誘拐《ゆうかい》
	拒	8	扌 扌 扌 扌 拒 拒	キョ こば(む)	拒絶《きょぜつ》・拒否《きょひ》 拒《こば》む
	拙	8	扌 扌 扌 扌 拙 拙	セツ つたな(い)	巧拙《こうせつ》・稚拙《ちせつ》 拙《つたな》い
	披	8	一 扌 扌 扌 披 披	ヒ	披露《ひろう》・披見《ひけん》
	抹	8	十 扌 扌 扌 抹 抹	マツ	抹消《まっしょう》・抹香《まっこう》 一抹《いちまつ》
	括	9	扌 扌 扌 扌 括 括	カツ	括弧《かっこ》・一括《いっかつ》 包括《ほうかつ》・総括《そうかつ》
	挟	9	一 扌 扌 扌 挟 挟	キョウ はさ(む・まる)	挟撃《きょうげき》 挟《はさ》む・挟《はさ》まる
	拷	9	扌 扌 扌 扌 拷 拷	ゴウ	拷問《ごうもん》

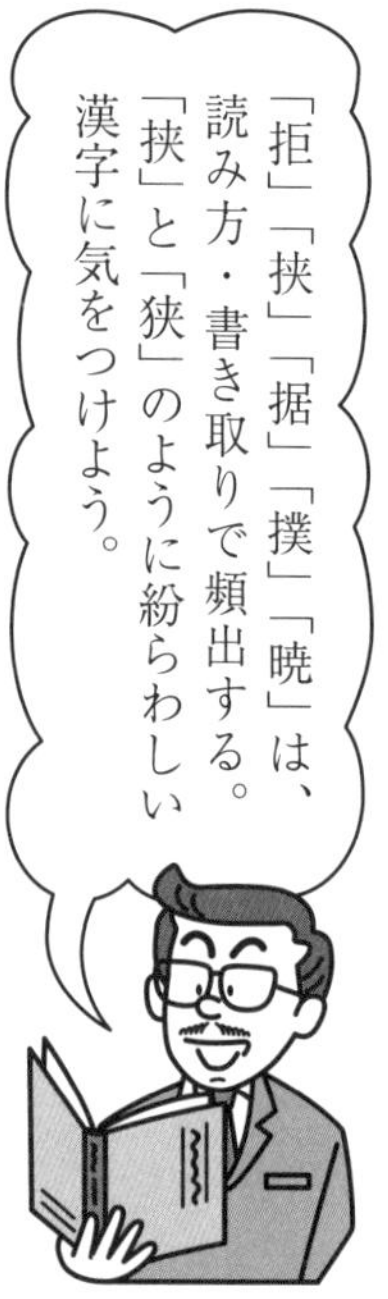
「拒」「挟」「据」「撲」「暁」は、
読み方・書き取りで頻出する。
「挟」と「狭」のように紛らわしい
漢字に気をつけよう。

1 次の太字のかなを漢字に直しなさい。

① 要点を**しょうろく**する。 抜き出して書くこと。
② 状況を**はあく**する。 理解すること。
③ **ふよう**家族。 生活の面倒を見ること。
④ **ゆうかい**犯人が捕まる。 だましてさそいだすこと。
⑤ 要求を**きょぜつ**する。 こばむこと。
⑥ 文章の**こうせつ**を見る。 たくみなこととへたなこと。
⑦ 結婚**ひろう**宴。 発表すること。
⑧ **まっちゃ**を飲む。 粉末にしたちゃ。
⑨ 代金**いっかつ**払い。 ひとつにまとめること。
⑩ 奥歯に物が**はさ**まる。 物と物の間に入る。
⑪ **ごうもん**を受ける。 肉体的苦痛を与え白状させること。

2 次の太字の漢字の読み方を答えなさい。

① 戸籍**抄本**を見る。 原本の一部を写したもの。
② 申し出を**拒**む。 断る。
③ **稚拙**な字を書く。 つたないさま。
④ 社会から**抹殺**する。 存在を消し去ること。
⑤ **括弧**の中に書く。 文章を囲う記号。
⑥ 敵を**挑発**する。 相手を刺激すること。
⑦ 決戦を**挑**む。 戦いを仕掛ける。
⑧ 眼鏡を**捜**す。 見つけようと行動する。
⑨ 花瓶に花を**挿**す。 つっこんで入れる。
⑩ 発言を**撤回**する。 取り下げること。
⑪ がん**撲滅**を目ざす。 滅ぼすこと。
⑫ **擬古**文の文章。 古代の文体をまねた文。
⑬ 三毛**猫**を飼う。 白・黒・茶の毛が入りまじった猫。
⑭ **猿**も木から落ちる。 名人も失敗することがある。
⑮ 美しい**旋律**。 メロディー。

1 ①抄録 ②把握 ③扶養 ④誘拐 ⑤拒絶 ⑥巧拙 ⑦披露 ⑧抹茶 ⑨一括 ⑩挟 ⑪拷問 ⑫挑戦 ⑬捜査 ⑭挿画 ⑮据 ⑯搭乗 ⑰撤去 ⑱打撲 ⑲模擬 ⑳猫舌 ㉑猶予 ㉒犬猿 ㉓旋回 ㉔暁 ㉕朕 ㉖疎遠 **2** ①しょうほん ②こば ③ちせつ ④まっさつ ⑤かっこ

部首	扌								犭			方	日	月	疋
漢字	挑	捜	挿	据	搭	撤	撲	擬	猫	猶	猿	旋	暁	朕	疎
画数	9	10	10	11	12	15	15	17	11	12	13	11	12	10	12
読み	チョウ いど(む)	ソウ さが(す)	ソウ さ(す)	す(える・わる)	トウ	テツ	ボク	ギ	ビョウ ねこ	ユウ	エン さる	セン	ギョウ あかつき	チン	ソ うと(い・む)
用例	挑戦《ちょうせん》・挑発《ちょうはつ》 挑《いど》む	捜索《そうさく》・捜査《そうさ》 捜《さが》す	挿入《そうにゅう》・挿話《そうわ》 挿《さ》す	据《す》える・据《す》わる	搭乗《とうじょう》・搭載《とうさい》	撤去《てっきょ》・撤収《てっしゅう》 撤回《てっかい》・撤廃《てっぱい》	撲滅《ぼくめつ》・打撲《だぼく》	擬人法《ぎじんほう》・擬声語《ぎせいご》 模擬《もぎ》	愛猫《あいびょう》・怪猫《かいびょう》 猫舌《ねこじた》	猶予《ゆうよ》	類人猿《るいじんえん》 猿芝居《さるしばい》	旋風《せんぷう》・旋律《せんりつ》 旋回《せんかい》	暁天《ぎょうてん》・通暁《つうぎょう》 暁《あかつき》	朕《ちん》	疎外《そがい》・親疎《しんそ》 疎《うと》い・疎《うと》む

⑫ 記録にちょうせんする。
いどむこと。

⑬ 殺人事件をそうさする。
犯人をさがすこと。

⑭ 小説のそうがを描く。
さしえ。

⑮ 目をすえて見る。
動かないようにする。

⑯ 飛行機のとうじょう口。
のり込むこと。

⑰ 工場をてっきょする。
取りさること。

⑱ 全身だぼくで入院する。
うったりたたいたりすること。

⑲ もぎ試験を受ける。
本物をまねること。

⑳ 彼女はねこじただ。
熱い食べ物を口にできないこと。

㉑ 執行ゆうよ。
日時を延ばすこと。

㉒ 二人はけんえんの仲だ。
仲が悪いこと。

㉓ 飛行機がせんかいする。
円を描くようにまわること。

㉔ 鶏があかつきを告げる。
夜が明けるころ。

㉕ ちんは天皇の自称だ。
自称代名詞の一つ。

㉖ 友人とそえんになる。
とおざかって親しくないこと。

3 画数 次の漢字の総画数を算用数字で書きなさい。

① 拒 ② 撤 ③ 暁 ④ 疎

4 類字 次の太字のかなを漢字に直しなさい。

① 書状をひけんする。
ひらいて見ること。

② ひがの意見を比較する。
他人と自分。

③ きづかれがする。
気を遣ってつかれること。

④ ひこく人が入廷する。
刑事事件で訴えられている人。

⑤ 敵軍がてったいする。
陣地を取り払い退くこと。

⑥ 趣旨をてっていさせる。
すみずみまで行き届くこと。

故事成語を覚えよう

知音《ちいん》
親友。互いに知り尽くした仲。

⑥ちょうはつ ⑦いど ⑧さが ⑨さ ⑩てっかい ⑪ぼくめつ ⑫ぎこぶん ⑬みけねこ ⑭さる ⑮せんりつ
3 ①8 ②15 ③12 ④12
4 ①披見 ②彼我 ③気疲 ④被告 ⑤撤退 ⑥徹底

準2級

第4回

部首	画数	筆順	音訓	用例
汁	5	丶 冫 氵 汁	ジュウ / しる	苦汁《くじゅう》・墨汁《ぼくじゅう》 汁気《しるけ》
江	6	丶 冫 氵 汀 江	コウ / え	江湖《こうこ》・長江《ちょうこう》 入《い》り江《え》
泥	8	氵 氵 沪 沪 泥	デイ / どろ	泥酔《でいすい》・雲泥《うんでい》 泥沼《どろぬま》・泥棒《どろぼう》
沸	8	氵 沪 沸	フツ / わ(く・かす)	沸騰《ふっとう》・煮沸《しゃふつ》 沸《わ》く・沸《わ》かす
泡	8	氵 氵 泃 泡	ホウ / あわ	水泡《すいほう》・発泡《はっぽう》 泡《あわ》
洪	9	氵 汁 洪	コウ	洪水《こうずい》・洪積層《こうせきそう》
浄	9	氵 氵 浄	ジョウ	浄財《じょうざい》・洗浄《せんじょう》 清浄《せいじょう》
津	9	氵 氵 汀 津	シン / つ	興味津々《きょうみしんしん》 津々浦々《つつうらうら》・津波《つなみ》
洞	9	氵 氵 汌 洞	ドウ / ほら	洞察《どうさつ》・空洞《くうどう》 洞穴《ほらあな(どうけつ)》
浦	10	氵 氵 浦	うら	浦風《うらかぜ》 津々浦々《つつうらうら》
涯	11	氵 氵 涯	ガイ	生涯《しょうがい》 天涯孤独《てんがいこどく》

読み・書き両方で注意したいのが「沸」「渇」「溝」。また、「泡」「漸」の読みも押さえよう。特に「漸」は「ざん」じゃない!

1 次の太字のかなを漢字に直しなさい。

① みかんの**かじゅう**。 くだものを絞ったしる。
② **ちょうこう**のほとり。 中国の揚子江のこと。
③ 関係が**どろぬま**化する。 なかなか抜け出せない悪い状態。
④ 水の**ふってん**を調べる。 液体が煮えたつ温度。
⑤ **はっぽう**スチロール。 あわ状の空間がある合成樹脂の一つ。
⑥ **こうずい**警報が出る。 大雨で川のみずがあふれ出ること。
⑦ **じょうすい**機を付ける。 みずをきれいにすること。
⑧ **つなみ**を警戒する。 地震などで生じる大きななみ。
⑨ 心の中の**くうどう**。 穴。
⑩ 『**うらしま**太郎』を読む。 カメを助けた若者の話。
⑪ 幸せな**しょうがい**。 いきている間。

2 次の太字の漢字の読み方を答えなさい。

① **墨汁**が服につく。 墨の液。
② 温かい**汁粉**。 あんの汁にもちを入れたもの。
③ **入り江**で泳ぐ。 海が陸地に入り込んだ所。
④ **泥棒**が家に入る。 他人の物を盗む者。
⑤ お湯が**沸**く。 熱せられて熱くなる。
⑥ 石けんを**泡**立てる。 泡を作る。
⑦ **洞察**力にすぐれる。 物事を見抜く力。
⑧ **苦渋**の決断をする。 苦しみ悩むこと。
⑨ **渋**いお茶。 舌がしびれるような味である。
⑩ **納涼**盆踊り大会。 涼しさを味わうこと。
⑪ **涼**しい風。 暑くなく快い状態。
⑫ 深い**溝**ができる。 人と人との間の心の隔て。
⑬ **漠然**とした不安。 はっきりしないさま。
⑭ **漆塗**りの器《うつわ》。 漆を塗った器。
⑮ **漸進**的に改革する。 順を追って進むさま。

1 ①果汁 ②長江 ③泥沼 ④沸点 ⑤発泡 ⑥洪水 ⑦浄水 ⑧津波 ⑨空洞 ⑩浦島 ⑪生涯 ⑫渇 ⑬渓谷 ⑭渋滞 ⑮淑女 ⑯干渉 ⑰清涼 ⑱渦巻 ⑲海溝 ⑳砂漠 ㉑漆黒 ㉒漸次 ㉓漬 ㉔洗濯
2 ①ぼくじゅう ②しるこ ③いりえ ④どろぼう ⑤わ ⑥あわだ ⑦どうさつ

氵

漢字	画数	筆順	読み	用例
渇	11	氵汈泂 渇渇渇	カツ かわ(く)	渇望《かつぼう》・渇水《かっすい》 渇《かわ》く
渓	11	氵泛泛 淫浮渓	ケイ	渓流《けいりゅう》・渓谷《けいこく》
渋	11	氵氵汁 汼洸渋	ジュウ しぶ しぶ(い・る)	渋滞《じゅうたい》・苦渋《くじゅう》 渋茶《しぶちゃ》・渋《しぶ》い
淑	11	氵汁汁 沫淑淑	シュク	淑女《しゅくじょ》・私淑《ししゅく》
渉	11	氵汁沚 沚涉渉	ショウ	渉外《しょうがい》・干渉《かんしょう》 交渉《こうしょう》
涼	11	氵广泞 涥涥涼	リョウ すず(しい・む)	納涼《のうりょう》・清涼飲料《せいりょういんりょう》 涼《すず》しい・夕涼《ゆうすず》み
渦	12	氵沪沪 泹渦渦	カ うず	渦中《かちゅう》・渦紋《かもん》 渦巻《うずま》き
溝	13	氵泔泔 溝溝溝	コウ みぞ	海溝《かいこう》・排水溝《はいすいこう》 溝《みぞ》
漠	13	氵汁汁 漠漠漠	バク	漠然《ばくぜん》・索漠《さくばく》 砂漠《さばく》
漆	14	氵汁沐 沐漆漆	シツ うるし	漆器《しっき》・漆黒《しっこく》 漆塗《うるしぬ》り
漸	14	氵沪洹 漸漸漸	ゼン	漸次《ぜんじ》・漸減《ぜんげん》 漸進的《ぜんしんてき》
漬	14	氵汁汁 漬漬漬	つ(ける・かる)	漬物《つけもの》・漬《つ》かる
濯	17	氵氵氵 濯濯濯	タク	洗濯《せんたく》

⑫暑くてのどがかわく。
潤いがなくなること。

⑬けいこくの美しい紅葉。
山に挟まれた川。

⑭道路がじゅうたいする。
混雑して進まないこと。

⑮紳士しゅくじょ。
レディー。

⑯内政かんしょうを行う。
他人のことに立ち入ること。

⑰せいりょう飲料水。
炭酸が入っている飲み物。

⑱不安がうずまく。
らせん状にぐるぐる回る。

⑲日本かいこうの調査。
海底の細長くくぼんでいる所。

⑳サハラさばく。
すなばかりのやせた土地。

㉑しっこくの髪。
くろくてつやのあること。

㉒ぜんじ快方に向かう。
しだいに。

㉓なすをぬかにつける。
ひたす。

㉔命のせんたくをする。
命がのびるほど楽しむこと。

3 筆順 次の漢字の太い画のところは筆順の何画目か、算用数字で書きなさい。

① 沸
② 涯
③ 淑

4 類字 次の太字のかなを漢字に直しなさい。

① 炭酸のきほうが浮かぶ。
あわ。

② もう少しのしんぼうだ。
我慢して努めること。

③ 集中ほうかを浴びる。
たいほうを撃ったときに出るひ。

④ 道のそっこうに落ちる。
道路のわきのみぞ。

⑤ 小説のこうそうを練《ね》る。
内容について考えをまとめること。

⑥ こうわ条約を結ぶ。
戦争をやめ平和を回復すること。

故事成語を覚えよう

同病相憐《どうびょうあいあわ》れむ

同じ境遇に苦しむ者は、互いに苦痛を察し同情する念の強いこと。

りょく ⑧くじゅう ⑨しぶ ⑩のうりょう ⑪すず ⑫みぞ ⑬ばくぜん ⑭うるしぬ ⑮ぜんしん
3 ①7 ②8 ③8
4 ①気泡 ②辛抱 ③砲火 ④側溝 ⑤構想 ⑥講和

準2級

第5回

部首	漢字	画数	筆順	音訓	用例
木	朴	6	一 十 才 木 朴 朴	ボク	素朴《そぼく》・質朴《しっぼく》 純朴《じゅんぼく》
木	杉	7	一 十 才 木 杉 杉	すぎ	杉並木《すぎなみき》
木	枢	8	一 十 木 朩 杈 枢	スウ	枢軸《すうじく》・枢要《すうよう》 中枢《ちゅうすう》
木	析	8	一 十 木 杧 析 析	セキ	析出《せきしゅつ》・分析《ぶんせき》 解析《かいせき》
木	枠	8	一 十 木 杁 杦 枠	わく	枠内《わくない》・窓枠《まどわく》
木	柳	9	木 木 朾 杁 柳 柳	リュウ やなぎ	柳腰《りゅうよう》・川柳《せんりゅう》 柳《やなぎ》
木	核	10	木 朩 杧 杧 核 核	カク	核兵器《かくへいき》・核心《かくしん》 中核《ちゅうかく》
木	桟	10	十 木 杧 桟 桟 桟	サン	桟橋《さんばし》・桟道《さんどう》
木	栓	10	一 木 朩 栓 栓 栓	セン	栓抜《せんぬ》き・血栓《けっせん》 消火栓《しょうかせん》
木	棺	12	木 朩 杧 柠 棺 棺	カン	納棺《のうかん》・石棺《せっかん》
木	棚	12	木 杊 朷 棚 棚 棚	たな	棚卸《たなおろ》し・戸棚《とだな》

「枠」「棟」を読み方・書き取り両方で注意したい。また、読みの問題で「煩」「矯」が出される。送りがなに気をつけよう。

1 次の太字のかなを漢字に直しなさい。

① じゅんぼくな青年。
いつわりや飾りけのないさま。

② すぎ花粉注意報。
日本特産の常緑高木。

③ 政治のちゅうすう。
重要な部分。

④ 原因をぶんせきする。
複雑な事柄を一つ一つ分けること。

⑤ 木のまどわく。
まどの周りのわく。

⑥ 趣味はせんりゅうだ。
五七五で世相を風刺する詩。

⑦ 事件のかくしん。
大事な部分。

⑧ さんばしから船に乗る。
岸から突き出たはし状のもの。

⑨ せんぬきを捜す。
せんをぬく道具。

⑩ しゅっかんを見送る。
死者のひつぎを送りだすこと。

⑪ ほんだなを組み立てる。
書物を置くたな。

2 次の太字の漢字の読み方を答えなさい。

① 素朴な味の料理だ。
自然のままであるさま。

② 枢要な地位。
中心となるさま。

③ 核実験に反対する。
核爆弾を試すこと。

④ 脳血栓で倒れる。
脳の血管がつまる病気。

⑤ 棚卸しをする。
在庫の量、品質を調べること。

⑥ 家の棟上げを祝う。
柱の上に棟木を上げること。

⑦ 水槽で金魚を飼う。
水をためておく容器。

⑧ 殉死を禁じる。
主人の死後、臣下が自殺すること。

⑨ 将来を思い煩う。
悩む。

⑩ 珠算を習う。
そろばんを使ってする計算。

⑪ ラーメン発祥の地。
起こり現れること。

⑫ 肌身離さず持つ。
常に身につける。

⑬ 下肢にけがをする。
足。脚部。

⑭ 野望を打ち砕く。
うち破る。

⑮ 環礁を見に行く。
環状のさんご礁。

1 ① 純朴 ② 杉 ③ 中枢 ④ 分析 ⑤ 窓枠 ⑥ 川柳 ⑦ 核心 ⑧ 桟橋 ⑨ 栓抜 ⑩ 出棺 ⑪ 本棚 ⑫ 病棟 ⑬ 浴槽 ⑭ 殉職 ⑮ 煩雑 ⑯ 真珠 ⑰ 不祥 ⑱ 禍根 ⑲ 座禅 ⑳ 地肌 ㉑ 肢体 ㉒ 矯正 ㉓ 粉砕 ㉔ 硝酸 ㉕ 硫酸 ㉖ 暗礁
2 ① そぼく ② すうよう ③ かくじっけん ④ のうけっ

部首		歹	火	王	ネ	ネ	ネ	月(肉)	月(肉)	矢	石	石	石	石
棟	槽	殉	煩	珠	祥	禍	禅	肌	肢	矯	砕	硝	硫	礁
12	15	10	13	10	10	13	13	6	8	17	9	12	12	17
一 木 朩 桓 棟 棟	木 朾 杮 槽 槽 槽	一 歹 歹 歹 殉 殉	丶 火 灯 炘 煩 煩	丁 王 玌 玾 珠 珠	ラ ネ 衤 衤 祥 祥	ネ 祀 祁 祸 禍 禍	ネ 礻 衤 衤 禅 禅	丿 刀 月 月 月 肌	丿 刀 月 肚 肢 肢	矢 矢 矢 矮 矯 矯	石 石 矽 砕 砕 砕	石 石 矿 矿 硝 硝	石 石 矿 矿 硫 硫	石 矿 矿 矿 礁 礁
トウ むね・むな	ソウ	ジュン	ハン・ボン わずら(う・わす)	シュ	ショウ	カ	ゼン	はだ	シ	キョウ た(める)	サイ くだ(く・ける)	ショウ	リュウ	ショウ
病棟《びょうとう》・汗牛充棟《かんぎゅうじゅうとう》 棟上《むねあ》げ・棟木《むなぎ》	浴槽《よくそう》・浄化槽《じょうかそう》 水槽《すいそう》	殉職《じゅんしょく》・殉難者《じゅんなんしゃ》 殉死《じゅんし》	煩雑《はんざつ》・煩悩《ぼんのう》 煩《わずら》う・煩《わずら》わす	珠算《しゅざん》・珠玉《しゅぎょく》 真珠《しんじゅ》	不祥事《ふしょうじ》・吉祥《きっしょう》 発祥《はっしょう》	禍根《かこん》・禍福《かふく》 筆禍《ひっか》・災禍《さいか》	禅宗《ぜんしゅう》・禅譲《ぜんじょう》 座禅《ざぜん》	肌身《はだみ》・素肌《すはだ》	肢体《したい》・下肢《かし》 選択肢《せんたくし》	矯正《きょうせい》・奇矯《ききょう》 矯《た》める	砕石《さいせき》・粉砕《ふんさい》 砕《くだ》く・砕《くだ》ける	硝煙《しょうえん》・硝酸《しょうさん》 硝石《しょうせき》	硫酸《りゅうさん》・硫化銀《りゅうかぎん》	暗礁《あんしょう》・環礁《かんしょう》 岩礁《がんしょう》

⑫ 外科びょうとう。
びょうしつのある建物。

⑬ よくそうから湯をくむ。
湯ぶね。

⑭ じゅんしょくした刑事。
仕事のために死ぬこと。

⑮ はんざつな手続き。
面倒で込み入っていること。

⑯ しんじゅの指輪。
パール。

⑰ 警察のふしょう事《じ》。
嘆かわしい事件。

⑱ かこんを断ち切る。
災いの生ずる原因。

⑲ 修行でざぜんを組む。
仏教の修行法の一つ。

⑳ じはだが荒れる。
生まれつきの皮膚。

㉑ 長くて美しいしたい。
手足。

㉒ 歯をきょうせいする。
欠点を直すこと。

㉓ 敵をふんさいした。
徹底的に倒すこと。

㉔ しょうさんを使う実験。
吸湿性が強く発煙性が激しい液体。

㉕ りゅうさんは危険だ。
無色で粘りけのある重い液体。

㉖ あんしょうに乗り上げる。
物事が進まなくなること。

3 部首 次の漢字の部首を書きなさい。

① 枢 ② 煩 ③ 肌 ④ 矯

4 類字 次の太字のかなを漢字に直しなさい。

① 資料をかいせきする。
組織的、理論的に調べること。

② 右腕をこっせつした。
ほねがおれること。

③ 成功をいのる。
神仏に請い願う。

④ 定員のわくないに入る。
限界のある範囲の中。

⑤ 岩石をはさいする。
くだいて壊すこと。

⑥ 本からばっすいする。
ぬき出すこと。

故事成語を覚えよう

虎《とら》の威《い》を借《か》る狐《きつね》

強い者の威光を借りて、いばりちらす小人物。

せん ⑤たなおろ ⑥むねあ ⑦すいそう ⑧じゅんし ⑨わずら ⑩しゅざん ⑪はっしょう ⑫はだみ ⑬かし ⑭くだ ⑮かんしょう **3** ①木 ②火 ③月 ④矢 **4** ①解析 ②骨折 ③祈 ④枠内 ⑤破砕 ⑥抜粋

準2級 第6回

部首	目		禾			衤			舟		
画数	眺 11	睡 13	租 10	秩 10	稼 15	裕 12	褐 13	襟 18	舶 11	艇 13	艦 21
筆順	冂 目 目丿 目丿 眺 眺	目 目𠂉 目垂 目垂 睡 睡	二 禾 利 和 和 租	禾 和 秩 秩 秩 秩	二 禾 秄 秄 稼 稼	礻 礻 衤 衤 裕 裕	礻 礻 衤 衤 褐 褐	礻 礻 衤 襟 襟 襟	介 自 舟 舟 舶 舶	舟 舟 舟 舟 艇 艇	舟 舟 舟 舟 艦 艦
音訓	チョウ ／ なが(める)	スイ	ソ	チツ	カ ／ かせ(ぐ)	ユウ	カツ	キン ／ えり	ハク	テイ	カン
用例	眺望《ちょうぼう》・遠眺《えんちょう》 眺《なが》める	睡魔《すいま》・睡眠《すいみん》 熟睡《じゅくすい》	租税《そぜい》・租界《そかい》 地租《ちそ》	秩序《ちつじょ》	稼業《かぎょう》・稼働《かどう》 共稼《ともかせ》ぎ	裕福《ゆうふく》・余裕《よゆう》	褐色《かっしょく》・褐衣《かつい》	開襟《かいきん》・胸襟《きょうきん》 襟首《えりくび》	舶来《はくらい》・船舶《せんぱく》	艦艇《かんてい》・競艇《きょうてい》	艦隊《かんたい》・満艦飾《まんかんしょく》 軍艦《ぐんかん》

「襟」「緒」が読み方・書き取りに頻出する。音読み・訓読みともに押さえておこう。あと、読みの問題では「稼」「賄」に注意。

1 次の太字のかなを漢字に直しなさい。

① すばらしいちょうぼう。 見晴らし。
② すいみん時間を削る。 ねむること。
③ そぜいを支払う。 ぜいきん。
④ ちつじょを乱す。 社会生活におけるきまり。
⑤ 今がかせぎ時だ。 精を出して働く。
⑥ 心によゆうを持つ。 ゆったりとしていること。
⑦ かっしょくに焼けた肌。 黒みがかかった茶。
⑧ えりあしが長い。 耳から首にかけて伸びている髪。
⑨ はくらい品を売買する。 外国から入ること。
⑩ きょうていの選手。 モーターボートレース。
⑪ せんかんが停泊する。 海上兵力の中心となる軍かん。

2 次の太字の漢字の読み方を答えなさい。

① 景色を眺める。 遠くを見やる。
② 毎晩熟睡する。 よく眠ること。
③ 裕福な家庭。 財産や収入が豊かなこと。
④ 巨大船舶が航行中。 大型の船。
⑤ 軍艦が入港する。 軍隊の船で戦闘力を持つもの。
⑥ 議論が紛糾する。 乱れもつれること。
⑦ 明治時代の紡績業。 繊維を糸にすること。
⑧ 親には内緒にする。 秘密。
⑨ げたの鼻緒。 足にかけるひも。
⑩ 食物繊維をとる。 食物中の難消化成分の総体。
⑪ 蚊柱が立っている。 蚊が群がって飛ぶこと。
⑫ 彼の一言は蛇足だ。 むだな行為。
⑬ 毒蛇に注意する。 コブラ、マムシ、ハブなど。
⑭ 月々七万円で賄う。 やりくりする。
⑮ 雑誌の定期購読。 買って読むこと。

1 ①眺望 ②睡眠 ③租税 ④秩序 ⑤稼 ⑥余裕 ⑦褐色 ⑧襟足 ⑨舶来 ⑩競艇 ⑪戦艦 ⑫化粧 ⑬糾弾 ⑭混紡 ⑮紳士 ⑯情緒 ⑰繊細 ⑱消耗 ⑲蚊 ⑳蛇口 ㉑収賄 ㉒賜 ㉓賠償 ㉔購入 ㉕実践
2 ①なが ②じゅくすい ③ゆうふく ④せんぱく ⑤ぐんかん ⑥ふんきゅう

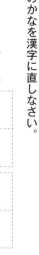

米	糸					耒	虫		貝				𧾷
粧	糾	紡	紳	緒	繊	耗	蚊	蛇	賄	賜	賠	購	践
12	9	10	11	14	17	10	10	11	13	15	15	17	13
ショウ	キュウ	ボウ つむ(ぐ)	シン	ショ・チョ お	セン	モウ・コウ	か	ジャ・ダ へび	ワイ まかな(う)	シ たまわ(る)	バイ	コウ	セン
化粧《けしょう》	糾弾《きゅうだん》・紛糾《ふんきゅう》	紡績《ぼうせき》・混紡《こんぼう》 紡《つむ》ぐ	紳士《しんし》	由緒《ゆいしょ》・情緒《じょうちょ(じょうしょ)》 鼻緒《はなお》	繊細《せんさい》・化繊《かせん》	消耗《しょうもう》 心神耗弱《しんしんこうじゃく》	蚊柱《かばしら》	蛇口《じゃぐち》・蛇足《だそく》 毒蛇《どくへび》	贈賄《ぞうわい》・収賄《しゅうわい》 賄《まかな》う	下賜《かし》・恩賜《おんし》 賜《たまわ》る	賠償《ばいしょう》・自賠責《じばいせき》	購読《こうどく》・購入《こうにゅう》	実践《じっせん》

⑫ けしょうをする。
顔が美しく見えるよう飾ること。

⑬ 汚職をきゅうだんする。
問いただしとがめること。

⑭ 綿と毛のこんぼうの布。
繊維をまぜてつむぐこと。

⑮ しんし服売り場。
成人男性。

⑯ じょうちょ不安定な人。
一時的な怒り、恐れ、喜び、悲しみ。

⑰ せんさいなガラス細工。
こまやかであるさま。

⑱ 体力をしょうもうする。
使ってなくすこと。

⑲ かに刺される。
人の血を吸うのはメス。

⑳ 水道のじゃぐち。
水道管の先につけたくち。

㉑ しゅうわいの罪。
わいろを受け取ること。

㉒ 神から恵みをたまわる。
「もらう」の謙譲語。

㉓ 損害をばいしょうする。
補いつぐなうこと。

㉔ 机をこうにゅうする。
買うこと。

㉕ 理論をじっせんに移す。
考えを実際に行うこと。

3 画数 次の漢字の総画数を算用数字で書きなさい。

① 睡　② 舶　③ 紡　④ 賜

4 類字 次の太字のかなを漢字に直しなさい。

① そしゃく地を返還する。
他国の領土を一定期間かりること。

② 技術発達をそがいする。
じゃまをすること。

③ せんぞについて調べる。
死んでいるその家代々の人々。

④ 連合かんたい。
複数の軍かんによる海軍の組織。

⑤ 人質をかんきんする。
脱出できないようにすること。

⑥ 真偽をかんべつする。
よく調べて見分けること。

故事成語を覚えよう

馬脚《ばきゃく》を露《あらわ》す

ばけの皮がはがれること。隠していたことが露見すること。

⑦ ぼうせき ⑧ ないしょ ⑨ はなお ⑩ せんい ⑪ かばしら ⑫ だそく ⑬ どくへび ⑭ まかな ⑮ こうどく **3** ① 13 ② 11 ③ 10 ④ 15 **4** ① 租借 ② 阻害 ③ 先祖 ④ 艦隊 ⑤ 監禁 ⑥ 鑑別

準2級

第7回

部首	漢字	画数	音訓	用例
言	訟	11	ショウ	訴訟《そしょう》
言	詐	12	サ	詐称《さしょう》・詐取《さしゅ》 詐欺《さぎ》
言	詔	12	ショウ みことのり	詔書《しょうしょ》・詔勅《しょうちょく》 詔《みことのり》
言	診	12	シン み(る)	診察《しんさつ》・触診《しょくしん》 診《み》る
言	謁	15	エツ	謁見《えっけん》・拝謁《はいえつ》
言	諭	16	ユ さと(す)	説諭《せつゆ》・教諭《きょうゆ》 諭《さと》す
言	謹	17	キン つつし(む)	謹啓《きんけい》・謹慎《きんしん》 謹《つつし》む
言	謙	17	ケン	謙虚《けんきょ》・謙譲《けんじょう》
言	譜	19	フ	系譜《けいふ》・年譜《ねんぷ》 楽譜《がくふ》
車	軟	11	ナン やわ(らか・らかい)	柔軟《じゅうなん》 軟《やわ》らかい
車	轄	17	カツ	所轄《しょかつ》・管轄《かんかつ》

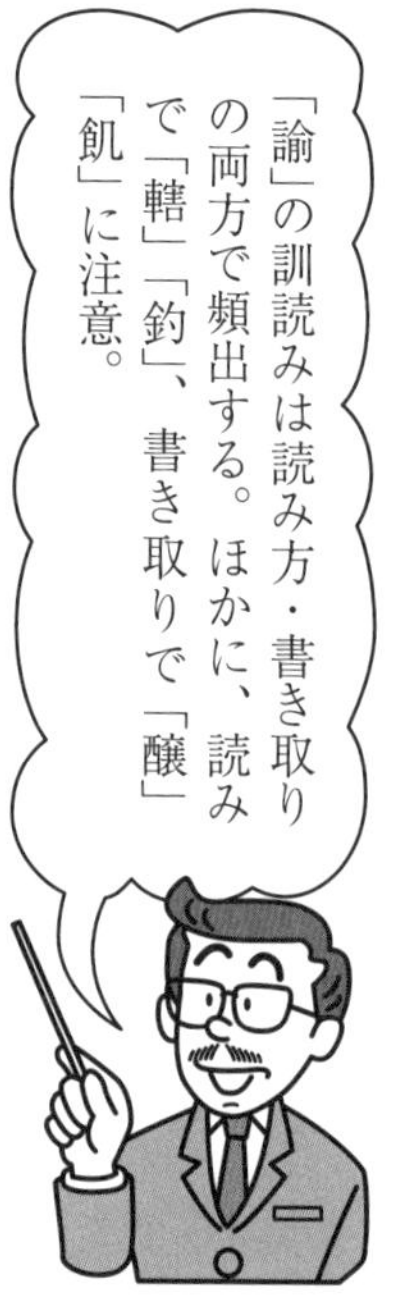
「諭」の訓読みは読み方・書き取りの両方で頻出する。ほかに、読みで「轄」「釣」、書き取りで「醸」「飢」に注意。

1 次の太字のかなを漢字に直しなさい。

① **そしょう**を起こす。 裁判をなす手続き。
② 給料を**さしゅ**された。 だましとること。
③ 天皇の**しょうしょ**。 天皇の文書。
④ **しんさつ**室に呼ばれる。 医者が患者の病状をみること。
⑤ 国王に**はいえつ**する。 君主に面会すること。
⑥ 高校の**きょうゆ**。 正教員の正称。
⑦ **きんしん**処分。 家にこもり反省すること。
⑧ 話を**けんきょ**に聞く。 控えめなさま。
⑨ ピアノの**がくふ**。 曲を記号で書き表したもの。
⑩ **じゅうなん**な姿勢。 さまざまなものに対処できるさま。
⑪ **かんかつ**が異なる。 権限をもって支配すること。

2 次の太字の漢字の読み方を答えなさい。

① 年齢を**詐称**する。 偽って言うこと。
② 患者の脈を**診**る。 医者が状態を調べる。
③ 命の大切さを**諭**す。 言い聞かせる。
④ **謹**んで申し上げる。 うやうやしく。
⑤ **謙譲**の精神。 へりくだり譲ること。
⑥ **軟式**テニス。 ゴム製のボールを用いる。
⑦ **媒酌人**のあいさつ。 結婚の仲立ちをする人。
⑧ **甘酢**に漬ける。 甘みを強くした合わせ酢。
⑨ **酷薄**非情な仕打ち。 残酷で薄情なさま。
⑩ 心が**醜**い。 みっともない。
⑪ **火鉢**で暖まる。 炭を用いる暖房器具。
⑫ **土鈴**の人形。 土で作られた鈴。
⑬ **鈴**の音が聞こえる。 振って音を鳴らすもの。
⑭ **飢**えている野犬。 ひどく腹がすく。
⑮ お**駄賃**をもらう。 簡単な仕事に支払うお金。

1 ①訴訟 ②詐取 ③詔書 ④診察 ⑤拝謁 ⑥教諭 ⑦謹慎 ⑧謙虚 ⑨楽譜 ⑩柔軟 ⑪管轄 ⑫酌量 ⑬酢酸 ⑭応酬 ⑮酪農 ⑯残酷 ⑰醜悪 ⑱醸造 ⑲釣 ⑳鉢植 ㉑風鈴 ㉒銃弾 ㉓感銘 ㉔飢餓 ㉕靴下 ㉖駄作
2 ①さしょう ②み ③さと ④つつし ⑤けんじょう

部首	酉							金					食	革	馬
漢字	酌	酢	酬	酪	酷	醜	醸	釣	鉢	鈴	銃	銘	飢	靴	駄
画数	10	12	13	13	14	17	20	11	13	13	14	14	10	13	14
筆順	一 冂 酉 酌 酌 酌	冂 酉 酉 酢 酢 酢	冂 酉 酉 酬 酬 酬	一 冂 酉 酪 酪 酪	冂 酉 酷 酷 酷 酷	冂 酉 酉 醜 醜 醜	酉 酉 酉 醸 醸 醸	人 𠆢 金 釣 釣 釣	𠆢 金 金 鉢 鉢 鉢	𠆢 金 金 鈴 鈴 鈴	金 金 金 銃 銃 銃	金 金 金 銘 銘 銘	人 𠆢 今 食 食 飢	一 廿 革 革 靴 靴	一 厂 馬 馬 馬 駄
読み	シャク / く(む)	サク / す	シュウ	ラク	コク	シュウ / みにく(い)	ジョウ / かも(す)	チョウ / つ(る)	ハチ・ハツ	レイ・リン / すず	ジュウ	メイ	キ / う(える)	カ / くつ	ダ
用例	晩酌《ばんしゃく》・情状酌量《じょうじょうしゃくりょう》 酌《く》む	酢酸《さくさん》・酬酢《しゅうさく》 酢《す》の物《もの》	報酬《ほうしゅう》・献酬《けんしゅう》 応酬《おうしゅう》	酪農《らくのう》・乳酪《にゅうらく》	酷似《こくじ》・冷酷《れいこく》 酷薄《こくはく》非情《ひじょう》	醜態《しゅうたい》・醜聞《しゅうぶん》 醜《みにく》い	醸造《じょうぞう》・醸成《じょうせい》 醸《かも》す	釣果《ちょうか》・釣魚《ちょうぎょ》 釣《つ》る・釣鐘《つりがね》	金魚鉢《きんぎょばち》 鉄鉢《てっぱつ》・衣鉢《いはつ》	土鈴《どれい》・風鈴《ふうりん》 鈴《すず》	銃弾《じゅうだん》・銃刑《じゅうけい》 銃砲《じゅうほう》	銘記《めいき》・感銘《かんめい》 正真正銘《しょうしんしょうめい》	飢餓《きが》 飢《う》える	製靴《せいか》・隔靴掻痒《かっかそうよう》 靴墨《くつずみ》・革靴《かわぐつ》	駄作《ださく》・駄賃《だちん》 無駄《むだ》

⑫情状しゃくりょうする。
事情を考慮すること。

⑬材料をさくさんに浸す。
食用のすの主成分。

⑭意見のおうしゅう。
やりとりすること。

⑮北海道のらくのう家。
乳製品を作る農業。

⑯ざんこくな事件。
ひどすぎると感じさせるさま。

⑰しゅうあくな争い。
けがらわしく憎むべきさま。

⑱酒をじょうぞうする。
つくること。

⑲えびでたいをつる。
少しの労力で多くの利益を得る。

⑳はちうえを並べる。
草花をはちにうえたもの。

㉑ふうりんをつるす。
かぜに吹かれて快い音を出すもの。

㉒じゅうだんを浴びる。
じゅうのたま。

㉓かんめいを受けた言葉。
深く感動すること。

㉔きがに苦しむ人々。
食べ物が不足して苦しむこと。

㉕くつしたを履《は》く。
素足につける衣類。

㉖ださくの多い作家。
つまらない作品。

3 筆順 次の漢字の太い画のところは筆順の何画目か、算用数字で書きなさい。

① 謁
② 轄
③ 醸

4 類字 次の太字のかなを漢字に直しなさい。

①ゆし免職処分を受ける。
さとし告げること。

②勝利のゆえつに浸《ひた》る。
心からのよろこび。

③自動車をゆしゅつする。
国外へ送りだすこと。

④酒のじょうせい工場。
つくること。

⑤鼓腹《こふく》げきじょう。
政治がゆきとどき、太平を楽しむさま。

⑥土地をぶんじょうする。
区わけして売ること。

故事成語を覚えよう

破竹《はちく》の勢《いきお》い

猛烈な勢いで進むこと。勢いが盛んで抑えがたいさま。

⑥なんしき ⑦ばいしゃくにん ⑧あまず ⑨こくはく ⑩みにく ⑪ひばち ⑫どれい ⑬すず ⑭う ⑮だちん
3 ①13 ②13 ③15
4 ①諭旨 ②愉悦 ③輸出 ④醸成 ⑤撃壌 ⑥分譲

準2級 第8回

部首	漢字	画数	筆順	音訓	用例
リ	剛	10	冂 円 円 円 岡 剛	ゴウ	剛健《ごうけん》・金剛《こんごう》
リ	剖	10	亠 立 立 咅 音 剖	ボウ	剖検《ぼうけん》・解剖《かいぼう》
リ	剰	11	二 壬 乖 乗 乗 剰	ジョウ	剰余金《じょうよきん》・過剰《かじょう》
彡	彰	14	亠 立 音 音 章 彰	ショウ	表彰《ひょうしょう》・顕彰《けんしょう》
阝	邸	8	丿 匚 氏 氏 氐 邸	テイ	邸宅《ていたく》・邸内《ていない》 官邸《かんてい》
殳	殻	11	十 士 声 売 殼 殻	カク から	地殻《ちかく》・甲殻《こうかく》 貝殻《かいがら》
頁	頑	13	二 テ 元 元 頑 頑	ガン	頑強《がんきょう》・頑固《がんこ》 頑迷《がんめい》
頁	頒	13	八 分 分 分 頒 頒	ハン	頒布《はんぷ》・頒価《はんか》
頁	頻	17	丨 卜 止 步 歩 頻	ヒン	頻度《ひんど》・頻発《ひんぱつ》
頁	顕	18	日 㫐 显 显 顕 顕	ケン	顕在《けんざい》・顕微鏡《けんびきょう》
人	傘	12	人 人 仌 仌 仌 傘	サン かさ	傘下《さんか》・落下傘《らっかさん》 雨傘《あまがさ》・日傘《ひがさ》

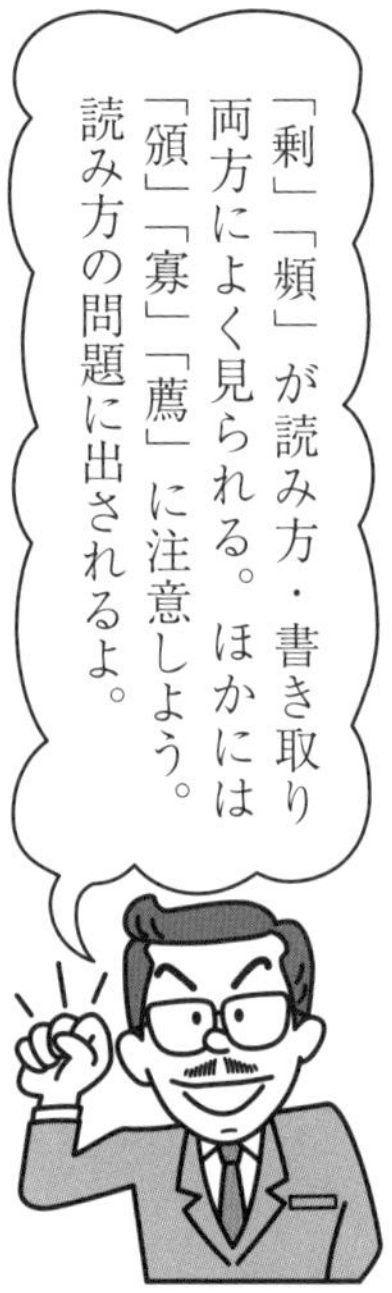
「剰」「頻」が読み方・書き取り
両方によく見られる。ほかには
「頒」「寡」「薦」に注意しよう。
読み方の問題に出されるよ。

1 次の太字のかなを漢字に直しなさい。

① 質実**ごうけん**。
飾り気がなくまじめで強いこと。

② カエルの**かいぼう**。
体を切り開いて調べること。

③ 自信**かじょう**な人。
多すぎるさま。

④ **ひょうしょう**状。
ほめたたえ人々に知らせること。

⑤ 豪華な**ていたく**。
大きな屋敷。

⑥ **ちかく**変動が起こる。
地球の表層部の岩石層。

⑦ **がんこ**に反対する。
考えや態度を曲げようとしないさま。

⑧ 試供品を**はんぷ**する。
広く配ること。

⑨ 手紙が**ひんぱん**に届く。
何度も同じことが続くこと。

⑩ **けんちょ**な例を示す。
目立っていること。

⑪ **あまがさ**を忘れる。
雨などを防ぐ傘。

2 次の太字の漢字の読み方を答えなさい。

① **金剛**心《しん》を持つ。
何物にも迷わない信仰心。

② **剰余**金が出る。
残り。余り。

③ 功績を**顕彰**する。
広く世間に知らせること。

④ えびは**甲殻**類だ。
カニやミジンコなど。

⑤ **貝殻**を拾う。
貝の外側を覆うもの。

⑥ 事件が**頻発**する。
何度も発生すること。

⑦ 自己**顕示**欲。
はっきりとあらわすこと。

⑧ 恩恵を**享受**する。
受け入れること。

⑨ **適宜**に着席する。
各自の判断で行うこと。

⑩ **宰相**の地位に昇る。
総理大臣。首相。

⑪ **寛容**な心を持つ。
心が広いさま。

⑫ **衆寡**敵せず。
少数派には勝ち目はない。

⑬ **歯茎**から血が出る。
歯の根もとを包む粘膜層。

⑭ **荘重**な儀式。
重々しいさま。

⑮ 会計に彼を**薦**める。
推薦する。

1 ①剛健 ②解剖 ③過剰 ④表彰 ⑤邸宅 ⑥地殻 ⑦頑固 ⑧頒布 ⑨頻繁 ⑩顕著 ⑪雨傘 ⑫享楽 ⑬料亭 ⑭便宜 ⑮主宰 ⑯宵 ⑰寛大 ⑱寡黙 ⑲丁寧 ⑳寮生 ㉑根茎 ㉒別荘 ㉓殺菌 ㉔薫 ㉕推薦 ㉖海藻
2 ①こんごう ②じょうよ ③けんしょう ④こうかく ⑤かいがら

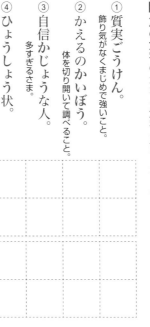

部首	漢字	画数	筆順	読み	用例
亠	享	8	亠 亡 亩 亩 亨 享	キョウ	享受《きょうじゅ》・享楽《きょうらく》
亠	亭	9	丶 亠 亩 亩 亭 亭	テイ	亭主《ていしゅ》・料亭《りょうてい》
宀	宜	8	丶 宀 宀 宁 宜 宜	ギ	適宜《てきぎ》・便宜《べんぎ》
宀	宰	10	宀 宀 宀 宰 宰 宰	サイ	宰相《さいしょう》・主宰《しゅさい》
宀	宵	10	宀 宀 宀 宵 宵 宵	ショウ ｜ よい	春宵《しゅんしょう》・徹宵《てっしょう》 宵《よい》の口《くち》
宀	寛	13	宀 宀 宀 寛 寛 寛	カン	寛容《かんよう》・寛大《かんだい》
宀	寡	14	宀 宀 宀 寡 寡 寡	カ	寡黙《かもく》・衆寡《しゅうか》 多寡《たか》
宀	寧	14	宀 宀 宀 寧 寧 寧	ネイ	丁寧《ていねい》・安寧《あんねい》
宀	寮	15	宀 宀 宀 寮 寮 寮	リョウ	寮歌《りょうか》・寮生《りょうせい》 独身寮《どくしんりょう》
艹	茎	8	艹 艹 艾 茎 茎 茎	ケイ くき	地下茎《ちかけい》・根茎《こんけい》 歯茎《はぐき》
艹	荘	9	艹 艹 艹 荘 荘 荘	ソウ	荘厳《そうごん》・荘重《そうちょう》 山荘《さんそう》
艹	菌	11	艹 芦 芦 菌 菌 菌	キン	細菌《さいきん》・殺菌《さっきん》
艹	薫	16	艹 艹 菁 董 董 薫	クン ｜ かお(る)	薫風《くんぷう》・薫陶《くんとう》 薫《かお》る
艹	薦	16	艹 芦 芦 薦 薦 薦	セン すす(める)	推薦《すいせん》・自薦《じせん》 薦《すす》める
艹	藻	19	艹 艹 艹 藻 藻 藻	ソウ も	藻類《そうるい》・海藻《かいそう》 藻草《もぐさ》

⑫きょうらくにふける。
思いのままにたのしむこと。

⑬高級りょうてい。
和食や酒を出す店。

⑭べんぎをはかる。
特別のはからい。

⑮同人誌をしゅさいする。
人の上に立つこと。

⑯よいの明星。
日没後、西の空に輝く金星。

⑰かんだいな措置を願う。
心が広く思いやりのあるさま。

⑱かもくな青年。
言葉数が少ないこと。

⑲字をていねいに書く。
注意深く念入りであるさま。

⑳りょうせいが集合する。
共同宿舎に住む人。

㉑ハスのこんけい。
ねのように見えるくき。

㉒軽井沢のべっそう。
べつにつくった家。

㉓さっきん消毒する。
微生物を死滅させること。

㉔風かおる五月。
よいにおいがすること。

㉕書記にすいせんする。
人を他人にすすめること。

㉖かいそうサラダ。
ワカメやコンブやヒジキなど。

3 画数 次の漢字の総画数を算用数字で書きなさい。

①剛 ②邸 ③寡 ④薦

4 類字 次の太字のかなを漢字に直しなさい。

①首相かんてい。
国が貸し与える家。

②視力がていかする。
悪くなること。

③法律にていしょくする。
法律などに違反すること。

④学生りょうちょう。
共同宿舎の責任者。

⑤かくりょう会議。
総理大臣以外の各大臣。

⑥田舎《いなか》でりょうようする。
病人が体を休めやしなうこと。

故事成語を覚えよう

百聞《ひゃくぶん》は一見《いっけん》に如《し》かず

何度も繰り返し聞くより、一度実際に見たほうがよくわかること。

⑥ひんぱつ ⑦けんじ ⑧きょうじゅ ⑨てきぎ ⑩さいしょう ⑪かんよう ⑫しゅうか ⑬はぐき ⑭そうちょう ⑮すす

3 ①10 ②8 ③14 ④16

4 ①官邸 ②低下 ③抵触 ④寮長 ⑤閣僚 ⑥療養

準2級

第9回

部首	画数	筆順	音訓	用例
⺌	尚 8	丨 ⺌ ⺌ 尚 尚 尚	ショウ	尚早《しょうそう》・高尚《こうしょう》
爫	爵 17	一 爫 爫 爵 爵 爵	シャク	爵位《しゃくい》・伯爵《はくしゃく》
穴	窃 9	宀 穴 穴 窃 窃 窃	セツ	窃盗《せっとう》・窃取《せっしゅ》
穴	窮 15	宀 穴 穴 窮 窮 窮	キュウ きわ(める・まる)	窮地《きゅうち》・困窮《こんきゅう》 窮《きわ》める
穴	窯 15	宀 穴 穴 窯 窯 窯	ヨウ かま	窯業《ようぎょう》・陶窯《とうよう》 窯元《かまもと》
罒	罷 15	罒 罒 罒 罷 罷 罷	ヒ	罷免《ひめん》・罷業《ひぎょう》
罒	羅 19	冂 罒 罒 羅 羅 羅	ラ	羅列《られつ》・網羅《もうら》 森羅万象《しんらばんしょう》
⺮	筒 12	⺮ ⺮ 筒 筒 筒 筒	トウ つつ	封筒《ふうとう》・水筒《すいとう》 筒形《つつがた》・筒抜《つつぬ》け
虍	虞 13	丨 广 虍 虞 虞 虞	おそれ	虞《おそれ》
虍	虜 13	丨 广 虍 虜 虜 虜	リョ	虜囚《りょしゅう》・捕虜《ほりょ》
襾	覇 19	一 襾 覀 覇 覇 覇	ハ	覇権《はけん》・覇者《はしゃ》

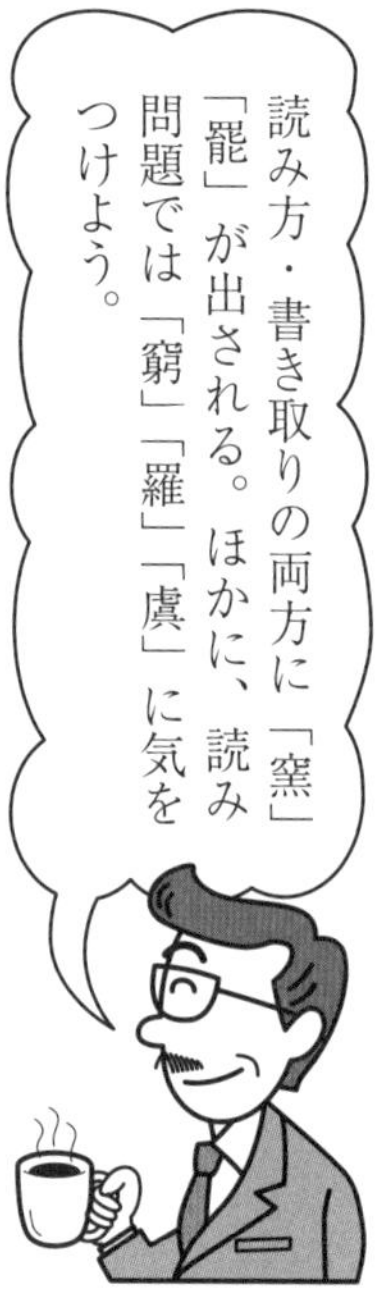
読み方・書き取りの両方に「窯」「罷」が出される。ほかに、読み問題では「窮」「羅」「虞」に気をつけよう。

1 次の太字のかなを漢字に直しなさい。

①**こうしょう**な趣味。 りっぱであること。
②**はくしゃく**夫人。 もと華族の第三位。
③**せっとう**は犯罪だ。 すきをうかがい物をぬすむこと。
④**きゅうくつ**な部屋だ。 思うように身動きできないさま。
⑤**かまもと**を見学する。 陶磁器の製造もと。
⑥大臣を**ひめん**する。 やめさせること。
⑦注意事項を**られつ**する。 連ね並べること。
⑧弁当と**すいとう**。 飲み物を入れる容器。
⑨津波の**おそれ**がある。 心配。
⑩敵軍の**ほりょ**となる。 戦いでとらえられた人。
⑪全国大会を**せいは**した。 優勝すること。

2 次の太字の漢字の読み方を答えなさい。

①生活に**困窮**する。 貧乏で苦しむこと。
②全範囲を**網羅**する。 残らずとり入れること。
③**封筒**と便箋《びんせん》。 手紙を入れる袋。
④話が外に**筒抜**けだ。 ほかの人に聞こえること。
⑤**霜柱**を踏みしめる。 土中にできる氷柱の集まり。
⑥国力が**疲弊**する。 苦しくなること。
⑦**厄介**なことだ。 めんどうなさま。
⑧**庶務**の仕事をする。 いろいろな事務。
⑨**凡庸**な人物。 すぐれたところのないこと。
⑩条約を**撤廃**する。 とりやめること。
⑪道義心が**廃**れる。 衰える。
⑫港で**検疫**を受ける。 旅客・貨物を検査すること。
⑬喉《のど》が**炎症**を起こす。 発熱やはれなどの症状。
⑭**痴漢**を捕まえる。 みだらないたずらをする男。
⑮政財界の**癒着**。 互いに深い関係にあること。

1 ①高尚 ②伯爵 ③窃盗 ④窮屈 ⑤窯元 ⑥罷免 ⑦羅列 ⑧水筒 ⑨虞 ⑩捕虜 ⑪制覇 ⑫雰囲気 ⑬初霜 ⑭弊害 ⑮恭順 ⑯安泰 ⑰厄年 ⑱庶民 ⑲中庸 ⑳廃棄 ㉑免疫 ㉒症状 ㉓赤痢 ㉔愚痴 ㉕治癒
2 ①こんきゅう ②もうら ③ふうとう ④つつぬ ⑤しもばしら ⑥ひへい

部首	漢字	画数	筆順	読み	用例
⻗	雰	12	二 币 ⻗ 雰 雰 雰	フン	雰囲気《ふんいき》
⻗	霜	17	币 ⻗ ⻗ 霜 霜 霜	ソウ しも	霜害《そうがい》・星霜《せいそう》 霜柱《しもばしら》・初霜《はつしも》
廾	弊	15	丷 尚 㡀 敝 敝 弊	ヘイ	弊社《へいしゃ》・疲弊《ひへい》 悪弊《あくへい》
⺗	恭	10	艹 廾 共 恭 恭 恭	キョウ うやうや(しい)	恭順《きょうじゅん》・恭賀《きょうが》 恭《うやうや》しい
氺	泰	10	三 夫 夫 泰 泰 泰	タイ	泰西《たいせい》・安泰《あんたい》 泰然自若《たいぜんじじゃく》
厂	厄	4	一 厂 厄 厄	ヤク	厄介《やっかい》・厄年《やくどし》 災厄《さいやく》
广	庶	11	亠 广 庐 庶 庶 庶	ショ	庶務《しょむ》・庶民《しょみん》
广	庸	11	亠 广 户 肩 肩 庸	ヨウ	中庸《ちゅうよう》・凡庸《ぼんよう》
广	廃	12	广 广 户 庆 庆 廃	ハイ すた(れる・る)	廃絶《はいぜつ》・荒廃《こうはい》 廃《すた》れる
疒	疫	9	亠 疒 疒 疒 疒 疫	エキ・ヤク	疫病《えきびょう》・検疫《けんえき》 疫病神《やくびょうがみ》
疒	症	10	亠 广 疒 疒 疒 症	ショウ	炎症《えんしょう》・既往症《きおうしょう》 重症《じゅうしょう》
疒	痢	12	亠 广 疒 疒 疒 痢	リ	赤痢《せきり》・疫痢《えきり》 下痢《げり》
疒	痴	13	丶 亠 广 疒 疾 痴	チ	痴情《ちじょう》・音痴《おんち》
疒	癒	18	亠 广 疒 疒 瘉 癒	ユ い(える・やす)	癒着《ゆちゃく》・治癒《ちゆ》 平癒《へいゆ》・癒《い》える

⑫ 和やかなふんいき。 自然に作り出されている感じ。

⑬ はつしもを観測する。 最初に降りるしも。

⑭ たばこのへいがい。 害になる事柄。

⑮ きょうじゅんの意。 つつしんで命令に従うこと。

⑯ 会社は当分あんたいだ。 危険がなく落ち着いていること。

⑰ 父は今年やくどしだ。 災難にあいやすいとする年齢。

⑱ しょみん的な店。 一般の人々。

⑲ ちゅうようの美徳。 かたよりがなくほどよいこと。

⑳ はいき処分にする。 不用なものとして捨てること。

㉑ はしかのめんえき。 病気への抵抗性を増した状態。

㉒ しょうじょうが重い。 病気やけがの様子。

㉓ せきりは伝染病だ。 腹痛と熱を訴える病気。

㉔ ぐちを聞いてもらう。 言ってもしかたないことを嘆くこと。

㉕ 傷は三日でちゆした。 なおること。

3 部首 次の漢字の部首を書きなさい。

① 尚 ② 爵 ③ 雰 ④ 恭 ⑤ 泰

4 類字 次の太字のかなを漢字に直しなさい。

① 同盟ひぎょうを行う。 ストライキ。

② 体のきのうが衰える。 はたらき。

③ 野鳥のせいたい。 活動のありさま。

④ 大会三れんぱに輝く。 続けて優勝すること。

⑤ ヨットがてんぷくする。 ひっくり返ること。

故事成語を覚えよう

覆水《ふくすい》盆《ぼん》に返《かえ》らず

一度してしまったことは、取り返しがつかないこと。

⑦やっかい ⑧しょむ ⑨ぼんよう ⑩てっぱい ⑪すた ⑫けんえき ⑬えんしょう ⑭ちかん ⑮ゆちゃく

3 ①⺌ ②爫 ③⻗ ④⺗ ⑤氺

4 ①罷業 ②機能 ③生態 ④連覇 ⑤転覆

準2級

第10回

部首	画数	筆順	音訓	用例
尸	尼 5	「 コ 尸 尸 尼	ニ あま	尼僧《にそう》・修道尼《しゅうどうに》 尼寺《あまでら》
	履 15	一 尸 尸 屖 屦 履	リ は(く)	履行《りこう》・履修《りしゅう》 履《は》き物《もの》
戸	戻 7	一 ヨ 戸 戸 戸 戻	レイ もど(す・る)	戻入《れいにゅう》・返戻《へんれい》 戻《もど》す・後戻《あともど》り
	扉 12	ヨ 戸 戸 扉 扉 扉	ヒ とびら	門扉《もんぴ》・開扉《かいひ》 扉絵《とびらえ》
廴	廷 7	ノ 二 千 壬 任 廷	テイ	法廷《ほうてい》・朝廷《ちょうてい》 出廷《しゅってい》
辶	迅 6	乁 乁 卂 卂 迅 迅	ジン	迅速《じんそく》・奮迅《ふんじん》 疾風迅雷《しっぷうじんらい》
	迭 8	ノ 𠂉 ⺧ 牛 失 迭	テツ	更迭《こうてつ》
	逝 10	一 十 扌 扩 折 逝	セイ ゆ(く)・い(く)	逝去《せいきょ》・急逝《きゅうせい》 逝《ゆ(い)》く
	逐 10	一 丆 丂 豖 豕 逐	チク	逐次《ちくじ》・逐電《ちくでん》 角逐《かくちく》・放逐《ほうちく》
	逓 10	厂 戶 戶 后 虒 逓	テイ	逓減《ていげん》・逓送《ていそう》
	逸 11	ク 宀 免 免 免 逸	イツ	逸話《いつわ》・逸材《いつざい》 散逸《さんいつ》・秀逸《しゅういつ》

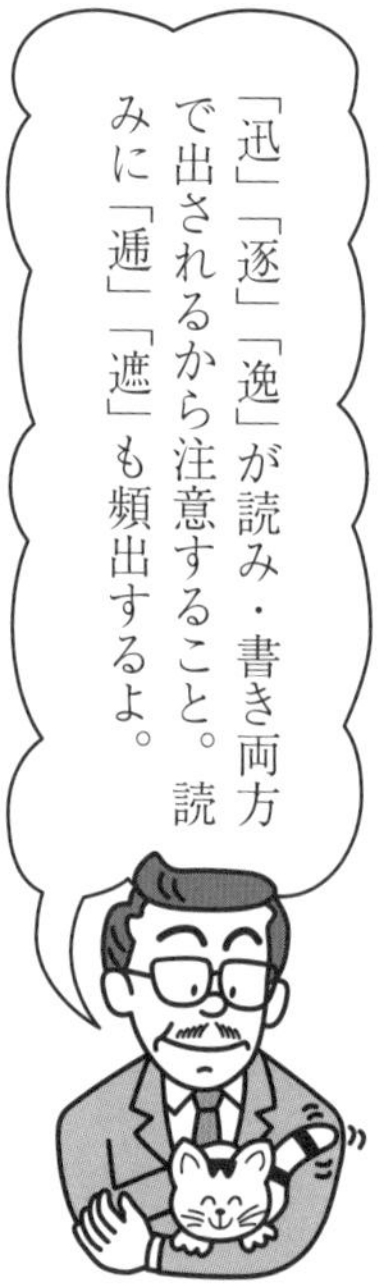

「迅」「逐」「逸」が読み・書き両方で出されるから注意すること。読みに「逓」「遮」も頻出するよ。

1 次の太字のかなを漢字に直しなさい。

① **あまでら**で出家する。 女性の僧の寺。
② **りしゅう**届を提出する。 習いおさめること。
③ **あともどり**はできない。 引き返すこと。
④ **とびら**を開けておく。 ドア。
⑤ 証人が**しゅってい**する。 裁判の場にでること。
⑥ **じんそく**に行動する。 極めてはやいさま。
⑦ 役員を**こうてつ**する。 ある地位の人を入れ替える。
⑧ 祖父が**せいきょ**した。 目上の人が死ぬこと。
⑨ 全集を**ちくじ**刊行する。 順を追って次々に。
⑩ 物資を**ていそう**する。 順々におくること。
⑪ 常識を**いつだつ**する。 それること。

2 次の太字の漢字の読み方を答えなさい。

① 契約を**履行**する。 実際に行うこと。
② スニーカーを**履**く。 身につける。
③ 旅先で**急逝**する。 急に死ぬこと。
④ 敵軍を**駆逐**する。 追い払うこと。
⑤ 人口が**逓減**している。 しだいに減ること。
⑥ 天下の**逸品**だ。 特別にすぐれた品。
⑦ 相手の話を**遮**る。 止める。
⑧ 優勝旗を**返還**する。 かえすこと。
⑨ **幽囚**の身となる。 捕らえられ閉じ込められること。
⑩ 平衡感覚に**優**れる。 安定を保っていること。
⑪ **閑話休題**《きゅうだい》。 話を本筋に戻すこと。
⑫ 醜い**派閥**争い。 ある関係で結びついた仲間。
⑬ **充実**した毎日。 十分備わって豊かなこと。
⑭ 大学の**准教授**。 教員の階級の一つ。
⑮ **出刃**包丁をとぐ。 包丁の一つ。

---

1 ①尼寺 ②履修 ③後戻 ④扉 ⑤出廷 ⑥迅速 ⑦更迭 ⑧逝去 ⑨逐次 ⑩逓送 ⑪逸脱 ⑫普遍 ⑬遮断 ⑭変遷 ⑮生還 ⑯囚人 ⑰均衡 ⑱閑静 ⑲財閥 ⑳且 ㉑丙 ㉒亜流 ㉓補充 ㉔批准 ㉕刃物

2 ①りこう ②は ③きゅうせい ④くちく ⑤ていげん ⑥いっぴん

部首	漢字	画数	筆順	読み	用例
	遍	12	一 戸 肩 肩 扁 遍	ヘン	遍歴《へんれき》・一遍《いっぺん》
	遮	14	亠 广 庐 庐 庶 遮	シャ / さえぎ(る)	遮断《しゃだん》・遮二無二《しゃにむに》 / 遮《さえぎ》る
	遷	15	一 襾 覀 覀 䙴 遷	セン	遷都《せんと》・左遷《させん》
	還	16	冖 罒 罒 睘 睘 還	カン	還元《かんげん》・帰還《きかん》 / 返還《へんかん》・召還《しょうかん》
口	囚	5	丨 冂 囚 囚 囚	シュウ	囚人《しゅうじん》・幽囚《ゆうしゅう》 / 死刑囚《しけいしゅう》
行	衡	16	彳 彴 徻 徻 衡 衡	コウ	均衡《きんこう》・平衡《へいこう》 / 合従連衡《がっしょうれんこう》
門	閑	12	門 門 門 門 閑 閑	カン	閑散《かんさん》・閑静《かんせい》 / 安閑《あんかん》
門	閥	14	門 門 門 閂 閥 閥	バツ	派閥《はばつ》・学閥《がくばつ》 / 財閥《ざいばつ》
一	且	5	丨 冂 月 月 且	か(つ)	且《か》つ
一	丙	5	一 ア 丙 丙 丙	ヘイ	甲乙丙《こうおつへい》
二	亜	7	一 丙 亓 亜 亜 亜	ア	亜流《ありゅう》・亜聖《あせい》 / 亜熱帯《あねったい》
儿	充	6	丶 亠 云 云 充 充	ジュウ / あ(てる)	充当《じゅうとう》・拡充《かくじゅう》 / 充《あ》てる
冫	准	10	冫 汁 汁 汁 准 准	ジュン	批准《ひじゅん》
刀	刃	3	フ 刀 刃	ジン / は	白刃《はくじん》・自刃《じじん》 / 刃物《はもの》

⑫ふへん的な考え方。
すべてに共通し、例外のないこと。

⑬しゃだん機が下りる。
踏切で人や車の通行をさえぎる設備。

⑭流行語のへんせん。
うつりかわり。

⑮宇宙からせいかんする。
いきて戻ること。

⑯しゅうじんを護送する。
刑務所に拘禁されている者。

⑰収支のきんこうを保つ。
バランス。

⑱かんせいな住宅街。
ものしずかなさま。

⑲ざいばつの解体。
大資本家の一族。

⑳迅速かつ正確な対応。
そのうえに。

㉑甲乙へいで評価する。
物事の第三位。

㉒ピカソのありゅうの絵。
人のまねをしていること。

㉓商品をほじゅうする。
不足をおぎなうこと。

㉔条約をひじゅんする。
条約締結に対する同意手続き。

㉕はもので指を切る。
切ったり削ったりするもの。

3 筆順 次の漢字の太い画のところは筆順の何画目か、算用数字で書きなさい。

① 扉
② 迅
③ 逓
④ 亜

4 類字 次の太字のかなを漢字に直しなさい。

① 全国にへんざいする。
広く存在すること。

② へんけんを捨てる。
かたよった考え方。

③ 雑誌のへんしゅう。
情報をまとめ、かたちにすること。

④ 強制そうかんする。
おくりかえすこと。

⑤ 衆人《しゅうじん》かんし。
多くの人が取りまいて見ること。

故事成語を覚えよう

水清《みずきよ》ければ魚棲《うおす》まず

あまりに清廉潔白すぎると、かえって人に親しまれないこと。

⑦さえぎ ⑧へんかん ⑨ゆうしゅう ⑩へいこう ⑪かんわ ⑫はばつ ⑬じゅうじつ ⑭じゅんきょうじゅ ⑮でば **3** ①5 ②3 ③5 ④5 **4** ①遍在 ②偏見 ③編集 ④送還 ⑤環視

準2級 第11回

漢字	部首	画数	筆順	音訓	用例
劾	力	8	亠 亡 す 亥 刻 劾	ガイ	弾劾《だんがい》
勅	力	9	一 百 申 束 剌 勅	チョク	勅使《ちょくし》・勅命《ちょくめい》 勅語《ちょくご》
勲	力	15	亻 旨 重 重 動 勲	クン	勲章《くんしょう》・叙勲《じょくん》 殊勲《しゅくん》
凹	凵	5	⺄ ⺆ 㔾 凹 凹	オウ	凹面鏡《おうめんきょう》・凹版《おうはん》 凹凸《おうとつ》
凸	凵	5	- 亅 几 凸 凸	トツ	凸版《とっぱん》・凸《とつ》レンズ
升	十	4	ノ 亻 チ 升	ショウ ます	一升《いっしょう》 升席《ますせき》・升目《ますめ》
叔	又	8	⺊ 上 卡 叔 叔	シュク	伯仲叔季《はくちゅうしゅくき》
叙	又	9	人 亼 余 余 叙 叙	ジョ	叙述《じょじゅつ》・叙情《じょじょう》 叙景《じょけい》
壮	士	6	丨 丬 丬 壮 壮 壮	ソウ	壮大《そうだい》・壮挙《そうきょ》 強壮《きょうそう》
奔	大	8	一 大 夳 本 奔 奔	ホン	奔走《ほんそう》・奔放《ほんぽう》 出奔《しゅっぽん》
奨	大	13	丨 丬 丬 将 将 奨	ショウ	奨励《しょうれい》・奨学金《しょうがくきん》 推奨品《すいしょうひん》

「喪」が読み・書きの両方に出るよ。ほかに、読み方では「壮」に、書き取り問題では「昏」に注意しよう。

1 次の太字のかなを漢字に直しなさい。

① 政府をだんがいする。 責任を追及すること。
② 王のちょくしが旅立つ。 君主のつかい。
③ くんしょうを授与する。 国への功労を表彰して授けるメダル。
④ おうめん鏡《きょう》。 球面の内側を反射面とする球面鏡。
⑤ とっぱんで印刷する。 盛り上がった所にインクをつける印刷法。
⑥ 酒をいっしょう飲んだ。 約一・八〇三九リットル。
⑦ 伯仲しゅく季。 兄弟の順序。
⑧ 細かいじょじゅつ。 順を追って書き記すこと。
⑨ そうだいな景観。 盛んでおおきいこと。
⑩ 自由ほんぽうな人。 思うままに行動すること。
⑪ 貯蓄をしょうれいする。 人々にすすめること。

2 次の太字の漢字の読み方を答えなさい。

① **勅命**を受ける。 君主の命令。
② **勲功**をたたえる。 国に尽くした功労。
③ **凹凸**の激しい道。 でこぼこ。
④ **升席**で見物する。 方形に仕切った席。
⑤ **叙情**詩を読む。 自分の感情を表すこと。
⑥ **壮絶**な最期。 この上なく勇ましいさま。
⑦ 票集めに**奔走**する。 努力すること。
⑧ 報**奨**金を与える。 勤労、善行に対して与えるお金。
⑨ 対立が**露呈**する。 現れ出ること。
⑩ 意気**阻喪**する。 勢いがなくなること。
⑪ 母が**喪主**を務めた。 葬式を行う当主。
⑫ **盗塁**に成功する。 守備のすきを突いて次の塁に進む。
⑬ 平安時代の**塑像**。 ねん土で作った像。
⑭ 交渉が**妥結**する。 互いに折れ合って話がまとまること。
⑮ **崇敬**の念を抱く。 あがめ敬うこと。

1 ①弾劾 ②勅使 ③勲章 ④凹面 ⑤凸版 ⑥一升 ⑦叔 ⑧叙述 ⑨壮大 ⑩奔放 ⑪奨励 ⑫呉服 ⑬進呈 ⑭昏 ⑮喪失 ⑯嗣子 ⑰堕落 ⑱満塁 ⑲可塑 ⑳塾長 ㉑妄想 ㉒妥協 ㉓大尉 ㉔駐屯 ㉕崇拝
2 ①ちょくめい ②くんこう ③おうとつ ④ますせき ⑤じょじょう ⑥そうぜつ

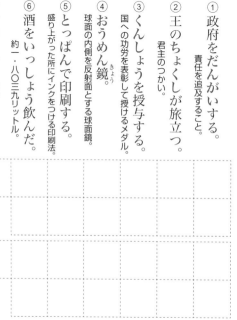

部首	漢字	画数	筆順	読み	用例
口	呉	7	口 口 吕 吕 呉 呉	ゴ	呉服《ごふく》・呉越同舟《ごえつどうしゅう》
口	呈	7	口 口 口 早 旦 呈	テイ	呈示《ていじ》・露呈《ろてい》 贈呈《ぞうてい》・進呈《しんてい》
口	唇	10	一 厂 戸 戸 辰 唇	シン くちびる	唇音《しんおん》・口唇《こうしん》 唇《くちびる》
口	喪	12	十 卄 亦 亞 喪 喪	ソウ も	喪失《そうしつ》・意気阻喪《いきそそう》 喪服《もふく》・喪主《もしゅ》
口	嗣	13	口 月 月 扁 嗣 嗣	シ	嗣子《しし》・嫡嗣《ちゃくし》
土	堕	12	阝 阝 阹 陏 陏 堕	ダ	堕落《だらく》・堕胎《だたい》
土	塁	12	田 田 田 畀 畧 塁	ルイ	塁審《るいしん》・満塁《まんるい》 走塁《そうるい》・敵塁《てきるい》
土	塑	13	ソ 䒑 屰 屰 朔 塑	ソ	塑像《そぞう》・可塑《かそ》 彫塑《ちょうそ》
土	塾	14	亠 亨 享 郭 孰 塾	ジュク	私塾《しじゅく》・学習塾《がくしゅうじゅく》
女	妄	6	丶 亠 亡 妄 妄 妄	モウ・ボウ	妄想《もうそう》・虚妄《きょもう》 妄言《ぼうげん》(もうげん)
女	妥	7	ノ 𠂊 爫 妥 妥 妥	ダ	妥協《だきょう》・妥結《だけつ》 妥当《だとう》
寸	尉	11	コ コ 尸 屛 尉 尉	イ	尉官《いかん》・大尉《たいい》
屮	屯	4	一 匚 屯 屯	トン	駐屯《ちゅうとん》
山	崇	11	丶 山 山 岀 崇 崇	スウ	崇高《すうこう》・崇拝《すうはい》 尊崇《そんすう》

⑫ ごふく店を営む。
反物。着物。

⑬ 自著をしんていする。
人にさしあげること。

⑭ くちびるをとがらせる。
不平、不満を表すこと。

⑮ 自信をそうしつする。
うしなうこと。

⑯ 跡取りをししという。
家督を継ぐべき子。

⑰ だらくした政治。
品行が悪くなること。

⑱ ツーアウトまんるい。
すべてのるいに走者がいること。

⑲ かそ性《せい》のある合成樹脂。
変形しやすい性質。

⑳ じゅくちょうの授業。
私設教育機関の責任者。

㉑ もうそうにふける。
ありえないことを思い描くこと。

㉒ だきょうを許さない。
譲歩し合って事をまとめること。

㉓ 海軍たいいに昇進する。
軍隊の階級の一つ。

㉔ 軍隊がちゅうとんする。
一定期間とどまること。

㉕ 心からすうはいする。
敬いあがめること。

3 部首 次の漢字の部首を書きなさい。

① 升 ② 壮 ③ 喪 ④ 尉 ⑤ 崇

4 類字 次の太字のかなを漢字に直しなさい。

① 春の**じょくん**を行う。
くんしょうを与えること。

② **じょじょ**に速度を増す。
少しずつ。

③ **じょめい**処分を受ける。
構成員の資格を失わせること。

④ お祝いを**ぞうてい**する。
おくること。

⑤ 旅行の**にってい**。
予定。

故事成語を覚えよう

矛盾《むじゅん》
つじつまの合わないこと。
道理が一貫しないこと。

⑦ほんそう ⑧ほうしょうきん ⑨ろてい ⑩そそう ⑪もしゅ ⑫とうるい ⑬そぞう ⑭だけつ ⑮すうけい
3 ①十 ②士 ③口 ④寸 ⑤山
4 ①叙勲 ②徐々 ③除名 ④贈呈 ⑤日程

準2級 第12回

部首	漢字	画数	筆順	音訓	用例
巾	帥	9	丿 户 𠂤 𠂤 帥 帥	スイ	統帥《とうすい》・元帥《げんすい》
巾	幣	15	丶 ⺌ 尚 㡀 敝 幣	ヘイ	紙幣《しへい》・造幣《ぞうへい》 貨幣《かへい》
弓	弔	4	乛 コ 弓 弔	チョウ とむら(う)	弔意《ちょうい》・弔問《ちょうもん》 弔《とむら》う
心	忍	7	フ 刀 刃 刃 忍 忍	ニン しの(ぶ・ばせる)	忍従《にんじゅう》・残忍《ざんにん》 忍《しの》び足《あし》
心	患	11	冂 口 吕 吕 串 患	カン わずら(う)	急患《きゅうかん》・疾患《しっかん》 患《わずら》う
心	悠	11	亻 亻 𠂉 攸 攸 悠	ユウ	悠長《ゆうちょう》・悠久《ゆうきゅう》 悠々自適《ゆうゆうじてき》
心	愁	13	二 禾 禾 秋 愁 愁	シュウ うれ(える・い)	憂愁《ゆうしゅう》・旅愁《りょしゅう》 愁《うれ》える・愁《うれ》い
心	慶	15	广 严 严 鹿 廖 慶	ケイ	慶祝《けいしゅく》・慶弔《けいちょう》 同慶《どうけい》
心	懇	17	一 夕 豸 豸 貇 懇	コン ねんご(ろ)	懇意《こんい》・懇談会《こんだんかい》 懇《ねんご》ろ
心	懲	18	彳 彳 徨 徨 徴 懲	チョウ こ(りる・らす・らしめる)	懲戒《ちょうかい》・懲役《ちょうえき》 懲《こ》りる
心	懸	20	目 且 県 県 縣 懸	ケン・ケ か(ける・かる)	懸命《けんめい》・懸想《けそう》 懸《か》ける

「懇」「懲」は読み・書きの両方に頻出する。ほかには、「甚」「畝」「督」の読みに気をつけたい。「甚」は送りがなに注意しよう。

1 次の太字のかなを漢字に直しなさい。

① げんすいの称号を得る。 総大将。
② かへい価値が下がる。 一単位のお金が持つ購買能力。
③ ちょうもん客が訪れる。 遺族を訪ねてくやみを言うこと。
④ にんたい力《りょく》のある人。 こらえること。
⑤ 入院かんじゃのカルテ。 病気にかかって治療を受ける人。
⑥ ゆうぜんと構えている。 落ち着いているさま。
⑦ あいしゅうを帯びた声。 物悲しい感じ。
⑧ けいしゅくの宴を催す。 よろこびいわうこと。
⑨ こんせつ丁寧な指導。 細やかな点にも気を配るさま。
⑩ ちょうばつを受ける。 こらしめばっすること。
⑪ けんしょうに当選する。 条件付きで金品を提供すること。

2 次の太字の漢字の読み方を答えなさい。

① 造幣局を見学する。 貨幣を製造する所。
② 弔意を表す。 死者をいたむ気持ち。
③ 祖先の霊を弔う。 めい福を祈る。
④ 世を忍ぶ仮の姿。 人目を避ける。
⑤ 患部に薬を塗る。 病気や傷の部分。
⑥ 協力を懇願する。 心からお願いすること。
⑦ 悪者を懲らしめる。 悪事を二度としないようにさせる。
⑧ 命を懸けて戦う。 犠牲にする覚悟で行う。
⑨ 昆虫採集をする。 トンボ、セミ、チョウなど。
⑩ 夕食の献立。 料理の種類や組み合わせ。
⑪ 琴線に触れる言葉。 心の感じやすい部分。
⑫ 琴を弾く。 弦楽器の一つ。
⑬ 鉄瓶で湯を沸かす。 鉄製の湯を沸かす器具。
⑭ 恋は盲目だ。 理性を失っている。
⑮ 借金の督促状。 返済を催促すること。

1 ①元帥 ②貨幣 ③弔問 ④忍耐 ⑤患者 ⑥悠然 ⑦哀愁 ⑧慶祝 ⑨懇切 ⑩懲罰 ⑪懸賞 ⑫摩擦 ⑬昆布 ⑭法曹 ⑮栽培 ⑯借款 ⑰文献 ⑱木琴 ⑲御璽 ⑳花瓶 ㉑甚 ㉒畝 ㉓盲点 ㉔監督 ㉕老翁
2 ①ぞうへい ②ちょうい ③とむら ④しの ⑤かんぶ ⑥こんがん

部首	漢字	画数	筆順	読み	用例
手	摩	15	亠 广 广 麻 麿 摩	マ	摩擦《まさつ》・摩天楼《まてんろう》
日	昆	8	冂 日 旦 旦 昆 昆	コン	昆虫《こんちゅう》・昆布《こんぶ(こぶ)》
日	曹	11	一 冂 曲 曲 曹 曹	ソウ	法曹界《ほうそうかい》・重曹《じゅうそう》 陸曹《りくそう》
木	栽	10	十 土 未 栽 栽 栽	サイ	栽培《さいばい》・盆栽《ぼんさい》
欠	款	12	士 圭 袁 款 款 款	カン	借款《しゃっかん》・落款《らっかん》 定款《ていかん》
犬	献	13	十 卢 南 南 献 献	ケン・コン	献本《けんぽん》・献身的《けんしんてき》 献立《こんだて》・一献《いっこん》
王	琴	12	王 玨 珡 琴 琴 琴	キン こと	琴線《きんせん》・手風琴《てふうきん》 琴《こと》
玉	璽	19	一 冖 丙 爾 爾 璽	ジ	玉璽《ぎょくじ》・御璽《ぎょじ》 国璽《こくじ》
瓦	瓶	11	丷 并 并 瓶 瓶 瓶	ビン	花瓶《かびん》・鉄瓶《てつびん》
甘	甚	9	一 卄 甘 其 其 甚	ジン はなは(だ・だしい)	甚大《じんだい》・幸甚《こうじん》 甚《はなは》だしい
田	畝	10	亠 亩 亩 亩 畆 畝	うね	畝織《うねおり》
目	盲	8	丶 亠 亡 亡 盲 盲	モウ	盲点《もうてん》・盲従《もうじゅう》
目	督	13	丨 卜 上 未 叔 督	トク	督促《とくそく》・督励《とくれい》 監督《かんとく》
羽	翁	10	八 公 公 翁 翁 翁	オウ	老翁《ろうおう》

⑫まさつで熱が起こる。
すり合わせること。

⑬こんぶからだしをとる。
海藻の一つ。

⑭ほうそう界に進む。
法律にかかわる仕事。

⑮野菜をさいばいする。
育てること。

⑯しゃっかん協定。
国と国が行う借金。

⑰参考ぶんけんをあげる。
研究の資料となる書物。

⑱もっきんを演奏する。
打楽器の一つ。シロホン。

⑲天皇の印をぎょじという。
天皇の印。

⑳かびんを割る。
花をいけるびんやつぼ。

㉑はなはだしく誤解する。
程度が激しい。

㉒畑にうねを作る。
細長く土を盛り上げたもの。

㉓法律のもうてんを突く。
人の気づかない所。

㉔部下をかんとくする。
総括し指揮すること。

㉕ろうおうの昔語り。
年をとった男。

3 部首 次の漢字の部首を書きなさい。

① 弔 ② 摩 ③ 献 ④ 甚

4 類字 次の太字のかなを漢字に直しなさい。

①彼は財閥の御《おん》ぞうしだ。
名門の家の子息。

②嵐《あらし》にそうぐうする。
思いがけずめぐり合うこと。

③しそう膿漏《のうろう》を予防する。
歯の根もとにうみがたまる病気。

④父の趣味はぼんさいだ。
鉢植えの草木。

⑤どくさい的政府。
絶対的権力を持つ者が支配すること。

⑥書類のきさい事項。
書いてのせること。

⑦こ ⑧か ⑨こんちゅう ⑩こんだて ⑪きんせん ⑫こと ⑬てつびん ⑭もうもく ⑮とくそく **3** ①弓 ②手 ③犬 ④甘 **4** ①曹司 ②遭遇 ③歯槽 ④盆栽 ⑤独裁 ⑥記載

故事成語を覚えよう

病《やまい》膏肓《こうこう》に入《い》る

病気が重くなり治る見込みがないこと。物事に熱中して深入りすること。

準2級

第13回

部首	漢字	画数	筆順	音訓	用例
石	碁	13	一 艹 甘 其 其 碁	ゴ	碁石《ごいし》・囲碁《いご》
石	磨	16	亠 广 庐 麻 麽 磨	マ みが(く)	研磨《けんま》 歯磨《はみが》き
聿	粛	11	⺕ 肀 肀 聿 粛 粛	シュク	粛清《しゅくせい》・厳粛《げんしゅく》 自粛《じしゅく》
糸	索	10	十 丰 壴 壴 壴 索	サク	索引《さくいん》・思索《しさく》 検索《けんさく》・模索《もさく》
糸	累	11	罒 田 罒 罒 累 累	ルイ	累積《るいせき》・累計《るいけい》 係累《けいるい》
糸	繭	18	艹 芇 芇 繭 繭 繭	ケン まゆ	繭糸《けんし》 繭玉《まゆだま》
缶	缶	6	ノ 𠂉 午 午 缶 缶	カン	缶詰《かんづめ》
肉(月)	肖	7	丨 ⺌ ⺌ 𭕄 肖 肖	ショウ	肖像《しょうぞう》・不肖《ふしょう》
肉(月)	肯	8	丨 ⺊ 止 止 肯 肯	コウ	肯定《こうてい》・首肯《しゅこう》
虫	蛍	11	丶 ⺍ 𭕄 学 営 蛍	ケイ ほたる	蛍光灯《けいこうとう》 蛍《ほたる》
虫	融	16	一 戸 鬲 鬲 鬲 融	ユウ	融合《ゆうごう》・融解《ゆうかい》 金融《きんゆう》

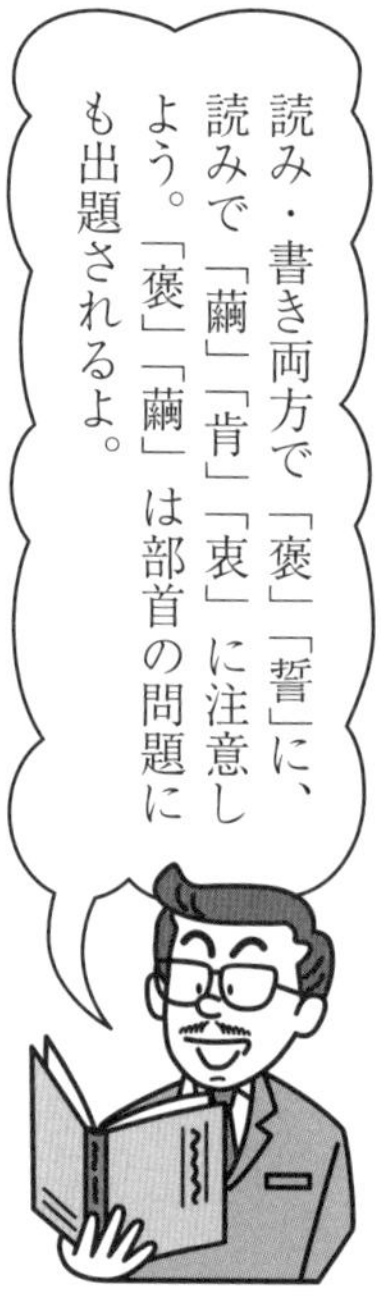

読み・書き両方で「褒」「誓」に、読みで「繭」「肯」「衷」に注意しよう。「褒」「繭」は部首の問題にも出題されるよ。

1 次の太字のかなを漢字に直しなさい。

① いごのプロ棋士になる。　黒と白の石を盤上で打つ遊戯。

② けんま剤を使う。　とぎみがくこと。

③ 販売をじしゅくする。　自分から行動をつつしむこと。

④ 一日中しさくにふける。　深く考えること。

⑤ 経費のるいけいを出す。　合わせた数。

⑥ 蚕のまゆから糸をとる。　幼虫がさなぎとなるときに作るもの。

⑦ かんづめの果物。　食品をかんに入れて密封したもの。

⑧ 娘のしょうぞうを描く。　人の姿を写しとったもの。

⑨ こうてい的な考え方。　そのとおりだと認めること。

⑩ けいこう塗料を塗る。　ひかりを当てるとひかって見える。

⑪ 多額のゆうしを受ける。　貸し借りしたお金。

2 次の太字の漢字の読み方を答えなさい。

① 食後に歯を磨く。　こすってきれいにする。

② 画像を検索する。　必要な情報を探すこと。

③ 係累の多い人。　家族。

④ 首肯しがたい話。　納得すること。

⑤ 蛍狩りに行く。　蛍を捕る遊び。

⑥ 融通の利かない人。　うまく処理できる。

⑦ 無臭の薬品。　においがないこと。

⑧ ガス臭い部屋。　においがする。

⑨ 和洋折衷の料理。　よいところを調和させること。

⑩ 永遠の愛を誓う。　約束する。

⑪ 謄写版で印刷する。　がり版。

⑫ 国賓として招く。　国の大事な客人。

⑬ 相場が高騰する。　ひどく上がること。

⑭ 竜巻が発生した。　激しい空気の渦巻き。

⑮ 麻の洋服を着る。　茎の皮から繊維が採れる。

1 ①囲碁 ②研磨 ③自粛 ④思索 ⑤累計 ⑥繭 ⑦缶詰 ⑧肖像 ⑨肯定 ⑩蛍光 ⑪融資 ⑫悪臭 ⑬苦衷 ⑭褒 ⑮誓約 ⑯謄本 ⑰貞操 ⑱貢献 ⑲来賓 ⑳斉唱 ㉑書斎 ㉒余韻 ㉓沸騰 ㉔恐竜 ㉕麻酔
2 ①みが ②けんさく ③けいるい ④しゅこう ⑤ほたるが ⑥ゆうずう

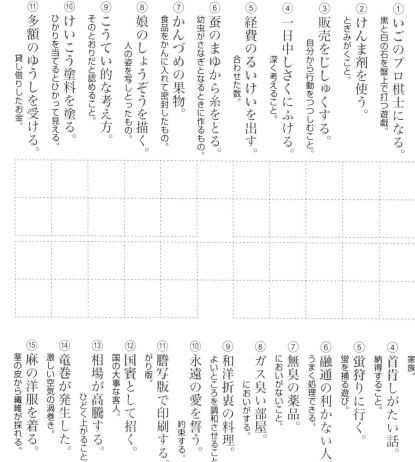

部首	漢字	画数	筆順	読み	用例
自	臭	9	′ 白 自 臭 臭	シュウ くさ(い) にお(う)	臭気《しゅうき》・悪臭《あくしゅう》 臭《くさ》い・臭《にお》う
衣	衷	9	一 亡 亩 声 吏 衷	チュウ	衷心《ちゅうしん》・折衷《せっちゅう》 苦衷《くちゅう》
衣	褒	15	亠 广 疒 痄 痍 褒	ホウ ほ(める)	褒美《ほうび》・褒賞《ほうしょう》 褒《ほ》める
言	誓	14	扌 扩 折 誓 誓 誓	セイ ちか(う)	誓約《せいやく》・宣誓《せんせい》 誓《ちか》う
言	謄	17	月 肸 胖 胖 謄 謄	トウ	謄本《とうほん》・謄写版《とうしゃばん》
貝	貞	9	⺊ ⺊ 占 貞 貞	テイ	貞節《ていせつ》・貞淑《ていしゅく》 不貞《ふてい》
貝	貢	10	一 工 亓 青 貢 貢	コウ・ク みつ(ぐ)	貢献《こうけん》・年貢《ねんぐ》 貢《みつ》ぎ物《もの》
貝	賓	15	宀 宀 宊 宾 賓 賓	ヒン	来賓《らいひん》・国賓《こくひん》 主賓《しゅひん》
斉	斉	8	亠 亣 文 斉 斉 斉	セイ	斉唱《せいしょう》・一斉《いっせい》 修身斉家《しゅうしんせいか》
斉	斎	11	亠 文 斉 斉 斎 斎	サイ	斎場《さいじょう》・潔斎《けっさい》 書斎《しょさい》
音	韻	19	立 音 韵 韻 韻 韻	イン	韻文《いんぶん》・余韻《よいん》 音韻《おんいん》
馬	騰	20	月 胖 胖 騰 騰 騰	トウ	騰貴《とうき》・高騰《こうとう》 暴騰《ぼうとう》
竜	竜	10	亠 亠 立 立 音 竜	リュウ たつ	恐竜《きょうりゅう》 竜巻《たつまき》
麻	麻	11	亠 广 广 庄 床 麻	マ あさ	麻酔《ますい》・大麻《たいま》 麻《あさ》

⑫あくしゅうを放つ果物。
嫌なにおい。

⑬くちゅうを察する。
くるしい心のうち。

⑭努力をほめる。
良い評価を与える。

⑮せいやく書を書く。
必ず守ることをやくそくすること。

⑯戸籍とうほん。
原本の全内容を写したもの。

⑰ていそう観念。
純潔を守ること。

⑱優勝にこうけんする。
力を尽くし役に立つこと。

⑲らいひんを案内する。
招待されてきた人。

⑳校歌をせいしょうする。
大勢で声を合わせて歌うこと。

㉑父のしょさいに入る。
読んだり書いたりする部屋。

㉒鐘のよいんが残る。
音のあとにかすかに残る響き。

㉓人気ふっとう中の歌手。
騒然となるほど盛り上がること。

㉔きょうりゅうの化石。
一～二億年前に栄えた爬虫類。

㉕ますいをかける。
薬で感覚をまひさせること。

3 部首 次の漢字の部首を書きなさい。

①粛 ②繭 ③缶 ④褒 ⑤騰

4 類字 次の太字のかなを漢字に直しなさい。

①氷がゆうかいする。
とけること。

②かくせいの感がある。
時代がへだたること。

③いっせいに走り出す。
多くの人が同時に行う。

④精進《しょうじん》けっさいする。
行いを慎んで身を清めること。

⑤借金をへんさいする。
かえすこと。

故事成語を覚えよう

良薬口《りょうやくくち》に苦《にが》し

よい忠告は聞き入れにくいが身のためになるということ。

⑦むしゅう ⑧くさ ⑨せっちゅう ⑩ちか ⑪とうしゃばん ⑫こくひん ⑬こうとう ⑭たつまき ⑮あさ
3 ①聿 ②糸 ③缶 ④衣 ⑤馬
4 ①融解 ②隔世 ③一斉 ④潔斎 ⑤返済

準2級→2級 昇級問題

1 次の太字のかなを漢字に直しなさい。〔37点〕

① 敵をていさつする。
② メディアのばいたい。
③ 土地がかんぼつする。
④ 記録をまっしょうする。
⑤ てんがい孤独の老人。
⑥ 遺体をのうかんする。
⑦ しゅぎょくの作品。
⑧ 毎晩じゅくすいする。
⑨ ゆうふくな家庭。
⑩ 大臣のぞうわい事件。
⑪ 年齢をさしょうする。
⑫ 知事がしょかつする。
⑬ 父がばんしゃくする。
⑭ 心にめいきする。
⑮ 黒いかわぐつ。
⑯ むだを省く。
⑰ ひんどを調べる。
⑱ 白いひがさを差す。
⑲ さいきん性の病気。
⑳ きゅうちに立たされる。
㉑ ふうとうに切手をはる。
㉒ 政界のはけんを争う。
㉓ 核兵器のはいぜつ。
㉔ ほうていで争う。
㉕ いつざいを発見する。
㉖ かんさんとした商店街。
㉗ サービスのかくじゅう。
㉘ 最高しゅくん選手。
㉙ もふくを用意する。
㉚ だとうな判断。
㉛ すうこうな理念。
㉜ しへいの偽造事件。
㉝ ちょうえき三年の判決。
㉞ 百科事典のさくいん。
㉟ ふしょうの息子。
㊱ きんゆう機関。
㊲ 価格がこうとうする。

得点	
1	/37
2	/15
3	/8
4	/8
5	/6
6	/18
7	/8
合計	/100

●70点以上で合格です。

1 ①偵察 ②媒体 ③陥没 ④抹消 ⑤天涯 ⑥納棺 ⑦珠玉 ⑧熟睡 ⑨裕福 ⑩贈賄 ⑪詐称 ⑫所轄 ⑬晩酌 ⑭銘記 ⑮革靴 ⑯無駄 ⑰頻度 ⑱日傘 ⑲細菌 ⑳窮地 ㉑封筒 ㉒覇権 ㉓廃絶 ㉔法廷 ㉕逸材 ㉖閑散 ㉗拡充 ㉘殊勲 ㉙喪服 ㉚妥当 ㉛崇高 ㉜紙幣 ㉝懲役 ㉞索引 ㉟不肖 ㊱金融 ㊲高騰

2 ①かっぱ ②とうじ ③かいたい ④ぜんげん ⑤せんたくし ⑥ともかせ ⑦ほうしゅう

2 次の太字の漢字の読み方を答えなさい。 ［15点］

① 本質を**喝破**する。
② **悼辞**を読む。
③ 公金を**拐帯**する。
④ 人口が**漸減**する。
⑤ 三つの**選択肢**がある。
⑥ **共稼**ぎの夫婦。
⑦ 役員の**報酬**。
⑧ **寛容**な心を持つ。
⑨ **初霜**を観測する。
⑩ 課長が**左遷**される。
⑪ **亜熱帯**の植物。
⑫ 家を**出奔**する。
⑬ **重曹**を使って洗う。
⑭ **衷心**よりお願いする。
⑮ 日本語の**音韻**。

3 次の太字の漢字の部首を書きなさい。 ［8点］

① 享
② 帥
③ 栽
④ 蛍

4 次の漢字の太い画のところは筆順の何画目か、算用数字で書きなさい。 ［8点］

① 拒
② 柳
③ 壮
④ 繭

5 次の漢字の総画数を算用数字で書きなさい。 ［6点］

① 凸
② 呉
③ 懇

6 次の太字のかなを漢字に直しなさい。 ［18点］

① **せんぷう**が巻き起こる。
② 試験を**じっし**する。
③ 雑誌の定期**こうどく**。
④ 絵の**こうず**を考える。
⑤ 市長の**こうえん**を聞く。
⑥ **てきぎ**な処置をとる。
⑦ 独立を**せんげん**する。
⑧ **ちくいち**報告する。
⑨ 殺人**みすい**の罪。

7 次の故事成語の空欄にあてはまる漢字を書きなさい。 ［8点］

① 他山の□。
② 虎《とら》の□を借る狐《きつね》。
③ 覆水□に返らず。
④ 水清ければ□棲《す》まず。

---

⑧ かんよう ⑨ はつしも ⑩ させん ⑪ あねったい ⑫ しゅっぽん ⑬ じゅうそう ⑭ ちゅうしん ⑮ おんいん
3 ① 亠 ② 巾 ③ 木 ④ 虫
4 ① 4 ② 7 ③ 2 ④ 8
5 ① 5 ② 7 ③ 17
6 ① 旋風 ② 実施 ③ 購読 ④ 構図 ⑤ 講演 ⑥ 適宜 ⑦ 宣言 ⑧ 逐一 ⑨ 未遂
7 ① 石 ② 威 ③ 盆 ④ 魚

2級

第1回

部首	漢字	画数	筆順	音訓	用例
イ	伎	6	ノ イ 仁 什 伎 伎	キ	歌舞伎《かぶき》
	侶	9	イ 仃 仰 仰 侶 侶	リョ	僧侶《そうりょ》・伴侶《はんりょ》
	俺	10	イ 伱 伱 俺 俺 俺	おれ	俺《おれ》
	僅	13	イ 伴 伴 僅 僅 僅	キン わず(か)	僅差《きんさ》 僅《わず》かだ
	傲	13	イ 佧 倖 傍 傲 傲	ゴウ	傲然《ごうぜん》・傲慢《ごうまん》 傲岸不遜《ごうがんふそん》
口	叱	5	㇑ 口 口 叱 叱	シツ しか(る)	叱責《しっせき》 叱《しか》る
	呪	8	口 口 叩 叩 吖 呪	ジュ のろ(う)	呪縛《じゅばく》・呪文《じゅもん》 呪《のろ》う
	咽	9	口 叩 叩 叩 咽 咽	イン	咽喉《いんこう》・咽頭《いんとう》
	唄	10	口 叩 叩 叩 唄 唄	うた	小唄《こうた》・長唄《ながうた》
	哺	10	口 叮 叮 叮 哺 哺	ホ	哺乳類《ほにゅうるい》
	唾	11	口 叮 叮 唾 唾 唾	ダ つば	唾液《だえき》・唾棄《だき》 眉唾《まゆつば》・唾《つば》(つばき)

「僅(僅)」「喩(喩)」「嗅(嗅)」「嘲(嘲)」「塡(填)」の( )内の字体は「漢検」などで許容されている。読みの問題に「傲」が出題されたよ。

1 次の太字のかなを漢字に直しなさい。

① かぶきを鑑賞する。
江戸時代に発生した伝統芸能。

② 人生のはんりょを得る。
行動や考えを共にする人。

③ おれの話を聞いてくれ。
自称代名詞の一つ。

④ きんさで勝敗が決まった。
ごくわずかの差。

⑤ ごうまんな態度をとる。
いい気になっているさま。

⑥ 厳しくしっせきされる。
しかること。

⑦ じゅもんを唱える。
まじないやのろいの言葉。

⑧ いんとう炎《えん》にかかる。
のど。

⑨ 特技はながうただ。
三味線音楽。

⑩ ほにゅう類に属する。
脊椎動物の一綱。

⑪ だえきを分泌する。
口内に分泌される消化液。

2 次の太字の漢字の読み方を答えなさい。

① 僧侶の修行をする。
仏教の教えを広める人。

② 今年も残り僅かだ。
数量などが少ないさま。

③ 老人が若者を叱る。
良くない点をとがめる。

④ 呪縛を解く。
心理的な自由を奪うこと。

⑤ 自分の運命を呪う。
強く恨む。

⑥ 風邪で喉が痛い。
口の奥の消化管に続く部分。

⑦ 隠喩を用いた表現。
修辞法の一種。

⑧ 花の香りを嗅ぐ。
鼻でにおいを感じ取る。

⑨ 自嘲して笑う。
自分で自分を軽蔑する。

⑩ 他人の失敗を嘲る。
見下して笑う。

⑪ 土に堆肥を混ぜる。
肥料の一種。

⑫ 銃に弾を装塡した。
こめること。

⑬ 妖精のいたずらだ。
人間の姿をした精霊。

⑭ 妖しく輝く瞳。
なまめかしいさま。

⑮ 他人の幸せを妬む。
うらやましく思う。

1 ①歌舞伎 ②伴侶 ③俺 ④僅差 ⑤傲慢 ⑥叱責 ⑦呪文 ⑧咽頭 ⑨長唄 ⑩哺乳 ⑪唾液 ⑫咽喉 ⑬比喩 ⑭嗅覚 ⑮嘲笑 ⑯堆積 ⑰補塡 ⑱妖怪 ⑲嫉妬 ⑳嫉妬 ㉑弥生 ㉒隙間
2 ①そうりょ ②わず ③しか ④じゅばく ⑤のろ ⑥のど ⑦いんゆ ⑧か ⑨じちょう

				土		女			弓	阝
喉	喩	嗅	嘲	堆	塡	妖	妬	嫉	弥	隙
12	12	13	15	11	13	7	8	13	8	13
コウ のど	ユ	キュウ か(ぐ)	チョウ あざけ(る)	タイ	テン	ヨウ あや(しい)	ト ねた(む)	シツ	や	ゲキ すき
喉頭《こうとう》・咽喉《いんこう》 喉《のど》・喉元《のどもと》	比喩《ひゆ》・直喩《ちょくゆ》 隠喩《いんゆ》	嗅覚《きゅうかく》 嗅《か》ぐ	嘲笑《ちょうしょう》・自嘲《じちょう》 嘲《あざけ》る	堆積《たいせき》	装塡《そうてん》・補塡《ほてん》	妖怪《ようかい》・妖艶《ようえん》 妖《あや》しい	嫉妬《しっと》 妬《ねた》む	嫉妬《しっと》	弥生《やよい》	間隙《かんげき》 隙間《すきま》

⑫耳鼻いんこう科に通う。
のど。

⑬ひゆ表現を用いる。
たとえ。

⑭犬はきゅうかくが鋭い。
においの感覚。

⑮ちょうしょうを浴びる。
あざけりわらうこと。

⑯土砂がたいせきする。
うず高くつみ重なること。

⑰損失をほてんする。
不足を埋めること。

⑱雪女というようかい。
化け物。

⑲しっとに苦しむ。
うらやみねたむ気持ち。

⑳彼の才能にしっとする。
すぐれた人をうらやむこと。

㉑やよいの空を見上げる。
陰暦三月。

㉒家具のすきまに金を隠す。
物と物とのあいだの場所。

3 部首 次の漢字の部首を書きなさい。

①僅 ②喩 ③妬 ④弥 ⑤隙

4 類字 次の太字のかなを漢字に直しなさい。

①奇妙なじゅじゅつ。
まじない。

②結婚をしゅくふくする。
いわうこと。

③道路につばを吐く。
だえき。

④すいみん不足だ。
ねむること。

⑤けんすいで鍛える。
棒にぶら下がり腕を屈伸させて体を上げ下げする運動。

名言を覚えよう

和をもって貴《たっと》しとなす。（聖徳太子《しょうとくたいし》『十七条憲法』）

和らいだ心で人に接することが大事である。

⑩あざけ ⑪たいひ ⑫そうてん ⑬ようせい ⑭あや ⑮ねた **3** ①亻 ②口 ③女 ④弓 ⑤阝 **4** ①呪術 ②祝福 ③唾 ④睡眠 ⑤懸垂

2級

第2回

部首	忄				扌						
画数	惧 11	慄 13	憬 15	憧 15	拉 8	拶 9	拭 9	挨 10	挫 10	捉 10	捗 10
筆順	忄 忄 忄 惧 惧 惧	忄 忄 忄 慄 慄 慄	忄 忄 忄 憬 憬 憬	忄 忄 忄 憧 憧 憧	扌 扌 扌 扌 拉 拉	扌 扌 扌 拶 拶 拶	扌 扌 扌 拭 拭 拭	扌 扌 扌 挨 挨 挨	扌 扌 扌 挫 挫 挫	扌 扌 扌 捉 捉 捉	扌 扌 扌 捗 捗 捗
音訓	グ	リツ	ケイ	ショウ あこが(れる)	ラ	サツ	ショク ふ(く) ぬぐ(う)	アイ	ザ	ソク とら(える)	チョク
用例	危惧《きぐ》	慄然《りつぜん》・戦慄《せんりつ》	憧憬《しょうけい（どうけい）》	憧憬《しょうけい（どうけい）》 憧《あこが》れる・憧《あこが》れ	拉致《らち》	挨拶《あいさつ》	払拭《ふっしょく》 拭《ふ》く・拭《ぬぐ》う	挨拶《あいさつ》	挫折《ざせつ》・頓挫《とんざ》 捻挫《ねんざ》	捕捉《ほそく》 捉《とら》える	進捗《しんちょく》

「惧」を「惧」、「捗」を「捗」、「淫」を「淫」、「溺」を「溺」と書いても「漢検」などでは許容される。けれど、まずは標準の字体で書けるようになろう。

1 次の太字のかなを漢字に直しなさい。

① **きぐ**の念を抱く。　あやぶみおそれること。

② **りつぜん**とさせる光景。　ふるえおののくさま。

③ **しょうけい**の的の存在。　あこがれること。

④ **しょうけい**の念を抱く。　あこがれること。

⑤ 何者かに**らち**される。　無理やり連れて行くこと。

⑥ 朝の**あいさつ**をする。　儀礼・応対の言葉や動作。

⑦ 京都で**てぬぐい**を買う。　てをふくための布。

⑧ 就任の**あいさつ**に回る。　社交的な対応の言葉。

⑨ 彼は**ざせつ**を知らない。　途中でだめになること。

⑩ 逃亡兵を**ほそく**する。　とらえること。

⑪ 工事が**しんちょく**する。　はかどること。

2 次の太字の漢字の読み方を答えなさい。

① 人々を**戦慄**させる。　恐ろしさで身震いする。

② アイドルに**憧**れる。　思いこがれる。

③ 不安を**払拭**する。　すっかり取り除くこと。

④ タオルで顔を**拭**く。　布などできれいにする。

⑤ 話の要点を**捉**える。　逃さずに取り上げる。

⑥ 右脚を**捻挫**した。　関節内部や周囲のけが。

⑦ 広**汎**な知識の活用。　範囲が広いさま。

⑧ ご無**沙汰**しています。　連絡などをしないでいること。

⑨ **湧**水をくみ上げる。　わき水。

⑩ 石油が**湧**く国。　地面から噴き出る。

⑪ 海で**溺**死する。　泳げないで死ぬ。

⑫ 子供が**溺**れている。　泳げないで死にそうになる。

⑬ 台風で**潰**れた小屋。　外からの力で原形を失う。

⑭ 大会で優勝を**狙**う。　目標として目ざす。

⑮ 猫を愛**玩**する。　かわいがること。

1 ①危惧 ②慄然 ③憧憬 ④憧憬 ⑤拉致 ⑥挨拶 ⑦手拭 ⑧挨拶 ⑨挫折 ⑩捕捉 ⑪進捗 ⑫捻出 ⑬氾濫 ⑭汎用 ⑮沙汰 ⑯音沙汰 ⑰肥沃 ⑱淫行 ⑲湧出 ⑳溺愛 ㉑潰滅（壊滅） ㉒狙撃 ㉓玩具 ㉔瑠璃 ㉕浄瑠璃

2 ①せんりつ ②あこが ③ふっしょく ④ふ ⑤とら ⑥ねんざ

部首	扌	氵								犭	王		
漢字	捻	氾	汎	沙	汰	沃	淫	湧	溺	潰	狙	玩	璃	瑠
画数	11	5	6	7	7	7	11	12	13	15	8	8	14	14
筆順	扌 扴 拎 拎 捻 捻	丶 冫 氵 汀 氾	丶 冫 氵 氻 汎 汎	丶 冫 氵 汁 沙 沙	丶 冫 氵 汁 汏 汰	丶 冫 氵 汇 汘 沃	氵 氵 氵 氵 淫 淫	氵 氵 氵 氵 湧 湧	氵 氵 氵 氵 溺 溺	氵 氵 氵 氵 潰 潰	犭 犭 犭 犭 狙 狙	一 T 王 王 玩 玩	王 王 王 王 璃 璃	王 王 王 王 瑠 瑠
音・訓	ネン	ハン	ハン	サ	タ	ヨク	イン みだ(ら)	ユウ わ(く)	デキ おぼ(れる)	カイ つぶ(す・れる)	ソ ねら(う)	ガン	リ	ル
用例	捻挫《ねんざ》・捻出《ねんしゅつ》	氾濫《はんらん》	汎用《はんよう》・広汎《こうはん》	沙汰《さた》	沙汰《さた》	肥沃《ひよく》・沃土《よくど》	淫行《いんこう》・淫乱《いんらん》 淫《みだ》ら	湧水《ゆうすい》・湧出《ゆうしゅつ》 湧《わ》く	溺愛《できあい》・溺死《できし》 溺《おぼ》れる	潰瘍《かいよう》・潰滅《かいめつ》 潰《つぶ》す・潰《つぶ》れる	狙撃《そげき》 狙《ねら》う・狙《ねら》い	玩具《がんぐ》・愛玩《あいがん》	瑠璃《るり》・浄瑠璃《じょうるり》	瑠璃《るり》・浄瑠璃《じょうるり》

⑫ 旅費をねんしゅつする。
金銭を工面すること。

⑬ 河川がはんらんする。
あふれ出ること。

⑭ はんよう性の高い機械。
広く使えること。

⑮ 地獄のさたも金しだい。
金さえあれば何でもできる。

⑯ 何のおとさたもない。
便り。

⑰ ひよくな三日月地帯。
土地がこえているさま。

⑱ いんこう条例違反。
みだらなおこない。

⑲ 温泉がゆうしゅつする。
わきでること。

⑳ 一人娘をできあいする。
むやみにかわいがること。

㉑ 組織がかいめつする。
こわれてほろびること。

㉒ 要人を銃でそげきする。
ねらいうつこと。

㉓ 北海道の郷土がんぐ。
おもちゃ。

㉔ るり色に輝く石を見る。
紫がかった紺色。

㉕ 人形じょうるりの歴史。
三味線を用いた劇場音楽。

3 **筆順** 次の漢字の太い画のところは筆順の何画目か、算用数字で書きなさい。

① 惧　② 拶　③ 淫　④ 璃

4 **類字** 次の太字のかなを漢字に直しなさい。

① しんちょくを報告する。
はかどること。

② 相手とこうしょうする。
話し合うこと。

③ 空き箱をつぶす。
もとの形を崩す。

④ 白菜のつけもの。
調味料にひたした野菜。

⑤ 明日がねらい目だ。
見当をつけた対象。

⑥ 連覇をそしする。
はばむこと。

名言を覚えよう

地に倒るるものは地によって立つ。(『撰集抄《せんじゅうしょう》』)

失敗やつまずきの原因の中に、成功や飛躍の契機がある。

⑦ こうはん　⑧ ぶさた　⑨ ゆうすい　⑩ わ　⑪ できし　⑫ おぼ　⑬ つぶ　⑭ ねら　⑮ あいがん
3 ① 9　② 8　③ 8　④ 9
4 ① 進捗　② 交渉　③ 潰　④ 漬物　⑤ 狙　⑥ 阻止

2級 第3回

部首	漢字	画数	筆順	音訓	用例
日	旺	8	丨 日 日一 町 旰 旺	オウ	旺盛《おうせい》
日	昧	9	日 日一 日二 昧 昧 昧	マイ	曖昧《あいまい》・読書三昧《どくしょざんまい》
日	曖	17	日 日爫 日爫 曖 曖 曖	アイ	曖昧《あいまい》
月(肉)	肘	7	丿 刀 月 肘 肘 肘	ひじ	肘《ひじ》・肘掛《ひじか》け
月(肉)	股	8	丿 月 月丿 肌 股 股	コ / また	股間《こかん》・股関節《こかんせつ》
月(肉)	脇	10	月 月ヮ 月カ 脇 脇 脇	わき	脇腹《わきばら》・脇道《わきみち》 両脇《りょうわき》
月(肉)	腫	13	月 月广 月亩 腫 腫 腫	シュ / は(れる・らす)	腫瘍《しゅよう》・浮腫《ふしゅ》 腫《は》れる・腫《は》らす
月(肉)	腺	13	月 月丶 月白 腺 腺 腺	セン	前立腺《ぜんりつせん》・涙腺《るいせん》 内分泌腺《ないぶんぴつせん》・汗腺《かんせん》
月(肉)	膝	15	月 月木 月夫 膝 膝 膝	ひざ	膝《ひざ》・膝頭《ひざがしら》 膝小僧《ひざこぞう》
月(肉)	膳	16	月 月丷 月兰 膳 膳 膳	ゼン	膳《ぜん》・配膳《はいぜん》
月(肉)	臆	17	月 月亠 月产 臆 臆 臆	オク	臆病《おくびょう》・臆面《おくめん》

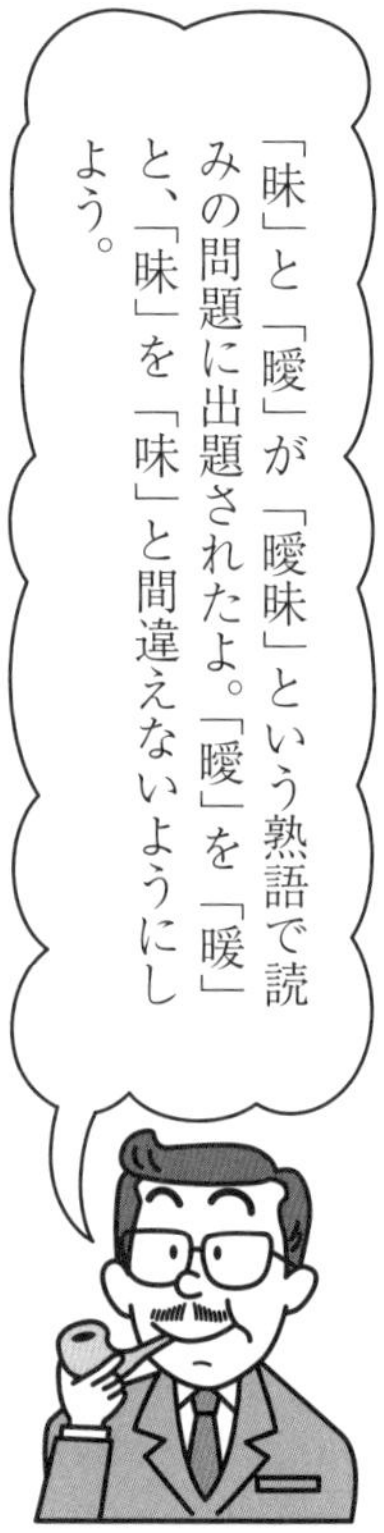
「昧」と「曖」が「曖昧」という熟語で読みの問題に出題されたよ。「曖」を「暖」と、「昧」を「味」と間違えないようにしよう。

1 次の太字のかなを漢字に直しなさい。

① おうせいな食欲。
満ちあふれているさま。

② 休日は読書ざんまいだ。
あることに熱中する。

③ あいまいな表現だ。
物事がはっきりしない様子。

④ ひじでっぽうを食わせる。
誘いや申し出を断るたとえ。

⑤ 球がこかんを抜ける。
またのあいだ。

⑥ 話がわきみちにそれる。
本筋から離れた方向。

⑦ 足にふしゅが生じる。
むくみ。

⑧ 近ごろるいせんが緩い。
なみだを分泌する器官。

⑨ ひざがしらをぶつける。
ひざの前面。

⑩ はいぜん係として働く。
料理を客の前にくばること。

⑪ おくびょうな子供。
怖がるさま。

2 次の太字の漢字の読み方を答えなさい。

① 肩肘張った態度。
気負う。

② 股関節を脱臼《だっきゅう》する。
股の付け根の関節。

③ 大股に歩いていく。
歩幅が広いこと。

④ 両脇に抱えた荷物。
両方の脇。

⑤ 歯茎が腫れて痛い。
皮膚の一部が膨れ上がる。

⑥ 膝小僧が赤くなる。
膝の前面。

⑦ 臆面もなく自慢する。
気おくれした顔つき。

⑧ 枕元の照明。
枕のそば。

⑨ 渋柿を外に干す。
熟しても渋い味の柿。

⑩ 桁を間違えていた。
数の位。

⑪ 梗概を説明する。
あらすじ。

⑫ 和睦の証《あかし》を見せる。
争いをやめること。

⑬ 瞳を凝らして捜す。
じっと見つめる。

⑭ 成果は一目瞭然だ。
ひとめではっきりとわかる。

⑮ 派閥の領袖だ。
集団の主となる人。

1 ①旺盛 ②三昧 ③曖昧 ④肘鉄砲 ⑤股間 ⑥脇道 ⑦浮腫 ⑧涙腺 ⑨膝頭 ⑩配膳 ⑪臆病 ⑫夢枕 ⑬柿 ⑭鉄柵 ⑮桁違 ⑯脳梗塞 ⑰椅子 ⑱椎間板 ⑲楷書 ⑳親睦 ㉑瞳孔 ㉒明瞭 ㉓長袖 ㉔裾野 **2** ①かたひじ ②こかんせつ ③おおまた ④りょうわき ⑤は ⑥ひざこぞう ⑦おくめん

部首	漢字	画数	筆順	音読み	訓読み	用例
木	枕	8	十 木 木 杪 枕		まくら	枕《まくら》・枕元《まくらもと》 夢枕《ゆめまくら》
木	柿	9	木 杧 柿		かき	柿《かき》・干《ほ》し柿《がき》 渋柿《しぶがき》
木	柵	9	木 机 柵	サク		鉄柵《てっさく》 柵状《さくじょう》組織《そしき》
木	桁	10	木 杧 桁		けた	桁違《けたちが》い・橋桁《はしげた》
木	梗	11	木 杧 梗	コウ		心筋梗塞《しんきんこうそく》 脳梗塞《のうこうそく》
木	椅	12	木 杧 椅	イ		椅子《いす》
木	椎	12	木 椎	ツイ		椎間板《ついかんばん》・脊椎《せきつい》
木	楷	13	木 楷	カイ		楷書《かいしょ》
目	睦	13	目 睦	ボク		親睦《しんぼく》・和睦《わぼく》
目	瞳	17	目 瞳	ドウ	ひとみ	瞳孔《どうこう》 瞳《ひとみ》
目	瞭	17	目 瞭	リョウ		明瞭《めいりょう》 一目瞭然《いちもくりょうぜん》
衤	袖	10	衤 袖	シュウ	そで	領袖《りょうしゅう》 袖《そで》・半袖《はんそで》
衤	裾	13	衤 裾		すそ	裾《すそ》・裾野《すその》

⑫ゆめまくらに立つ。
神仏などがゆめに現れる。

⑬かきの種を埋める。
秋の果物の一つ。

⑭てっさくを乗り越える。
てつの囲い。

⑮けたちがいの強さだ。
他とかけ離れているさま。

⑯のうこうそくで倒れる。
のうの病気の一つ。

⑰いすに座って本を読む。
腰掛け。

⑱ついかんばんヘルニア。
せきつい骨の間にあるえんばん。

⑲かいしょで丁寧に書く。
漢字の書体の一つ。

⑳しんぼくを深める。
したしみ仲良くすること。

㉑どうこうが大きくなる。
ひとみ。

㉒めいりょうに発音する。
はっきりしていること。

㉓ながそでシャツを着る。
腕を覆う部分が長い衣服。

㉔富士山のすその。
山のふもとがのびた所。

3 画数 次の漢字の総画数を算用数字で書きなさい。

①曖 ②膝 ③椅 ④瞭

4 類字 次の太字のかなを漢字に直しなさい。

①相手の強さにおくする。
おじける。

②きおく喪失になる。
心にとどまっている物事。

③庭にさくを巡らす。
囲い。

④問題をたなあげにする。
未解決のままにする。

⑤シャツのすそが出る。
衣服の下方の縁の部分。

⑥度胸がすわっている。
心がしっかり定まっている。

名言を覚えよう

初心忘るべからず。
（世阿弥《ぜあみ》『花鏡《かきょう》』）

何事も学び始めたときの謙虚に学ぼうとする姿勢が大切だ。

⑧まくらもと ⑨しぶがき ⑩けた ⑪こうがい ⑫わぼく ⑬ひとみ ⑭りょうぜん ⑮りょうしゅう
3 ①17 ②15 ③12 ④17
4 ①臆 ②記憶 ③柵 ④棚上 ⑤裾 ⑥据

第4回 2級

部首	漢字	画数	筆順	音訓	用例
禾	稽	15	禾 秆 秆 秆 稽 稽	ケイ	稽古《けいこ》・滑稽《こっけい》
糸	綻	14	糸 紵 紵 紵 綻 綻	タン ほころ(びる)	破綻《はたん》 綻《ほころ》びる
糸	緻	16	糸 糸 糸 緻 緻 緻	チ	緻密《ちみつ》・精緻《せいち》
舟	舷	11	舟 舟 舟 舟 舷 舷	ゲン	舷側《げんそく》・右舷《うげん》
虫	虹	9	丶 中 虫 虫 虹 虹	にじ	虹《にじ》・虹色《にじいろ》
虫	蜂	13	虫 虫 虫 蜂 蜂 蜂	ホウ はち	蜂起《ほうき》 蜜蜂《みつばち》・蜂《はち》の巣《す》
貝	貼	12	冂 目 貝 貝 貝 貼	チョウ は(る)	貼付《ちょうふ(てんぷ)》 貼《は》る
貝	賂	13	貝 貝 貝 貝 貝 賂	ロ	賄賂《わいろ》
貝	賭	16	貝 貝 貝 貝 貝 賭	ト か(ける)	賭場《とば》・賭博《とばく》 賭《か》ける・賭《か》け
足	踪	15	足 足 足 踪 踪 踪	ソウ	失踪《しっそう》
足	蹴	19	足 蹴 蹴 蹴 蹴 蹴	シュウ け(る)	一蹴《いっしゅう》 蹴《け》る・蹴《け》散《ち》らす

2級の漢字は用例が少ないのでセットで覚えていこう。「稽」を「稽」、「賭」を「賭」、「詮」を「詮」、「謎」を「謎」と書いても「漢検」などでは許容される。

1 次の太字のかなを漢字に直しなさい。

① 舞台の**けいこ**をする。 練習。
② 経営は**たん**を来たす。 うまくいかなくなること。
③ **ちみつ**な仕事ぶりだ。 細部まで手落ちのないさま。
④ **うげん**から人が落ちる。 船べりのみぎ側。
⑤ 雨上がりに**にじ**が出る。 空にかかる七色の帯。
⑥ 反乱軍が**ほうき**する。 大勢が一斉に行動をおこす。
⑦ 写真を**ちょうふ**する。 はりつけること。
⑧ **わいろ**を受け取る。 不正な目的で贈る金品。
⑨ **とばく**行為は違法だ。 金品をかけた勝負。
⑩ 事件の後**しっそう**する。 行方をくらますこと。
⑪ 抗議を**いっしゅう**する。 はねつけること。

2 次の太字の漢字の読み方を答えなさい。

① **滑稽本**を研究する。 江戸後期に流行した小説。
② 袖口が**綻**びる。 糸がほどける。
③ **精緻**な観察が光る。 極めて詳しく細かいさま。
④ 泣き面《つら》に**蜂**。 不運が重なることのたとえ。
⑤ 封筒に切手を**貼**る。 物を平面につける。
⑥ **賭場**が摘発される。 ばくちをする所。
⑦ 試合に金を**賭**ける。 勝者が得る約束で金品を出す。
⑧ **踪跡**をくらます。 行方。
⑨ 要求を**蹴飛**ばす。 はねつける。
⑩ 法皇の熊野《くまの》**参詣**。 寺社にお参りすること。
⑪ いちいち**詮索**するな。 細かく尋ねること。
⑫ 雪で外出を**諦**める。 断念する。
⑬ 恐ろしい**風貌**だ。 身なりや顔かたち。
⑭ 山々が**錦**を織り成す。 紅葉のたとえ。
⑮ **鍵穴**に工具を差す。 鍵を差すための穴。

1 ①稽古 ②破綻 ③緻密 ④右舷 ⑤虹 ⑥蜂起 ⑦貼付 ⑧賄賂 ⑨賭博 ⑩失踪 ⑪一蹴 ⑫訃報 ⑬初詣 ⑭所詮 ⑮誰 ⑯俳諧 ⑰諦観 ⑱謎 ⑲美貌 ⑳錦上 ㉑禁錮(禁固) ㉒鍵盤 ㉓土鍋 ㉔鎌倉
2 ①こっけい ぼん ②ほころ ③せいち ④はち ⑤は ⑥とば

部首	漢字	画数	筆順	読み	用例
言	訃	9	丶 亠 言 言 訁 訃	フ	訃報《ふほう》
言	詣	13	言 訁 訁 訁 詣 詣	ケイ もう(でる)	参詣《さんけい》 詣《もう》でる・初詣《はつもうで》
言	詮	13	言 訁 訁 訁 詮 詮	セン	詮索《せんさく》・所詮《しょせん》
言	誰	15	言 訁 訁 訁 誰 誰	だれ	誰《だれ》
言	諧	16	言 訁 訁 訁 諧 諧	カイ	俳諧《はいかい》
言	諦	16	言 訁 訁 訁 諦 諦	テイ あきら(める)	諦観《ていかん》・諦念《ていねん》 諦《あきら》める
言	謎	17	言 訁 訁 訁 謎 謎	なぞ	謎《なぞ》
豸	貌	14	ノ 豸 豸 豹 貌 貌	ボウ	変貌《へんぼう》・美貌《びぼう》
金	錦	16	金 釒 釒 錦 錦 錦	キン にしき	錦秋《きんしゅう》 錦絵《にしきえ》
金	錮	16	金 釒 釒 錮 錮 錮	コ	禁錮《きんこ》
金	鍵	17	金 釒 釒 鍵 鍵 鍵	ケン かぎ	鍵盤《けんばん》 鍵《かぎ》・鍵穴《かぎあな》
金	鍋	17	金 釒 釒 鍋 鍋 鍋	なべ	鍋《なべ》・鍋料理《なべりょうり》
金	鎌	18	金 釒 釒 鎌 鎌 鎌	かま	鎌《かま》・鎌倉時代《かまくらじだい》

⑫知人のふほうに接する。
死亡の知らせ。

⑬はつもうでに行く。
その年はじめての参拝。

⑭しょせんかなわぬ恋だ。
どうせ。

⑮だれか来たようだ。
はっきりわからない人。

⑯松尾芭蕉《まつおばしょう》のはいかい。
連歌から独立した文芸。

⑰人生をていかんする。
本質をはっきりと見極める。

⑱なぞに包まれた事件。
実体がつきとめにくいこと。

⑲びぼうで名高い女優。
うつくしい顔かたち。

⑳きんじょうに花を敷く。
よいものをさらに立派にする。

㉑きんこ三年の実刑判決。
刑罰の一種。

㉒けんばんハーモニカ。
楽器の指でたたく所。

㉓どなべを落として割る。
つちでできたなべ。

㉔かまくらの大仏を見る。
神奈川県の地名。

3 部首 次の漢字の部首を書きなさい。

① 稽 ② 舷 ③ 誰 ④ 貌

4 類字 次の太字のかなを漢字に直しなさい。

①ようほう場のハチミツ。
ミツバチを飼育すること。

②富士山はれいほうだ。
神聖視される山。

③江戸時代のはいかい。
連歌から独立した文芸。

④解答をかいしょで書く。
漢字の書体の一つ。

⑤きんいを着て故郷に帰る。
立身出世して故郷に帰ること。

⑥めんかを収穫する。
わたの種子を包む繊維。

名言を覚えよう

原始、女性は太陽であった。

(平塚《ひらつか》らいてう「青鞜《せいとう》」創刊の辞)

女性の人権的自由と独立とを説いた言葉。

⑦か ⑧そうせき ⑨けと ⑩さんけい ⑪せんさく ⑫あきら ⑬ふうぼう ⑭にしき ⑮かぎあな

3 ①禾 ②舟 ③言 ④豸

4 ①養蜂 ②霊峰 ③俳諧 ④楷書 ⑤錦衣 ⑥綿花

2級 第5回

部首	画数	筆順	音訓	用例
酉	酎 10	丆 両 酉 酉一 酎 酎	チュウ	焼酎《しょうちゅう》
酉	醒 16	酉 酉 酉ᄆ 酉ᄆ 酲 醒	セイ	覚醒《かくせい》
食	餌 15	𠆢 今 今 食 飠 餌	ジ / えさ / え	好餌《こうじ》・食餌《しょくじ》 / 餌《えさ》・餌食《えじき》
食	餅 15	𠆢 今 食 飠 飠 餅	ヘイ / もち	煎餅《せんべい》・画餅《がべい》 / 餅屋《もちや》・尻餅《しりもち》
馬	駒 15	丨 Ⅱ 馬 馬 駒 駒	こま	持《も》ち駒《ごま》
骨	骸 16	骨 骨 骨 骨 骸 骸	ガイ	形骸化《けいがいか》・死骸《しがい》
刂	刹 8	ノ メ 乄 杀 刹 刹	サツ・セツ	古刹《こさつ》・名刹《めいさつ》 / 刹那《せつな》
刂	剝 10	ム 彑 彑 彔 彔 剝	ハク / は(がす・ぐ・がれる・げる)	剝製《はくせい》・剝奪《はくだつ》 / 剝《は》がす・剝《は》ぐ
阝	那 7	𠃌 ヨ ヨ 刃 那 那	ナ	刹那《せつな》・旦那《だんな》
斤	斬 11	亘 車 車 斬 斬 斬	ザン / き(る)	斬殺《ざんさつ》・斬新《ざんしん》 / 斬《き》る
殳	毀 13	亻 白 臼 皇 毀 毀	キ	毀損《きそん》・毀誉《きよ》

「餌(餌)」「餅(餅)」「剝(剥)」「頰(頬)」「箋(笺)」「箸(箸)」の( )内の字体は「漢検」でも許容されている。「頃」が書きで出題された。「骸」が読みで、

1 次の太字のかなを漢字に直しなさい。

① しょうちゅうの水割り。 日本固有の蒸留酒。
② 眠りからかくせいする。 目をさますこと。
③ 悪のえじきとなる。 犠牲となるもの。
④ かがみもちを飾る。 神仏に供えるもち。
⑤ 彼は持ちごまの一人だ。 いつでも利用できる存在。
⑥ けいがい化した制度。 かたちだけのもの。
⑦ 聖徳太子ゆかりのこさつ。 ふるい寺。
⑧ 資格をはくだつされる。 無理にうばうこと。
⑨ せつなの快楽を求める。 極めて短い時間。
⑩ ざんしんなデザイン。 きわだって目新しいさま。
⑪ 名誉きそんで訴える。 価値をそこなうこと。

2 次の太字の漢字の読み方を答えなさい。

① ペットに餌をやる。 動物を飼育するための食物。
② 画餅に帰《き》した計画。 無駄になる。
③ 瓢簞《ひょうたん》から駒が出る。 冗談が事実となるたとえ。
④ シールを剝がす。 はぎ取る。
⑤ 刀で人を斬り倒す。 刃物で傷つける。
⑥ 頃合いを見て話す。 適当な時期。
⑦ 服装に無頓着だ。 気にかけない。
⑧ 料理を頰張る。 口いっぱいに食物を含む。
⑨ 後輩を顎で使う。 人をこき使う。
⑩ 役者冥利に尽きる。 ある立場にいる恩恵。
⑪ 宛名を印刷する。 先方の住所、氏名など。
⑫ 悪の巣窟に突入する。 すみか。
⑬ 口汚く罵る。 大声で非難する。
⑭ 処方箋を書く。 患者の薬に関する指示書き。
⑮ 書斎に籠もる。 ずっと入っている。

1 ①焼酎 ②覚醒 ③餌食 ④鏡餅 ⑤駒 ⑥形骸 ⑦古刹 ⑧剝奪 ⑨刹那 ⑩斬新 ⑪毀損 ⑫日頃 ⑬必須 ⑭整頓 ⑮頻 ⑯顎関節 ⑰冥福 ⑱宛先 ⑲語彙 ⑳洞窟 ㉑罵倒 ㉒便箋 ㉓菜箸 ㉔花籠
2 ①えさ ②がべい ③こま ④は ⑤き ⑥ころあ ⑦むとんちゃく

部首	漢字	画数	筆順	読み	用例
頁	頃	11	頃	ころ	頃《ころ》・日頃《ひごろ》
頁	須	12	須	ス	必須《ひっす》
頁	頓	13	頓	トン	頓着《とんちゃく（とんじゃく）》 頓挫《とんざ》・整頓《せいとん》
頁	頰	16	頰	ほお	頰《ほお（ほほ）》 頰張《ほおば》る
頁	顎	18	顎	ガク あご	顎関節《がくかんせつ》 顎《あご》
冖	冥	10	冥	メイ・ミョウ	冥福《めいふく》 冥利《みょうり》・冥加《みょうが》
宀	宛	8	宛	あ(てる)	宛《あ》てる・宛先《あてさき》
彑	彙	13	彙	イ	語彙《ごい》
穴	窟	13	窟	クツ	巣窟《そうくつ》・洞窟《どうくつ》
罒	罵	15	罵	バ ののし(る)	罵声《ばせい》・罵倒《ばとう》 罵《のの》る
竹	箋	14	箋	セン	処方箋《しょほうせん》・便箋《びんせん》
竹	箸	15	箸	はし	箸《はし》・菜箸《さいばし》 箸置《はしお》き
竹	籠	22	籠	ロウ かご こ(もる)	籠城《ろうじょう》 籠《かご》・籠《こ》もる

⑫ひごろの感謝の気持ち。
ふだん。

⑬ひっすの記入項目。
ひつようなこと。

⑭整理せいとんが苦手だ。
きちんと片付けること。

⑮ほおを赤く染める。
顔の側面。

⑯がくかんせつ症で通院する。
あごのかんせつ。

⑰めいふくを祈る。
死後の幸せ。

⑱あてさき不明で戻る。
手紙などの受け取り手。

⑲ごいが豊富な辞典。
言葉の集まり。

⑳どうくつを探検する。
ほらあな。

㉑人前でばとうされる。
激しくののしること。

㉒びんせん五枚に書く。
手紙を書くための用紙。

㉓さいばしで盛り付ける。
料理用の長いはし。

㉔玄関にはなかごを飾る。
はなが入ったかご。

3 筆順 次の漢字の太い画のところは筆順の何画目か、算用数字で書きなさい。

① 剝　② 毀　③ 頰　④ 彙

4 類字 次の太字のかなを漢字に直しなさい。

①奈良のめいさつ。
有名な寺。

②さっき立《だ》った雰囲気。
興奮して敵意を表す。

③なは市を観光して回る。
沖縄県の県庁所在地。

④れんぽう制国家。
二つ以上の国から成る国家。

⑤てごろな値段の商品。
ちょうどよいさま。

⑥こうもく別に整理する。
物事を分けた一つ一つ。

名言を覚えよう

千里《せんり》の道も一歩《いっぽ》より起こる。

（『老子《ろうし》』）

千里の遠い道のりも、まず足もとから踏み出す一歩から始まる。

(むとんじゃく)　⑧ほおば　⑨あご　⑩みょうり　⑪あてな　⑫そうくつ　⑬ののし　⑭しょほうせん　⑮こ

3 ①3　②6　③6　④10

4 ①名刹　②殺気　③那覇　④連邦　⑤手頃　⑥項目

第6回 2級

漢字	部首	画数	筆順	音訓	用例
芯	艹	7	一 艹 艹 芯 芯 芯	シン	芯《しん》・灯芯《とうしん》
苛	艹	8	艹 艹 艹 苛 苛 苛	カ	苛酷《かこく》・苛烈《かれつ》
萎	艹	11	艹 艹 艹 萎 萎 萎	イ / な(える)	萎縮《いしゅく》 萎《な》える
葛	艹	12	艹 艹 葛 葛 葛 葛	カツ / くず	葛藤《かっとう》 葛《くず》・葛湯《くずゆ》
蓋	艹	13	艹 艹 艹 蓋 蓋 蓋	ガイ / ふた	頭蓋骨《ずがいこつ》 蓋《ふた》・火蓋《ひぶた》
蔑	艹	14	艹 艹 艹 蔑 蔑 蔑	ベツ / さげす(む)	蔑視《べっし》・軽蔑《けいべつ》 蔑《さげす》む
蔽	艹	15	艹 艹 艹 蔽 蔽 蔽	ヘイ	隠蔽《いんぺい》・遮蔽《しゃへい》
藤	艹	18	艹 艹 艹 藤 藤 藤	トウ / ふじ	葛藤《かっとう》 藤《ふじ》・藤色《ふじいろ》
藍	艹	18	艹 艹 艹 藍 藍 藍	ラン / あい	出藍《しゅつらん》の誉《ほま》れ 藍色《あいいろ》・藍染《あいぞ》め
虎	虍	8	ト ト 广 卢 虍 虎	コ / とら	虎穴《こけつ》・猛虎《もうこ》 虎《とら》・虎刈《とらが》り
弄	廾	7	一 丅 王 王 王 弄	ロウ / もてあそ(ぶ)	愚弄《ぐろう》・翻弄《ほんろう》 弄《もてあそ》ぶ

「漢検」などでは、「葛」を「葛」、「蔽」を「蔽」、「煎」を「煎」、「遡」を「遡」、「遜」を「遜」と書いても許容される。

1 次の太字のかなを漢字に直しなさい。

① 鉛筆の**しん**が刺さる。 着色剤を細長く固めたもの。
② **かれつ**を極める戦闘。 厳しく激しいさま。
③ 気持ちが**いしゅく**する。 元気などがなくなること。
④ 激しい**かっとう**を覚える。 板ばさみ。
⑤ **ずがいこつ**を損傷する。 あたまのほね。
⑥ **けいべつ**に値する行為。 見下すこと。
⑦ 悪事の**いんぺい**を図る。 かくしおおうこと。
⑧ **ふじいろ**のストール。 薄い紫色。
⑨ **あいぞめ**のスカーフ。 あいで布や糸をそめること。
⑩ **こし**眈々《たんたん》と上を目ざす。 鋭く見つめること。
⑪ 運命に**ほんろう**される。 思うままにもてあそぶこと。

2 次の太字の漢字の読み方を答えなさい。

① **灯芯**に火をつける。 火をつけるひも状のもの。
② **苛酷**な試練だった。 むごく厳しいさま。
③ やる気が**萎**えた。 抜ける。
④ **葛湯**を作る。 葛粉で作る飲み物。
⑤ 瓶の**蓋**が開かない。 物の口を覆うもの。
⑥ **蔑**むような目つき。 価値が低いとみなす。
⑦ **遮蔽物**を配置する。 他から見えなくするもの。
⑧ **出藍**の誉れ。 師よりもすぐれた弟子のたとえ。
⑨ **虎刈り**の頭の子供。 虎のようにまだらな刈り方。
⑩ 上司に**愚弄**される。 人をばかにしてからかう。
⑪ 人の感情を**弄**ぶ。 思うままにすること。
⑫ コーヒー豆を**煎**る。 あぶり焦がす。
⑬ 転んで**尻餅**をつく。 地面に尻を打ちつけること。
⑭ **傷痕**が痛々しい。 傷が治った後も残った形。
⑮ **不遜**な態度をとる。 高慢であること。

1 ①芯 ②苛烈 ③萎縮 ④葛藤 ⑤頭蓋骨 ⑥軽蔑 ⑦隠蔽 ⑧藤色 ⑨藍染 ⑩虎視 ⑪翻弄 ⑫煎茶 ⑬目尻 ⑭血痕 ⑮着痩 ⑯潰瘍 ⑰遡 ⑱謙遜 ⑲麺類 ⑳勾配 ㉑匂 ㉒暗闇

2 ①とうしん ②かこく ③な ④くずゆ ⑤ふた ⑥さげす ⑦しゃへいぶつ ⑧しゅつらん

門	勹	勹	麦	⻌	⻌	疒	疒	疒	尸	灬
闇	匂	勾	麺	遜	遡	瘍	痩	痕	尻	煎
17	4	4	16	14	14	14	12	11	5	13
尸 門 門 閂 闇 闇	ノ 勹 匀 匂	ノ 勹 勾 勾	圭 麦 麦 麺 麺 麺	子 孑 孫 遜 遜 遜	屰 屰 朔 遡 遡 遡	疒 疸 疸 疸 瘍 瘍	亠 广 疒 疒 疸 痩	亠 广 疒 疔 疸 痕	一 コ 尸 尻 尻	䒑 广 前 首 前 煎
やみ	にお(う)	コウ	メン	ソン	ソ さかのぼ(る)	ヨウ	ソウ や(せる)	コン あと	しり	セン い(る)
闇夜《やみよ》・暗闇《くらやみ》	匂《にお》う・匂《にお》い	勾配《こうばい》・勾留《こうりゅう》	麺類《めんるい》・麺棒《めんぼう》	謙遜《けんそん》・不遜《ふそん》	遡及《そきゅう》・遡上《そじょう》 遡《さかのぼ》る	潰瘍《かいよう》・腫瘍《しゅよう》	痩身《そうしん》 痩《や》せる・夏痩《なつや》せ	痕跡《こんせき》・血痕《けっこん》 痕《あと》・傷痕《きずあと》	尻《しり》・尻込《しりご》み 目尻《めじり》・尻餅《しりもち》	煎茶《せんちゃ》・煎餅《せんべい》 煎《い》る・煎《い》り豆《まめ》

⑫ 食後にせんちゃを飲む。
茶葉を湯でせんじた飲料。

⑬ めじりにしわができる。
耳に近い側の目の端。

⑭ 現場にけっこんが残る。
ちのあと。

⑮ きやせするたちだ。
服をきるとやせて見える。

⑯ 胃にかいようができた。
深部まで欠損する状態。

⑰ 鮭《さけ》が川をさかのぼる。
流れと逆にのぼる。

⑱ けんそんして言わない。
へりくだること。

⑲ 昼食はめんるいが多い。
めんの総称。

⑳ こうばいが緩やかな坂。
傾きの度合い。

㉑ 梅の香がにおう。
香りが感じられる。

㉒ くらやみを怖がる子供。
全く光がないこと。

3 画数 次の漢字の総画数を算用数字で書きなさい。

① 蔽　② 虎　③ 弄　④ 痩

4 類字 次の太字のかなを漢字に直しなさい。

① りゅうこ相搏《あいう》つ。
同レベルの強豪が勝負する。

② ざんぎゃくな殺人事件。
むごたらしいさま。

③ ほりょの収容所。
戦いでとらえられた人。

④ きょこうの話をする。
作りごと。

⑤ しりごみしてしまう癖。
ぐずぐずすること。

⑥ 容疑者をびこうする。
後をつけること。

名言を覚えよう

彼も人なり、予《われ》も人なり。
（韓愈《かんゆ》『原毀《げんき》』）

強そうに見える相手でも、同じ人間。自分と大差があるはずがない。

⑨とらが ⑩ぐろう ⑪もてあそ ⑫い ⑬しりもち ⑭きずあと ⑮ふそん
3 ①15 ②8 ③7 ④12
4 ①竜虎 ②残虐 ③捕虜 ④虚構 ⑤尻込 ⑥尾行

2級

第7回

部首	丨	丶	乙	冫	冫	力	口	土	山	山	大
漢字	串	丼	乞	冶	凄	勃	呂	塞	崖	嵐	爽
画数	7	5	3	7	10	9	7	13	11	12	11
筆順	丶 口 口 吕 吕 串	一 二 チ 井 井	ノ 𠂉 乞	冫 冫 汁 冶 冶 冶	冫 冫 浔 凄 凄 凄	十 卉 孛 孛 勃 勃	丶 口 口 口 尸 呂	宀 宀 寉 実 寒 塞	山 屵 屵 崖 崖 崖	山 屵 岚 嵐 嵐 嵐	一 ㇇ ㇇ 爻 爻 爽
音訓	くし	どんぶり・どん	こ(う)	ヤ	セイ	ボツ	ロ	サイ・ソク ふさ(ぐ・がる)	ガイ がけ	あらし	ソウ さわ(やか)
用例	串刺《くしざ》し 串焼《くしや》き	丼《どんぶり》・丼飯《どんぶりめし》 牛丼《ぎゅうどん》・天丼《てんどん》	乞《こ》う・命乞《いのちご》い	冶金《やきん》・陶冶《とうや》	凄惨《せいさん》・凄絶《せいぜつ》	勃興《ぼっこう》・勃発《ぼっぱつ》	風呂《ふろ》・風呂敷《ふろしき》	要塞《ようさい》・閉塞《へいそく》 塞《ふさ》ぐ・塞《ふさ》がる	断崖《だんがい》 崖下《がけした》	嵐《あらし》・砂嵐《すなあらし》	爽快《そうかい》 爽《さわ》やか

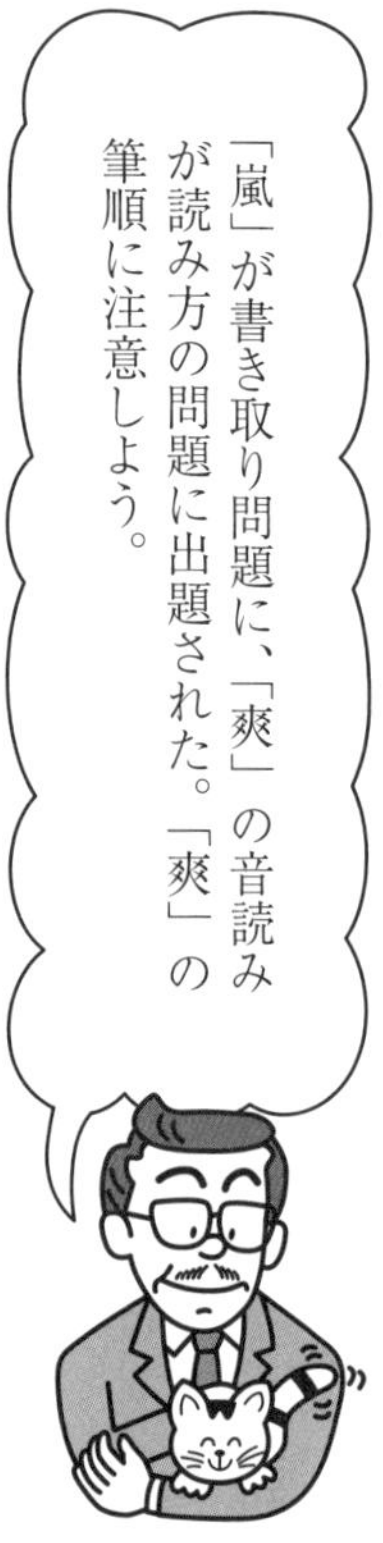

「嵐」が書き取り問題に、「爽」の音読みが読み方の問題に出題された。「爽」の筆順に注意しよう。

1 次の太字のかなを漢字に直しなさい。

① 魚の**くしやき**を食べる。 細長い棒に刺して焼いたもの。

② **どんぶり**勘定をやめる。 大まかな金の出し入れ。

③ **いのちごい**をする。 助けてほしいと頼むこと。

④ 人格を**とうや**する。 性質や能力を育てること。

⑤ **せいさん**な事故現場。 むごたらしいこと。

⑥ 紛争が**ぼっぱつ**する。 急に起こること。

⑦ **ふろしき**で荷物を包む。 正方形の布。

⑧ **ようさい**の破壊命令。 軍事上の防衛施設。

⑨ **だんがい**絶壁の下は海。 切り立ったがけ。

⑩ **すなあらし**が起こる。 すなを舞い上げるあらし。

⑪ 朝の散歩は**そうかい**だ。 さわやかで気持ちよいさま。

2 次の太字の漢字の読み方を答えなさい。

① **金串**に刺して焼く。 金属製の串。

② **天丼**を注文する。 天ぷらののった丼。

③ **凄絶**な戦い。 すさまじいさま。

④ 新たな文化の**勃興**。 急に勢いを得ること。

⑤ **閉塞**した経済状況。 先が見えないこと。

⑥ 粘土で穴を**塞**ぐ。 隙間や穴をなくすこと。

⑦ **崖**に追いつめる。 山などの切り立った所。

⑧ **爽**やかな風が吹く。 すがすがしいさま。

⑨ **頭巾**をかぶった娘。 布製のかぶりもの。

⑩ **外戚**が訪ねてくる。 母方の親類。

⑪ お電話を**頂戴**する。 賜る。

⑫ **拳**を握りしめる。 指を曲げて握ること。

⑬ 呉服屋の**大旦那**。 主人親子の親をいう。

⑭ **未曽有**の大惨事。 今までなかったこと。

⑮ 山の**麓**の小さな村。 やますそ。

1 ①串焼 ②丼 ③命乞 ④陶冶 ⑤凄惨 ⑥勃発 ⑦風呂敷 ⑧要塞 ⑨断崖 ⑩砂嵐 ⑪爽快 ⑫雑巾 ⑬怨念 ⑭恣意 ⑮親戚 ⑯戴冠式 ⑰拳銃 ⑱真摯 ⑲斑点 ⑳一旦 ㉑曽祖父 ㉒山麓

2 ①かなぐし ②てんどん ③せいぜつ ④ぼっこう ⑤へいそく ⑥ふさ ⑦がけ ⑧さわ ⑨ずきん

部首	巾	心	心	戈	戈	手	手	文	日	日	木
漢字	巾	怨	恣	戚	戴	拳	摯	斑	旦	曽	麓
画数	3	9	10	11	17	10	15	12	5	11	19
筆順	丨 冂 巾	ク タ 夗 夗 怨 怨	冫 冫 次 次 恣 恣	丿 厂 厂 戚 戚 戚	十 査 糞 戴 戴 戴	丷 龹 类 类 巻 拳	十 幸 幸 執 摯 摯	丅 王 玗 玟 玟 斑	丨 冂 日 日 旦	丷 丷 产 茵 曾 曽	林 林 棥 棥 麓 麓
読み	キン	エン・オン	シ	セキ	タイ	ケン こぶし	シ	ハン	タン・ダン	ソウ・ゾ	ロク ふもと
用例	頭巾《ずきん》・雑巾《ぞうきん》	怨恨《えんこん》・怨念《おんねん》	恣意的《しいてき》	親戚《しんせき》・縁戚《えんせき》 外戚《がいせき》	戴冠《たいかん》・頂戴《ちょうだい》	拳銃《けんじゅう》・拳法《けんぽう》 握《にぎ》り拳《こぶし》	真摯《しんし》	斑点《はんてん》	一旦《いったん》・元旦《がんたん》 旦那《だんな》	曽祖父《そうそふ》・曽孫《そうそん》 未曽有《みぞう》	山麓《さんろく》 麓《ふもと》

⑫ ぞうきんで机を拭く。
拭き掃除用の布。

⑬ おんねんがこもった刀。
深くうらむ気持ち。

⑭ しい的な解釈に陥る。
思いつきで判断するさま。

⑮ 法事でしんせきに会う。
身内。

⑯ たいかんしきを行う。
新国王の即位の式。

⑰ けんじゅうの不法所持。
ピストル。

⑱ しんしな交際関係。
まじめでひたむきなさま。

⑲ 赤いはんてんができる。
まだらに散らばったてん。

⑳ いったん帰って出直す。
ひとまず。

㉑ そうそふの代から続く。
ひいおじいさん。

㉒ 浅間さんろくの四季。
やまのふもと。

3 筆順 次の漢字の太い画のところは筆順の何画目か、算用数字で書きなさい。

① 串
② 崖
③ 爽
④ 斑

4 類字 次の太字のかなを漢字に直しなさい。

① 昼食はぎゅうどんだ。
煮たうしの肉をのせたどんぶり。

② しせいの人々の暮らし。
人が集まり住む所。

③ 「がんたん」と毛筆で書く。
一月一日の朝。

④ 激しく歌い、かつ踊る。
そのうえに。

⑤ そうそんが五人いる。
ひまご。

⑥ じゅうそうの利用法。
炭酸水素ナトリウム。

名言を覚えよう

人間は社会的動物である。
（アリストテレス）

人間は孤立して生きられるものではなく、集団の中で生きるものである。

⑩ がいせき ⑪ ちょうだい ⑫ こぶし ⑬ おおだんな ⑭ みぞう ⑮ ふもと
3 ① 7 ② 9 ③ 10 ④ 8
4 ① 牛丼 ② 市井 ③ 元旦 ④ 且 ⑤ 曽孫 ⑥ 重曹

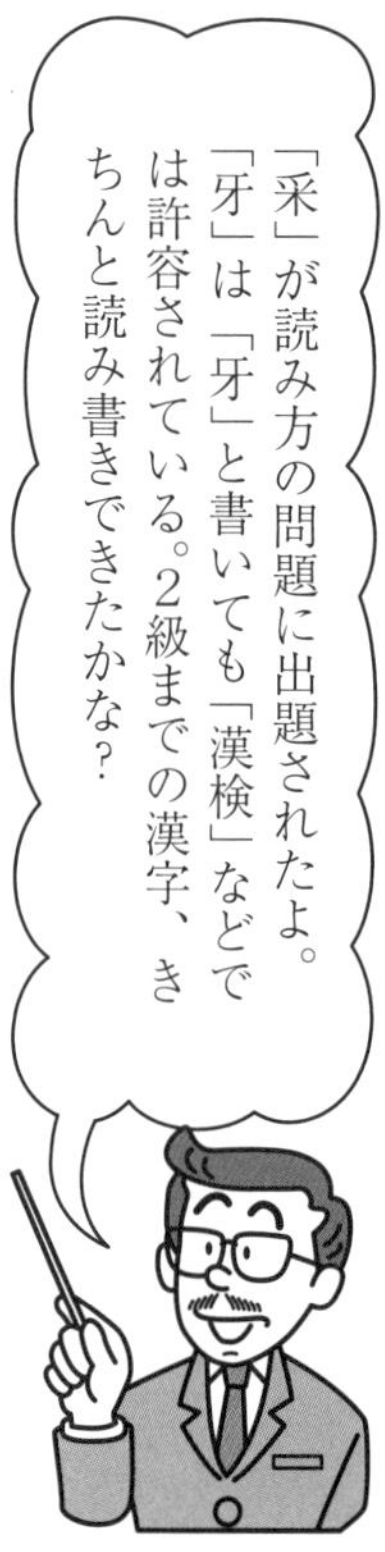
「采」が読み方の問題に出題されたよ。「牙」は「牙」と書いても「漢検」などでは許容されている。2級までの漢字、きちんと読み書きできたかな？

部首	漢字	画数	筆順	音訓	用例
爪	爪	4	ノ 𠂆 𠂆 爪	つめ・つま	爪《つめ》・生爪《なまづめ》・爪先《つまさき》・爪弾《つまび》く
牙	牙	4	一 二 于 牙	ガ・ゲ きば	牙城《がじょう》・歯牙《しが》・象牙《ぞうげ》・牙《きば》
玉	璧	18	尸 启 辟 辟 辟 璧	ヘキ	完璧《かんぺき》・双璧《そうへき》
瓦	瓦	5	一 丆 瓦 瓦 瓦	ガ かわら	瓦解《がかい》・瓦《かわら》・瓦屋根《かわらやね》
田	畏	9	丨 冂 田 罒 畏 畏	イ おそ(れる)	畏敬《いけい》・畏怖《いふ》・畏《おそ》れる・畏《おそ》れ
田	畿	15	幺 幺幺 丝 畿 畿 畿	キ	畿内《きない》・近畿《きんき》
目	眉	9	冖 コ 尸 尸 眉 眉	ビ・ミ まゆ	眉目《びもく》・眉間《みけん》・眉毛《まゆげ》・眉唾物《まゆつばもの》
羊	羞	11	丷 䒑 羊 差 羞 羞	シュウ	羞恥心《しゅうちしん》・含羞《がんしゅう》
羊	羨	13	丷 羊 羊 羊 羨 羨	セン うらや(む・ましい)	羨望《せんぼう》・羨《うらや》む・羨《うらや》ましい
肉(月)	脊	10	人 メ 夾 脊 脊 脊	セキ	脊髄《せきずい》・脊柱《せきちゅう》
肉(月)	腎	13	丨 『 臣 臤 腎 腎	ジン	腎臓《じんぞう》・肝腎《かんじん》

1 次の太字のかなを漢字に直しなさい。

① **つめ**に火をともす。 過度な倹約のたとえ。
② **ぞうげ**でできた印鑑。 ぞうの二本の門歯。
③ 現代画壇の**そうへき**。 すぐれている二つのもの。
④ 屋根の上の**おにがわら**。 装飾用の大きなかわら。
⑤ **いけい**の念を表す。 おそれうやまうこと。
⑥ **きんき**地方の天気。 本州中西部にある地域。
⑦ **みけん**にしわを寄せる。 まゆとまゆのあいだ。
⑧ **しゅうちしん**の希薄化。 はずかしく思うこと。
⑨ **せんぼう**の的となる。 うらやましく思うこと。
⑩ **せきずい**を損傷する。 中枢神経を構成する器官。
⑪ **じんぞう**の移植手術。 泌尿器系の器官の一つ。

2 次の太字の漢字の読み方を答えなさい。

① **爪先**上がりの道。 少しずつ登りになること。
② **歯牙**にも掛けない。 相手にしない。
③ 内閣が**瓦解**する。 一部の乱れから全体が壊れる。
④ 神を**畏**れぬ行為だ。 かしこまる。
⑤ **畿内**にあった朝廷。 京都周辺の総称。
⑥ **眉唾物**の情報だ。 疑わしいこと。
⑦ **含羞**で口ごもる。 恥じらい。
⑧ 他人の成功を**羨**む。 そうなりたいと思う。
⑨ 水車で**石臼**を回す。 穀物を粉にする石の道具。
⑩ **妖艶**な雰囲気の店。 なまめかしく美しいさま。
⑪ **蜜蜂**を飼育する。 蜜を採る蜂の総称。
⑫ 小説を**貪**り読む。 飽きずに続ける。
⑬ **辛辣**な批評。 非常に手厳しいさま。
⑭ 聴衆の大きな**喝采**。 手をたたき、ほめる。
⑮ **亀**の甲より年の功。 長年の経験が大切だ。

1 ①爪 ②象牙 ③双璧 ④鬼瓦 ⑤畏敬 ⑥近畿 ⑦眉間 ⑧羞恥心 ⑨羨望 ⑩脊髄 ⑪腎臓 ⑫脱臼 ⑬色艶 ⑭蜜月 ⑮貪欲 ⑯辣腕 ⑰采配 ⑱釜 ⑲憂鬱 ⑳韓国 ㉑鶴 ㉒亀裂

2 ①つまさき ②しが ③がかい ④おそ ⑤きない ⑥まゆつば もの ⑦がんしゅう ⑧うらや

部首	漢字	画数	読み	用例
臼	臼	6	キュウ うす	臼歯《きゅうし》・脱臼《だっきゅう》 石臼《いしうす》
色	艶	19	エン つや	妖艶《ようえん》 艶《つや》・色艶《いろつや》
虫	蜜	14	ミツ	蜜蜂《みつばち》・蜜月《みつげつ》 蜂蜜《はちみつ》
貝	貪	11	ドン むさぼ(る)	貪欲《どんよく》 貪《むさぼ》る
辛	辣	14	ラツ	辣腕《らつわん》・辛辣《しんらつ》
釆	采	8	サイ	采配《さいはい》・喝采《かっさい》
金	釜	10	かま	釜《かま》・風呂釜《ふろがま》
鬯	鬱	29	ウツ	鬱屈《うっくつ》・憂鬱《ゆううつ》
韋	韓	18	カン	韓国《かんこく》
鳥	鶴	21	つる	鶴《つる》・千羽鶴《せんばづる》
亀	亀	11	キ かめ	亀裂《きれつ》 亀《かめ》

⑫ 肩をだっきゅうする。
関節がはずれること。

⑬ 顔のいろつやが悪い。
いろとつや。

⑭ 両国のみつげつ時代。
親密な関係にある時期。

⑮ 彼はどんよくな性格だ。
よくが深いこと。

⑯ らつわんを振るう。
てきぱきと処理すること。

⑰ 監督の見事なさいはい。
指図。指示。

⑱ 同じかまの飯を食う。
いっしょに生活する。

⑲ ゆううつな気分だ。
心がふさぐこと。

⑳ かんこく料理の店。
東アジアにある国の通称。

㉑ 掃きだめにつる。
つまらない所にすぐれたものがある。

㉒ 壁にきれつが入る。
ひび割れ。

3 部首 次の漢字の部首を書きなさい。

① 畿　② 臼　③ 辣　④ 亀

4 類字 次の太字のかなを漢字に直しなさい。

① かんぺきな作品だ。
パーフェクト。

② 洞窟に描かれたへきが。
かべに描かれた絵。

③ せきつい動物の特徴。
魚類、両生類、は虫類、鳥類、哺乳類。

④ せなかを虫に刺される。
胸や腹の反対側。

⑤ 花のみつを吸う。
植物から出る甘い液。

⑥ 彼のひみつを知る。
他人から隠している事柄。

名言を覚えよう

ペンは剣よりも強し。
（リットン『リシュリュー』）
言論が人々に訴える力の強さは、武力に勝る。

⑨ いしうす ⑩ ようえん ⑪ みつばち ⑫ むさぼ ⑬ しんらつ ⑭ かっさい ⑮ かめ
3 ① 田 ② 臼 ③ 辛 ④ 亀
4 ① 完璧 ② 壁画 ③ 脊椎 ④ 背中 ⑤ 蜜 ⑥ 秘密

高校新出音訓〈漢検2級相当〉

●漢検で注意したい音訓を中心に確認しよう。

充	あ(てる)
焦	あせ(る)
侮	あなど(る)
唯	イ
逝	い(く)
忌	い(む・まわしい)
憤	いきどお(る)
憩	いこ(う)
礎	いしずえ
悼	いた(む)
慈	いつく(しむ)
否	いな
卑	いや(しい・しむ・しめる)
彩	いろど(る)
憂	う(い)
謡	うたい
謡	うた(う)
疎	うと(い・む)
恭	うやうや(しい)
麗	うるわ(しい)
愁	うれ(える・い)
依	エ
怨	エン
艶	エン
押	オウ
殴	オウ
奥	オウ
仰	おお(せ)
陥	おとしい(れる)
脅	おびや(かす)
渦	カ
嫁	カ
靴	カ
稼	カ
牙	ガ
瓦	ガ
難	かた(い)
傍	かたわ(ら)
渇	カツ
担	かつ(ぐ)
糧	かて
奏	かな(でる)
醸	かも(す)
絡	から(む・まる・める)
堪	カン

①旅費に**充**(　　)てる。 わりふる。

②気が**焦**(　　)る。 落ち着かなくなる。

③相手の実力を**侮**(　　)る。 ばかにする。

④**唯々**(　　)諾々と従う。 言いなりになるさま。

⑤**忌**(　　)まわしい事件。 不吉である。

⑥犯罪に**憤**(　　)る。 恨み怒る。

⑦公園で**憩**(　　)う。 休む。

⑧平和の**礎**(　　)を築く。 基礎となる大事なもの。

⑨友人の死を**悼**(　　)む。 嘆き悲しむ。

⑩幼い子を**慈**(　　)しむ。 かわいがる。

⑪唐突の感が**否**(　　)めない。 否定できない。

⑫金に**卑**(　　)しい人。 意地汚い。

⑬食卓を花で**彩**(　　)る。 いろいろな物で飾る。

⑭物**憂**(　　)い表情。 けだるい感じである。

⑮**謡**(　　)を習う。 神楽、朗詠、宴曲、謡曲、民謡など。

⑯世事《せじ》に**疎**(　　)い。 知識や理解が不十分であるさま。

⑰**恭**(　　)しく礼をする。 相手を敬い、行動をつつましくすること。

⑱**麗**(　　)しい声。 新鮮で美しい。

⑲孤独を**愁**(　　)える。 悲しみ嘆く。

⑳仏教に帰**依**(　　)する。 深く信仰し、教えに従うこと。

㉑証拠品を**押**収(　　)する。 捜査機関などが確保すること。

㉒顔面を**殴**打(　　)する。 殴ること。

㉓芸の深**奥**(　　)を極める。 奥が深くてはかりしれないところ。

㉔**仰**(　　)せのとおりです。 お言葉。

㉕無実の罪に**陥**(　　)れる。 他人をだまして苦境に立たせる。

㉖平和を**脅**(　　)かす。 危ない状態にする。

㉗責任を転**嫁**(　　)する。 他になすりつけること。

㉘許し**難**(　　)い犯罪。 するのが難しい。

㉙机の**傍**(　　)らに立つ。 そばに近い所。

㉚平和を**渇**望(　　)する。 切実に希望すること。

㉛みこしを**担**(　　)ぐ。 肩にかけて運ぶ。

㉜愛情が心の**糧**(　　)だ。 生活の支えとなるもの。

㉝音楽を**奏**(　　)でる。 楽器を弾く。

㉞物議を**醸**(　　)す。 気分・雰囲気などを作り出す。

㉟毛糸が**絡**(　　)まる。 細長いものなどが巻き付く。

㊱**堪**忍(　　)袋の緒が切れた。 怒りをこらえること。

①あ ②あせ ③あなど ④いい ⑤い ⑥いきどお ⑦いこ ⑧いしずえ ⑨いた ⑩いつく ⑪いな ⑫いや ⑬いろど ⑭ものう ⑮うたい ⑯うと ⑰うやうや ⑱うるわ ⑲うれ ⑳きえ ㉑おうしゅう ㉒おうだ ㉓しんおう ㉔おお ㉕おとしい ㉖おびや ㉗てんか ㉘がた ㉙かたわ ㉚かつぼう ㉛かつ ㉜かて ㉝かな ㉞かも ㉟から ㊱かんにん

鑑	かんが(みる)
芳	かんば(しい)
詰	キツ
脚	キャ
挟	キョウ
狭	キョウ
暁	ギョウ
窮	きわ(める・まる)
襟	キン
供	ク
貢	ク
酌	く(む)
葛	くず
覆	くつがえ(す・る)
薫	クン
華	ケ
懸	ケ
詣	ケイ
汚	けが(す・れる・らわしい)
隙	ゲキ
肩	ケン
絹	ケン
繭	ケン
虚	コ
請	こ(う)
控	コウ
慌	コウ
絞	コウ
耗	コウ
勤	ゴン
権	ゴン
厳	ゴン
搾	サク
冊	サク
刹	サツ
障	さわ(る)
傘	サン
惨	ザン
伺	シ
賜	シ
餌	ジ
染	し(みる・み)
虐	しいた(げる)
鎮	しず(める・まる)
滴	したた(る)
煮	シャ
衆	シュ
就	ジュ
従	ジュ
袖	シュウ
従	ショウ

㊲ **芳**（　）しい花の匂い。
立ちこめる香りがよい。

㊳ 理由を**詰問**（　）する。
厳しく問いつめること。

㊴ 諸国を**行脚**（　）する。
旅をして回ること。

㊵ 考え方が**偏狭**（　）だ。
度量の小さいこと。

㊶ 法律に**通暁**（　）する。
詳しい知識を持っていること。

㊷ 進退ここに**窮**（　）まる。
動きの取れない状態になる。

㊸ **開襟**（　）シャツを着る。
前えりの開いたシャツ。

㊹ 先祖の**供養**（　）を行う。
法要を営むこと。

㊺ **年貢**（　）を納める。
田畑の耕作者が持ち主に納める収穫の一部。

㊻ 相手の気持ちを**酌**（　）む。
思いやる。

㊼ 定説を**覆**（　）す。
根本から変える。

㊽ **薫風**（　）の季節。
初夏の風。

㊾ **香華**（　）を手向《たむ》ける。
仏前に供える香と花。

㊿ 将来が**懸念**（　）される。
不安に思うこと。

(51) 伝統を**汚**（　）す。
尊ぶべきものを損なう。

(52) **強肩**（　）を誇る捕手。
ボールを速く、遠くまで投げられること。

(53) **人絹**（　）で織った織物。
レーヨンやアセテートなど。

(54) **虚空**（　）をつかむ。
空間。

(55) 許しを**請**（　）う。
願い求める。

(56) 金融**恐慌**（　）が起こる。
経済界の混乱状態。

(57) **絞殺**（　）死体。
首をひもなどで絞めて殺すこと。

(58) 心神が**耗弱**（　）する。
自分の行為の結果を判断する能力が劣る状態。

(59) 僧が**勤行**（　）する。
仏前で読経などをすること。

(60) 悪の**権化**（　）を倒す。
その特性が著しい人。

(61) 儀式を**荘厳**（　）に行う。
おごそかで重々しいさま。

(62) **短冊**（　）に和歌を書く。
和歌や俳句などを書く細長い紙。

(63) 健康に差し**障**（　）る。
悪い影響を及ぼす。

(64) 大企業の**傘下**（　）に入る。
支配を受ける立場。

(65) 決勝戦で**惨敗**（　）した。
みじめな負け方をすること。

(66) 王の近くに**伺候**（　）する。
貴人のそば近くに仕えること。

(67) 時計を**下賜**（　）される。
身分の高い人がくださること。

(68) 洋服に**染**（　）みができる。
部分的についた汚れ。

(69) 動物が**虐**（　）げられる。
いじめる。

(70) 内乱を**鎮**（　）める。
騒ぎをおさめる。

(71) 汗が**滴**（　）り落ちる。
しずくとなって垂れ落ちる。

(72) **煮沸**（　）消毒をする。
煮立たせること。

(73) **衆生**（　）済度《さいど》を願う。
あらゆる生き物。

(74) 長年の夢が**成就**（　）する。
かなうこと。

(75) **従二位**（　）の地位。
正二位の下、正三位の上。

(76) お**追従**（　）を言われる。
人にこびへつらうこと。

㊲ かんば
㊳ きつもん
㊴ あんぎゃ
㊵ へんきょう
㊶ つうぎょう
㊷ きわ
㊸ かいきん
㊹ くよう
㊺ ねんぐ
㊻ く
㊼ くつがえ
㊽ くんぷう
㊾ こうげ
㊿ けねん
(51) けが
(52) きょうけん
(53) じんけん
(54) こくう
(55) こ
(56) きょうこう
(57) こうさつ
(58) こうじゃく
(59) ごんぎょう
(60) ごんげ
(61) そうごん
(62) たんざく
(63) さわ
(64) さんか
(65) ざんぱい
(66) しこう
(67) かし
(68) し
(69) しいた
(70) しず
(71) したた
(72) しゃふつ
(73) しゅじょう
(74) じょうじゅ
(75) じゅにい
(76) ついしょう

沼	宵	盛	拭	津	唇	請	刃	甚	穂	施	婿	寂	羨	遡	桑	痩
ショウ	ショウ	ジョウ	ショク	シン	シン	シン	ジン	ジン	スイ	セ	セイ	セキ	セン	ソ	ソウ	ソウ
霜	**唆**	**矯**	**袋**	**奉**	**霊**	**戯**	**壇**	**契**	**釣**	**澄**	**培**	**鼓**	**紡**	**弦**	**泥**	**賭**
ソウ	そそのか(す)	た(める)	タイ	たてまつ(る)	たま	たわむ(れる)	タン	ちぎ(る)	チョウ	チョウ	つちか(う)	つづみ	つむ(ぐ)	つる	デイ	ト
納	**亡**	**懐**	**倣**	**納**	**尼**	**偽**	**担**	**若**	**如**	**懇**	**端**	**謀**	**辱**	**鉢**	**阻**	**凡**
ナ	な(い)	なつ(かしい・かしむ・く・ける)	なら(う)	ナン	ニ	にせ	にな(う)	ニャク	ニョ	ねんご(ろ)	は	はか(る)	はずかし(める)	ハツ	はば(む)	ハン

① **湖沼**(　　)に魚がすむ。 湖と、沼や池。
② **春宵**(　　)の酒宴を楽しむ。 春の夜。
③ 店が**繁盛**(　　)している。 にぎわい栄えること。
④ 興味**津々**(　　)で聞く。 絶えずわき出るさま。
⑤ 家の**普請**(　　)を行う。 工事。
⑥ **凶刃**(　　)に倒れる。 人を殺傷するのに使う刃物。
⑦ **甚大**(　　)な被害が出る。 甚だしく大きいさま。
⑧ **出穂**(　　)の季節。 穂が出ること。
⑨ お**布施**(　　)を包む。 僧などに施し与える品物やお金。
⑩ 娘の夫を**女婿**(　　)という。 むすめむこ。
⑪ **寂**(　　)として声もなし。 ひっそりと静かなさま。
⑫ **桑園**(　　)に行く。 クワを栽培する畑。
⑬ 幾《いく》**星霜**(　　)を重ねる。 年月。
⑭ 友人を**唆**(　　)す。 おだてて悪いほうへ誘う。
⑮ 角を**矯**(　　)めて牛を殺す。 欠点を直して全体をだめにするたとえ。
⑯ お供え物を**奉**(　　)る。 献上する。
⑰ 先祖のみ**霊**(　　)をまつる。 たましい。
⑱ 猫が毛糸玉に**戯**(　　)れる。 遊び興ずる。
⑲ **土壇場**(　　)で逆転する。 せっぱつまった場面。
⑳ 固い**契**(　　)りを結ぶ。 約束。

㉑ **清澄**(　　)な空気。 きれいに澄みきっているさま。
㉒ 友情を**培**(　　)う。 養い育てる。
㉓ **舌鼓**(　　)を打つ。 おいしいものを食べて舌を鳴らすこと。
㉔ **雲泥**(　　)の差がある。 非常な隔たり。
㉕ **納屋**(　　)を整理する。 物置小屋。
㉖ **亡**(　　)き祖母の形見。 既に死んでこの世にいない。
㉗ 昔が**懐**(　　)かしい。 心がひかれて慕わしい。
㉘ 前例に**倣**(　　)う。 まねをする。
㉙ **納戸**(　　)を片付ける。 屋内にある物置部屋。
㉚ **尼僧**(　　)になる。 出家した女性。
㉛ **偽物**(　　)を買う。 本物に似せて作ったもの。
㉜ 将来を**担**(　　)う若者。 物を肩にかけて運ぶ。
㉝ 真実を**如実**(　　)に語る。 事実どおりであること。
㉞ **懇**(　　)ろな間柄。 心が通じ合っているさま。
㉟ **端数**(　　)は切り捨てる。 半端の数。
㊱ 悪事を**謀**(　　)る。 たくらむ。
㊲ 母校の名を**辱**(　　)める。 傷つける。
㊳ 師僧の**衣鉢**(　　)を継ぐ。 その道の奥義。
㊴ 行く手を**阻**(　　)む。 進もうとするのを妨げる。
㊵ 辞書の**凡例**(　　)を読む。 その本の中の約束事。

① こしょう ② しゅんしょう ③ はんじょう ④ しんしん ⑤ ふしん ⑥ きょうじん ⑦ じんだい ⑧ しゅっすい ⑨ ふせ ⑩ じょせい ⑪ せき ⑫ そうえん ⑬ せいそう ⑭ そそのか ⑮ た ⑯ たてまつ ⑰ たま ⑱ たわむ ⑲ どたんば ⑳ ちぎ ㉑ せいちょう ㉒ つちか ㉓ したつづみ ㉔ うんでい ㉕ なや ㉖ な ㉗ なつ ㉘ なら ㉙ なんど ㉚ にそう ㉛ にせもの ㉜ にな ㉝ にょじつ ㉞ ねんご ㉟ はすう ㊱ はか ㊲ はずかし ㊳ いはつ ㊴ はば ㊵ はんれい

扉	泌	眉	秀	苗	猫	翻	敷	更	払	懐	柄	褒	妄	葬	欲	煩
ヒ	ヒ	ビ	ひい(でる)	ビョウ	ビョウ	ひるがえ(る・す)	フ	ふ(ける・かす)	フツ	ふところ	ヘイ	ホウ	ボウ	ほうむ(る)	ほっ(する)	ボン
瞬	免	詔	操	陵	惨	淫	貢	冥	謀	棟	旨	若	亡	疫	逝	詠
またた(く)	まぬか(れる)	みことのり	みさお	みささぎ	みじ(め)	みだ(ら)	みつ(ぐ)	ミョウ	ム	むな	むね	も(しくは)	モウ	ヤク	ゆ(く)	よ(む)
腰	窯	装	藍	律	霊	戻	糧	籠	患							
ヨウ	ヨウ	よそお(う)	ラン	リチ	リョウ	レイ	ロウ	ロウ	わずら(う)							

41. **門扉**(　　)を設置する。
門のとびら。

42. **泌尿器**(　　)に持病がある。
尿を生成し排出する器官系。

43. **眉目**(　　)秀麗な青年。
容姿がすぐれて美しいさま。

44. 一芸に**秀**(　　)でる。
他よりもすぐれている。

45. **種苗**(　　)店で球根を買う。
種と苗。

46. 彼女は**愛猫**(　　)家《か》だ。
猫好き。

47. 身を**翻**(　　)す。
体をおどらせる。

48. 鉄道を**敷設**(　　)する。
敷いて備え付けること。

49. 夜が**更**(　　)ける。
かなり時間が経過する。

50. 在庫が**払底**(　　)する。
すっかりなくなること。

51. **懐**(　　)が寒い。
所持金。

52. **横柄**(　　)な態度をとる。
偉そうで無礼なさま。

53. ご**褒美**(　　)をいただく。
ほめて与える金品。

54. 死者を**葬**(　　)る。
埋葬する。

55. 心から**欲**(　　)する。
ほしいと思う。

56. 彼は**子煩悩**(　　)だ。
人並み以上に自分の子をかわいがること。

57. 星が**瞬**(　　)く。
光がちらちらする。

58. 難を**免**(　　)れる。
逃れる。

59. **詔**(　　)が発せられる。
天皇のお言葉。

60. 乙女の**操**(　　)を守る。
貞操。純潔。

61. 天皇の**陵**(　　)。
天皇、皇后などの墓所。

62. **惨**(　　)めな思い。
あわれで見るにしのびないこと。

63. **貢**(　　)ぎ物をささげる。
献上する金品。

64. **冥加**(　　)に余るもてなし。
分が過ぎてもったいない。

65. **謀反**(　　)が起こる。
国家、君主に背いて兵を起こすこと。

66. **棟木**(　　)をとりつける。
屋根の一番高い位置にある木材。

67. 欠席の**旨**(　　)を告げる。
内容。趣旨。

68. 私**若**(　　)しくは母が行く。
あるいは。または。

69. 金の**亡者**(　　)。
強い欲望にとりつかれた者。

70. 彼は**疫病神**(　　)だ。
人から忌み嫌われる人。

71. 八十歳で**逝**(　　)く。
死ぬ。

72. 和歌を**詠**(　　)む。
詩歌を作る。

73. **腰痛**(　　)に苦しむ。
腰の痛み。

74. **窯業**(　　)が盛んな町。
陶磁器や瓦などを製造する工業。

75. 無関心を**装**(　　)う。
外見上そのようなふりをする。

76. 約束を**律儀**(　　)に守る。
礼儀や義理を固く守ること。

77. **悪霊**(　　)をはらう。
人にたたりをする霊魂。

78. 商品を**返戻**(　　)する。
返し戻すこと。

79. **兵糧**(　　)攻めにする。
将兵に与える食糧。

80. 心臓病を**患**(　　)う。
病気になる。

41. もんぴ
42. ひにょうき
43. びもく
44. ひい
45. しゅびょう
46. あいびょう
47. ひるがえ
48. ふせつ
49. ふ
50. ふってい
51. ふところ
52. おうへい
53. ほうび
54. ほうむ
55. ほっ
56. こぼんのう
57. またた
58. まぬか（まぬが）
59. みことのり
60. みさお
61. みささぎ
62. みじ
63. みつ
64. みょうが
65. むほん
66. むなぎ
67. むね
68. も
69. もうじゃ
70. やくびょうがみ
71. ゆ（い）
72. よ
73. ようつう
74. ようぎょう
75. よそお
76. りちぎ
77. あくりょう
78. へんれい
79. ひょうろう
80. わずら

特別な読み

付表

●当て字や熟字訓、都道府県名の読みを書き入れよう。

明日
小豆
海女・海士
硫黄
意気地
田舎
息吹
海原
乳母
浮気
浮つく
笑顔
叔父・伯父
大人
乙女
叔母・伯母
お巡りさん
お神酒
母屋・母家
母さん
神楽

河岸
鍛冶
風邪
固唾
仮名
蚊帳
為替
河原・川原
昨日
今日
果物
玄人
今朝
景色
心地
居士
今年
早乙女
雑魚
桟敷
差し支える

五月
早苗
五月雨
時雨
尻尾
竹刀
老舗
芝生
清水
三味線
砂利
数珠
上手
白髪
素人
師走
数寄屋・数奇屋
相撲
草履
山車
太刀

あす
あずき
あま
いおう
いくじ
いなか
いぶき
うなばら
うば
うわき
うわつく
えがお
おじ
おとな
おとめ
おば
おまわりさん
おみき
おもや
かあさん
かぐら
かし
かじ
かぜ
かたず
かな
かや
かわせ
かわら
きのう
きょう
くだもの
くろうと

けさ
けしき
ここち
こじ
ことし
さおとめ
ざこ
さじき
さしつかえる
さつき
さなえ
さみだれ
しぐれ
しっぽ
しない
しにせ
しばふ
しみず
しゃみせん
じゃり
じゅず
じょうず
しらが
しろうと
しわす(しはす)
すきや
すもう
ぞうり
だし
たち

立ち退く
七夕
足袋
稚児
一日
築山
梅雨
凸凹
手伝う
伝馬船
投網
父さん
十重二十重
読経
時計
友達
仲人
名残
雪崩
兄さん
姉さん
野良
祝詞

博士
二十・二十歳
二十日
波止場
一人
日和
二人
二日
吹雪
下手
部屋
迷子
真面目
真っ赤
真っ青
土産
息子
眼鏡
猛者
紅葉
木綿
最寄り
八百長

八百屋
大和
弥生
浴衣
行方
寄席
若人

愛媛
茨城
岐阜
鹿児島
滋賀
宮城
神奈川
鳥取
大阪
富山
大分
奈良

たちのく
たなばた
たび
ちご
ついたち
つきやま
つゆ
でこぼこ
てつだう
てんません
とあみ
とうさん
とえはたえ
どきょう
とけい
ともだち
なこうど
なごり
なだれ
にいさん
ねえさん
のら
のりと
はかせ
はたち
はつか
はとば
ひとり
ひより
ふたり
ふつか
ふぶき
へた

へや
まいご
まじめ
まっか
まっさお
みやげ
むすこ
めがね
もさ
もみじ
もめん
もより
やおちょう
やおや
やまと
やよい
ゆかた
ゆくえ
よせ
わこうど
えひめ
いばらき
ぎふ
かごしま
しが
みやぎ
かながわ
とっとり
おおさか
とやま
おおいた
なら

注意したい同音異義語

あいしょう　愛称　哀傷　愛唱	かいこ　懐古　回顧
いぎ　異議　意義	かいしん　改心　会心
いけん　意見　異見	かいとう　回答　解答
いし　遺志　意志　意思	かいほう　解放　開放
いじょう　異常　異状	かくさ　格差　較差
いどう　異動　移動	かてい　過程　課程
えいき　英気　鋭気	かんしょう　鑑賞　観賞　観照
えんかく　沿革　遠隔	かんしん　感心　関心　歓心
がいかん　概観　外観	かんだん　歓談　閑談

①友人をあいしょうで呼ぶ。
あいしょうの思いを表す。
あいしょう歌を歌う。

②いぎを申し立てる。
参加することにいぎがある。

③全員のいけんを聞く。
彼の論にいけんを唱える。

④亡き父のいしを継ぐ。
彼女はいしが強い。
いしの疎通《そつう》を欠く。

⑤いじょうに雨が多い。
室内にいじょうはない。

⑥人事いどうがある。
机を隅にいどうする。

⑦休んでえいきを養う。
相手のえいきをくじく。

⑧町のえんかくを調べる。
えんかく地に就職する。

⑨日本史をがいかんする。
西洋風のがいかんの家。

⑩彼女はかいこ趣味だ。
青春時代をかいこする。

⑪かいしんしてまじめに働く。
かいしんの作を発表する。

⑫アンケートにかいとうする。
試験のかいとうを配る。

⑬奴隷かいほう運動。
施設をかいほうする。

⑭賃金かくさを是正する。
気温のかくさが大きい。

⑮作業のかていを説明する。
教職かていを履修する。

⑯音楽をかんしょうする。
名月をかんしょうする。
人生をかんしょうする。

⑰立派な行動にかんしんする。
政治にかんしんが高い。
彼女のかんしんを買う。

⑱友人とかんだんする。
かんだんを打ちきる。

①愛称　哀傷　愛唱
②異議　意義
③意見　異見
④遺志　意志　意思
⑤異常　異状
⑥異動　移動
⑦英気　鋭気
⑧沿革　遠隔
⑨概観　外観
⑩懐古　回顧
⑪改心　会心
⑫回答　解答
⑬解放　開放
⑭格差　較差
⑮過程　課程
⑯鑑賞　観賞　観照
⑰感心　関心　歓心
⑱歓談　閑談

きうん 気運 機運 きかん 季刊 既刊 きこう 紀行 起工 機構 気候 きせい 既成 既製 きてい 規定 既定 きてん 起点 基点 きょうい 脅威 驚異 きょうこう 強行 強硬 きょうそう 競争 競走 きょくげん 極限 局限	
くじゅう 苦渋 苦汁 けいせい 形成 形勢 けっさい 決済 決裁 こうい 厚意 好意 こうがく 向学 後学 こうかん 交換 交歓 こうき 好機 高貴 綱紀 こうこく 広告 公告 こうしょう 交渉 考証 口承 こうじょう 厚情 交情	

⑲反戦のきうんが高まる。
きうんが熟する。

⑳きかん誌は一年に四回出る。
第三巻までがきかんだ。

㉑シベリアきこうを読む。
工事のきこう式を行う。
流通きこうを改革する。
温暖なきこうだ。

㉒きせい概念を取り除く。
きせい服では大きすぎる。

㉓社内のきていに従う。
それはきていの事実だ。

㉔東京が鉄道のきてんだ。
駅をきてんに距離を測る。

㉕戦争のきょういにさらす。
きょうい的な記録だ。

㉖きょうこう手段に出る。
きょうこうに反対する。

㉗生存きょうそうに勝つ。
障害物きょうそうに出る。

㉘疲労がきょくげんに達する。
受信地域をきょくげんする。

㉙くじゅうに満ちた表情。
くじゅうをなめる。

㉚人格をけいせいする。
けいせいが逆転する。

㉛手形でけっさいをする。
上司のけっさいを仰ぐ。

㉜仲間のこういに甘える。
先輩にこういを寄せる。

㉝こうがくの念に燃える。
こうがくのため質問する。

㉞贈り物をこうかんする。
他校とこうかん会を開く。

㉟試合最大のこうきだ。
こうきな生まれの女性。
こうきを粛正する。

㊱特売のこうこくを出す。
法令をこうこくする。

㊲値引きのこうしょうをする。
時代こうしょうをする。
こうしょうの民話。

㊳こうじょうに感謝する。
こうじょうを深める。

⑲気運 機運 ⑳季刊 既刊 ㉑紀行 起工 機構 気候 ㉒既成 既製 ㉓規定 既定 ㉔起点 基点 ㉕脅威 驚異 ㉖強行 強硬 ㉗競争 競走 ㉘極限 局限 ㉙苦渋 苦汁 ㉚形成 形勢 ㉛決済 決裁 ㉜厚意 好意 ㉝向学 後学 ㉞交換 交歓 ㉟好機 高貴 綱紀 ㊱広告 公告 ㊲交渉 考証 口承 ㊳厚情 交情

こじ　固辞　固持
さいけつ　裁決　採決
さくせい　作成　作製
しあん　思案　私案
じき　時期　時機　時季
しこう　施行　試行
しざい　資材　私財
じったい　実態　実体
じてん　事典　辞典　字典
しもん　試問　諮問
しゅうきょく　終曲　終局　終極
しゅうしゅう　収集　収拾
しゅうりょう　終了　修了
しゅさい　主催　主宰
しゅし　主旨　趣旨
しょうかい　照会　紹介
しょうがい　障害　傷害
しょよう　所用　所要
しんちょう　慎重　深長　伸長
しんにゅう　進入　侵入

①要請をこじする。
自説をこじする。
②さいけつを下す。
議長がさいけつをとる。
③予定表をさくせいする。
プラモデルをさくせいする。
④一日中しあんに暮れる。
しあんを述べる。
⑤中間テストのじきだ。
実行のじきを失する。
じきはずれのりんご。
⑥法律がしこうされる。
しこう錯誤を重ねる。
⑦建築しざいを輸入する。
社長がしざいを投げ打つ。
⑧公害のじったいを調査する。
じったいのない幽霊会社。
⑨百科じてんを買う。
国語じてんで調べる。
漢字のじてんを読む。
⑩口頭しもんを受ける。
しもんを受けて答申する。

⑪オペラのしゅうきょく。
劇がしゅうきょくを迎える。
この世のしゅうきょくだ。
⑫情報をしゅうしゅうする。
しゅうしゅうがつかない。
⑬試合しゅうりょうの合図。
全課程をしゅうりょうする。
⑭展覧会をしゅさいする。
劇団をしゅさいする。
⑮論文のしゅしをまとめる。
会のしゅしに賛成する。
⑯身元をしょうかいする。
友人をしょうかいする。
⑰しょうがいを取り除く。
しょうがい事件を起こす。
⑱しょようで外出をする。
しょよう時間を考える。
⑲しんちょうな態度で臨む。
意味しんちょうな発言。
才能をしんちょうする。
⑳車のしんにゅうは禁止だ。
敵のしんにゅうを防ぐ。

①固辞　固持　②裁決　採決　③作成　作製　④思案　私案　⑤時期　時機　時季　⑥施行　試行　⑦資材　私財　⑧実態　実体　⑨事典　辞典　字典　⑩試問　諮問　⑪終曲　終局　終極　⑫収集　収拾　⑬終了　修了　⑭主催　主宰　⑮主旨　趣旨　⑯照会　紹介　⑰障害　傷害　⑱所用　所要　⑲慎重　深長　伸長　⑳進入　侵入

しんろ　進路　針路
せいこん　精根　精魂
せいさく　制作　製作
せいさん　精算　成算　清算
せいちょう　成長　生長
せいりょく　勢力　精力
せっせい　節制　摂生
そうぎょう　創業　操業
そがい　阻害　疎外
たいしょう　対象　対照　対称
たいせい　体制　態勢　大勢
ちょうしゅう　徴収　徴集
ついきゅう　追求　追究　追及
てきせい　適正　適性
とくちょう　特徴　特長
はんこう　反抗　反攻
へんせい　編成　編制
ほしょう　保証　補償
むじょう　無常　無情
めいかい　明快　明解

㉑卒業後のしんろで悩む。（　　）
船がしんろを南にとる。（　　）
㉒せいこん尽きて倒れる。（　　）
せいこん込めて育てる。（　　）
㉓卒業せいさくに取り組む。（　　）
工場でせいさくする。（　　）
㉔運賃をせいさんする。（　　）
せいさんは全くない。（　　）
借金をせいさんする。（　　）
㉕子供のせいちょうは早い。（　　）
草木がせいちょうする。（　　）
㉖せいりょく争いに勝つ。（　　）
せいりょく的に働く。（　　）
㉗酒の量をせっせいする。（　　）
日ごろからせっせいする。（　　）
㉘そうぎょう十周年を祝う。（　　）
そうぎょう時間を短縮する。（　　）
㉙計画推進をそがいする。（　　）
そがい感に苦しむ。（　　）
㉚主婦をたいしょうとした本。（　　）
たいしょう的な性格。（　　）
左右たいしょうな形。（　　）

㉛新たいせいに反抗する。（　　）
たいせいを整える。（　　）
社会のたいせいに従う。（　　）
㉜会費をちょうしゅうする。（　　）
兵士をちょうしゅうする。（　　）
㉝利潤をついきゅうする。（　　）
真理をついきゅうする。（　　）
余罪をついきゅうする。（　　）
㉞てきせいな価格で売る。（　　）
教師のてきせいがある。（　　）
㉟犯人のとくちょうを告げる。（　　）
製品のとくちょうを述べる。（　　）
㊱両親にはんこうする。（　　）
味方がはんこうに転ずる。（　　）
㊲四両へんせいの電車。（　　）
学級へんせいを発表する。（　　）
㊳品質をほしょうする。（　　）
損害をほしょうする。（　　）
㊴人の世はむじょうだ。（　　）
むじょうにも鼻で笑う。（　　）
㊵単純めいかいな論理だ。（　　）
めいかいな説明をする。（　　）

㉑進路　針路　㉒精根　精魂　㉓制作　製作　㉔精算　成算　清算　㉕成長　生長　㉖勢力　精力　㉗節制　摂生　㉘創業　操業　㉙阻害　疎外　㉚対象　対照　対称　㉛体制　態勢　大勢　㉜徴収　徴集　㉝追求　追究　追及　㉞適正　適性
㉟特徴　特長　㊱反抗　反攻　㊲編成　編制　㊳保証　補償　㊴無常　無情　㊵明快　明解

注意したい同訓異字

あける　明ける　空ける　開ける	あらわれる　表れる　現れる
あげる　上げる　揚げる　挙げる	あわせる　合わせる　併せる
あたたかい　暖かい　温かい	うつす　写す　映す
あつい　暑い　熱い　厚い	うむ　生む　産む
あと　跡　後　痕	おかす　犯す　侵す　冒す
あぶら　油　脂	おくる　送る　贈る
あやまる　誤る　謝る	おこす　起こす　興す
あらい　荒い　粗い	おさえる　押さえる　抑える
	おさめる　収める　納める　治める

①あらしの夜があけた。（　　）
時間をあける。（　　）
窓をあける。（　　）
②料理の腕前をあげる。（　　）
野菜の天ぷらをあげる。（　　）
商品の使用例をあげる。（　　）
③あたたかい気持ちになる。（　　）
あたたかい料理をいただく。（　　）
④今年の夏はあつい。（　　）
おふろの湯があつい。（　　）
手あついもてなし。（　　）
⑤苦心のあとが見える。（　　）
あとを頼んで出かける。（　　）
傷あとが痛む。（　　）
⑥父にあぶらを絞られた。（　　）
仕事にあぶらがのる。（　　）
⑦使用法をあやまる。（　　）
部下の過失をあやまる。（　　）
⑧今日は波があらい。（　　）
君の仕事はあらい。（　　）

⑨喜びが顔にあらわれる。（　　）
怪獣が街にあらわれる。（　　）
⑩話をあわせる。（　　）
二つの会社をあわせる。（　　）
⑪板書をノートにうつす。（　　）
池に姿をうつす。（　　）
⑫大会の新記録をうむ。（　　）
文鳥が卵をうむ。（　　）
⑬過ちをおかす。（　　）
領土をおかされる。（　　）
激しい雨をおかして行く。（　　）
⑭荷物を自宅におくる。（　　）
祝いの品をおくる。（　　）
⑮体をおこす。（　　）
新しい産業をおこす。（　　）
⑯事件の証拠をおさえる。（　　）
物価の上昇をおさえる。（　　）
⑰場をおさめる。（　　）
税金をおさめる。（　　）
徳をもって国をおさめる。（　　）

①明け　空ける　開ける
②上げる　揚げる　挙げる
③暖かい　温かい
④暑い　熱い　厚い
⑤跡　後　痕
⑥油　脂
⑦誤る　謝る
⑧荒い　粗い
⑨表れる　現れる
⑩合わせる　併せる
⑪写す　映す
⑫生む　産む
⑬犯す　侵さ　冒し
⑭送る　贈る
⑮起こす　興す
⑯押さえる　抑える
⑰収める　納める　治める

おす
押す
推す
おどる
踊る
躍る
おりる
降りる
下りる
おる
折る
織る
かう
買う
飼う
かえす
返す
帰す
かえりみる
省みる
顧みる
かえる
変える
換える
代える
かげ
陰
影
かける
掛ける
懸ける
架ける

かたい
堅い
固い
硬い
かわ
皮
革
かわく
乾く
渇く
きく
聞く
聴く
こえる
越える
超える
さがす
探す
捜す
さく
裂く
割く
さげる
下げる
提げる
さす
差す
指す
刺す
さます
覚ます
冷ます

⑱書類に判をおす。
彼を役員におす。
⑲リズムにのっておどる。
網の中で魚がおどる。
⑳終点で電車をおりる。
舞台の幕がおりる。
㉑足の骨をおる。
いぐさで花ござをおる。
㉒ひんしゅくをかう。
水槽で金魚をかう。
㉓本を持ち主にかえす。
生徒を家にかえす。
㉔自分の言動をかえりみる。
少年時代をかえりみる。
㉕顔色をかえる。
物をお金にかえる。
命にかえて君を守る。
㉖かげでうわさ話をする。
かげも形もなくなった。
㉗いすに腰をかける。
賞金をかけて戦う。
川に橋をかける。

㉘かたい志を持つ。
クラスの団結がかたい。
表情がかたい。
㉙野菜のかわをむく。
かわの財布を買う。
㉚かわいた洗濯物を取り込む。
のどがかわいた。
㉛話し声をきいた。
オーケストラをきく。
㉜国境を歩いてこえる。
定員をこえる応募があった。
㉝相手の欠点をさがす。
行方不明の父をさがす。
㉞絹をさくような悲鳴。
特別に時間をさく。
㉟商品の値段をさげる。
袋を手にさげる。
㊱腰に刀をさす。
時計が五時をさす。
指にとげをさす。
㊲彼女の迷いをさます。
この薬は熱をさます。

⑱押す　推す
⑲踊る　躍る
⑳降りる　下りる
㉑折る　織る
㉒買う　飼う
㉓返す　帰す
㉔省みる　顧みる
㉕変える　換える　代え
㉖陰　影
㉗掛ける　懸け　架ける
㉘堅い　固い　硬い
㉙皮　革
㉚乾い　渇い
㉛聞い　聴く
㉜越える　超える
㉝探す　捜す
㉞裂く　割く
㉟下げる　提げる
㊱差す　指す　刺す
㊲覚ます　冷ます

しぼる　絞る　搾る
すすめる　進める　勧める　薦める
そう　沿う　添う
そなえる　備える　供える
たずねる　尋ねる　訪ねる
たたかう　戦う　闘う
たつ　断つ　絶つ　裁つ
たてる　立てる　建てる
つかう　使う　遣う
つく　付く　着く

つくる　作る　造る
つとめる　努める　勤める　務める
とく　解く　溶く
ととのえる　整える　調える
とぶ　飛ぶ　跳ぶ
とる　取る　採る　執る　捕る　撮る
なおす　直す　治す
ながい　長い　永い
のばす　伸ばす　延ばす

①ぞうきんをしぼる。
牧場で牛の乳をしぼる。
②時計を五分すすめる。
友人に入会をすすめる。
会長にすすめる。
③線路にそって歩く。
両親の期待にそう。
④各部屋に電話をそなえる。
お神酒《みき》を神前にそなえる。
⑤駅までの道をたずねる。
友人をたずねる。
⑥隣国とたたかう。
病気とたたかう。
⑦敵の退路をたつ。
雪山で消息をたつ。
型紙どおりに布をたつ。
⑧夏休みの計画をたてる。
会長の銅像をたてる。
⑨駅まではバスをつかう。
客に気をつかう。
⑩技術が身につく。
自分の席につく。

⑪田んぼで米をつくる。
大きな船をつくる。
⑫問題解決につとめる。
父は銀行につとめる。
会議の議長をつとめる。
⑬皆の誤解をとく。
絵の具を水にとく。
⑭乱れた髪をととのえる。
費用をととのえる。
⑮ジェット機が空をとぶ。
溝をとぼうとして落ちる。
⑯勉強して資格をとる。
会議で決をとる。
会社で事務をとる。
猫がねずみをとる。
記念写真をとる。
⑰原稿の誤りをなおす。
休んで風邪《かぜ》をなおす。
⑱影がながく伸びる。
末ながくお幸せに。
⑲生徒の才能をのばす。
病気で出発をのばす。

①絞る　搾る
②進める　勧める　薦める
③沿う　添う
④備える　供える
⑤尋ねる　訪ねる
⑥戦う　闘う
⑦断つ　絶つ　裁つ
⑧立てる　建てる
⑨使う　遣う
⑩付く　着く
⑪作る　造る
⑫努める　勤める　務める
⑬解く　溶く
⑭整える　調える
⑮飛ぶ　跳ぶ
⑯取る　採る　執る　捕る　撮る
⑰直す　治す
⑱長く　永く
⑲伸ばす　延ばす

のぼる
上る
登る
昇る
のる
乗る
載る
はかる
計る
測る
量る
図る
諮る
はく
掃く
履く
はなす
離す
放す
はやい
早い
速い
ひく
引く
弾く
ふえる
増える
殖える
ふく
吹く
噴く

ふるう
振るう
震う
奮う
まじる
交じる
混じる
まわり
回り
周り
みる
見る
診る
もと
下
元
基
やさしい
優しい
易しい
やぶれる
破れる
敗れる
やわらかい
柔らかい
軟らかい
よい
良い
善い
わかれる
分かれる
別れる

⑳船で川をのぼる。
遠足で山にのぼる。
東の空に朝日がのぼる。
㉑バスにのる。
雑誌に写真がのる。
㉒学校までの時間をはかる。
土地の面積をはかる。
毎日体重をはかる。
工場内の安全をはかる。
役員会議にはかる。
㉓はいて捨てるほど金がある。
玄関で靴をはく。
㉔目をはなす。
犬をはなす。
㉕毎朝起きるのがはやい。
彼は走るのがはやい。
㉖納豆が糸をひく。
ピアノをひく。
㉗人口がふえる。
財産がふえる。
㉘心地よい風がふく。
火山が煙をふく。

㉙大臣が権力をふるう。
恐怖に声をふるわせる。
ふるって参加する。
㉚悲喜入りまじった表情。
電話に雑音がまじる。
㉛身のまわりを整理する。
家のまわりを歩く。
㉜遠くの景色をみる。
重症の患者をみる。
㉝法のもとの平等。
火のもとを確かめる。
民話をもとに小説を書く。
㉞やさしい言葉をかける。
この問題はやさしい。
㉟長年の夢がやぶれる。
二回戦で試合にやぶれる。
㊱人当たりがやわらかい。
彼女は体がやわらかい。
㊲彼は成績がよい。
よい行いをすべきだ。
㊳道が二つにわかれる。
友人と駅でわかれる。

⑳上る
登る
昇る
㉑乗る
載る
㉒計る
測る
量る
図る
諮る
㉓掃い
履く
㉔離す
放す
㉕早い
速い
㉖引く
弾く
㉗増える
殖える
㉘吹く
噴く
㉙振るう
震わ
奮っ
㉚交じっ
混じる
㉛回り
周り
㉜見る
診る
㉝下
元
基
㉞優しい
易しい
㉟破れる
敗れる
㊱柔らかい
軟らかい
㊲良い
善い
㊳分かれる
別れる

発展学習　覚えておきたい慣用表現・ことわざ

1 次の慣用表現の空欄に体の一部分の漢字を書きなさい。

①彼の努力には□が下がる思いだ。
②父の□に泥を塗ってしまった。
③甘いものに□がない。
④彼女のうわさを□にはさむ。
⑤成績を□にかけている。
⑥彼女は□が堅いから信用できる。
⑦とても□が立たない相手だ。
⑧□を長くして返事を待つ。
⑨無事の知らせに□をなで下ろした。
⑩弱いほうの□を持つ。
⑪ゴルフの□が上がった。
⑫□に汗を握るシーソーゲームだ。
⑬相手と□を割って話し合う。
⑭彼はだれにでも□が低い男だ。
⑮エラーが投手の□を引っ張った。

①敬服させられること。
②恥をかかせること。
③思慮分別をなくすほど好きであること。
④ちらと聞く。
⑤自慢したり得意がったりすること。
⑥秘密などをよく守り簡単にしゃべらないこと。
⑦かなわないこと。
⑧今か今かと待ちこがれること。
⑨安心すること。
⑩ひいきする。味方する。
⑪上手になること。
⑫見ていて緊張したり興奮したりすること。
⑬隠さないで本心をうち明けること。
⑭他人に対してたかぶらず謙虚であること。
⑮物事の順調な進行の邪魔をすること。

2 次のことわざの太字のかなを漢字に直しなさい。

①医者の**ふようじょう**。
②小田原《おだわら》**ひょうじょう**。
③**あくせん**身に付かず。
④待てば**かいろ**の日和《ひより》あり。
⑤畳の上の**すいれん**。
⑥寄らば**たいじゅ**の陰。
⑦思い立ったが**きちじつ**。
⑧怠け者の**せっく**働き。
⑨けがの**こうみょう**。
⑩釈迦《しゃか》に**せっぽう**。
⑪無くてな**なくせ**。
⑫**たいがん**の火事。
⑬無用の**ちょうぶつ**。
⑭**うご**のたけのこ。
⑮**べんけい**になぎなた。

①人に忠告しながら自分は実行しないこと。
②長びいて決まらない相談。
③悪事を働いて手に入れたお金は残らないこと。
④いら立たず待っていれば幸運が到来すること。
⑤実際には役に立たないこと。
⑥頼るなら力のある人を頼るべきだということ。
⑦決心したらすぐに始めるべきだということ。
⑧人の休むときに怠け者は働くこと。
⑨過失や災難と思うことが好結果をもたらすこと。
⑩知り尽くしている人に教えることの愚かさ。
⑪だれにでもくせはあること。
⑫自分には関係のない出来事。
⑬あっても役に立たず、かえって邪魔なもの。
⑭よく似た物事が次々に発生すること。
⑮強い人が力を得てもっと強くなること。

1 ①頭 ②顔 ③目 ④耳 ⑤鼻 ⑥口 ⑦歯 ⑧首 ⑨胸 ⑩肩 ⑪腕 ⑫手 ⑬腹 ⑭腰 ⑮足
2 ①不養生 ②評定 ③悪銭 ④海路 ⑤水練 ⑥大樹 ⑦吉日 ⑧節句 ⑨功名 ⑩説法 ⑪七癖 ⑫対岸 ⑬長物 ⑭雨後 ⑮弁慶
3 ①一堂

3 次の慣用表現の太字のかなを漢字に直しなさい。

① 敵味方がいちどうに会する。（　）
② かいしんの笑みをもらす。（　）
③ 相手にくはいをなめさせる。（　）
④ 何のへんてつもない話だ。（　）
⑤ 今は何もがんちゅうにない。（　）
⑥ はくひょうを踏む思いだ。（　）
⑦ 一躍きゃっこうを浴びる。（　）
⑧ 道に迷ってとほうに暮れる。（　）
⑨ しあんに余って相談する。（　）
⑩ 彼にはどぎもを抜かれた。（　）
⑪ はっぱをかけられ勉強する。（　）
⑫ きせんを制して勝利する。（　）
⑬ 大会でしゆうを決する。（　）
⑭ 世にいっせきを投じた事件。（　）
⑮ そんなこと百もしょうちだ。（　）
⑯ 悪事のかたぼうを担ぐ。（　）
⑰ ほねみを惜しまず働いた。（　）

①たくさんの人々が同じ場所に集まること。
②思いどおりで十分に満足すること。
③つらい経験をすること。
④普通のものと変わりがないこと。
⑤関心、意識の範囲内にないこと。
⑥極めて危ないことのたとえ。
⑦世間の人々から注目されること。
⑧どうしてよいのか、わからなくなること。
⑨いくら考えてもよい考えが浮かばないこと。
⑩ひどくびっくりさせられること。
⑪気合いを入れること。
⑫先に行動して相手を抑えること。
⑬戦って勝負をつけること。
⑭反響を呼ぶ問題を投げかけること。
⑮十分よく知っていること。
⑯ある企ての一部に協力すること。
⑰労力や面倒をいやがらないこと。

4 次のことわざの空欄にあてはまる漢字を書きなさい。

① （　）多くして船《ふね》、山に登る。
② 泣く子と（　）には勝てぬ。
③ 命あっての（　）。
④ 山椒《さんしょう》は（　）でもぴりりと辛い。
⑤ （　）をたたいて渡る。
⑥ （　）の敵《かたき》を長崎で討つ。
⑦ （　）の商法。
⑧ 二階から（　）。
⑨ 仏の顔も（　）。
⑩ （　）合って銭《ぜに》足らず。
⑪ 下手な（　）も数打ちゃ当たる。
⑫ そうは（　）がおろさない。
⑬ 清水《きよみず》の（　）から飛び下りる。
⑭ （　）に提灯《ちょうちん》。
⑮ （　）に塩。
⑯ （　）に花。
⑰ 嘘《うそ》も（　）。

①指図する人が多くて物事が進まないこと。
②どんなに道理で争っても勝ち目がないこと。
③何よりも命が大切だということ。
④体は小さくても気性や才能がすぐれている。
⑤非常に用心深く物事を行うこと。
⑥恨みを別のところで晴らすこと。
⑦手慣れぬ商売で失敗すること。
⑧回りくどくて効きめがないこと。
⑨穏和な人も無法なことを何度もされたら怒る。
⑩理論と実践とが一致しないさま。
⑪たくさんの失敗の中にまぐれ当たりがある。
⑫思いどおりにはなってくれないこと。
⑬危険を顧みず思い切って事を行うこと。
⑭あっても無用なもののたとえ。
⑮力なくしおれているさま。
⑯二つのよいものを独占すること。
⑰時と場合によっては嘘をつくのがよいこともある。

②会心 ③苦杯 ④変哲 ⑤眼中 ⑥薄氷 ⑦脚光 ⑧途方 ⑨思案 ⑩度肝 ⑪発破 ⑫機先 ⑬雌雄 ⑭一石 ⑮承知 ⑯片棒 ⑰骨身

4 ①船頭 ②地頭 ③物種 ④小粒 ⑤石橋 ⑥江戸 ⑦士族 ⑧目薬 ⑨三度 ⑩勘定 ⑪鉄砲 ⑫問屋 ⑬舞台 ⑭月夜 ⑮青菜 ⑯両手 ⑰方便

覚えておきたい三字・四字熟語

1 次の三字熟語の空欄にあてはまる漢字を書きなさい。

① □家言《いっかげん》
② 第□感《だいろっかん》
③ 青□才《あおにさい》
④ □一点《こういってん》
⑤ 生半□《なまはんか》
⑥ □後策《ぜんごさく》
⑦ 間一□《かんいっぱつ》
⑧ □美眼《しんびがん》
⑨ □竜門《とうりゅうもん》
⑩ 既□症《きおうしょう》
⑪ 一辺□《いっぺんとう》

① ひとかどの見識のある意見。
② ものを直感する感覚。勘。
③ 年が若く、経験が乏しい人。
④ 多数の男性の中の、ただ一人の女性。
⑤ 物事がいいかげんで十分でないこと。
⑥ うまく後しまつするための策。
⑦ 物事が非常に差し迫っていること。
⑧ 美しいものと醜いものとを見分けることのできる力。
⑨ 立身出世につながる難しい関門。
⑩ 以前かかったことのある病気で今は治っているもの。
⑪ 一方にだけ偏ること。

2 次の三字熟語を漢字で書きなさい。

① □□□《しゅうたいせい》
② □□□《なまびょうほう》
③ □□□《しきんせき》
④ □□□《せんりがん》
⑤ □□□《うちょうてん》
⑥ □□□《てつめんぴ》
⑦ □□□《かわざんよう》
⑧ □□□《もんがいかん》
⑨ □□□《しょうねんば》
⑩ □□□《はてんこう》
⑪ □□□《はくがんし》

① 多くのものを集めて、一つのまとまったものにすること。
② 中途半端な知識や技能。
③ 価値や力量などを判断する材料となる物事。
④ 将来の出来事や人の心などを見通す能力。
⑤ 大喜びして無我夢中になり、ほかを省みないさま。
⑥ 恥を恥とも思わないこと。
⑦ 実現しない前から、あれこれあてにして計算すること。
⑧ それを専門としない人。
⑨ ここぞという大事な場面。
⑩ めったにないこと。前例のないこと。
⑪ 冷淡な態度をとること。

---

1 ①一家言 ②第六感 ③青二才 ④紅一点 ⑤生半可 ⑥善後策 ⑦間一髪 ⑧審美眼 ⑨登竜門 ⑩既往症 ⑪一辺倒

2 ①集大成 ②生兵法 ③試金石 ④千里眼 ⑤有頂天 ⑥鉄面皮 ⑦皮算用 ⑧門外漢 ⑨正念場 ⑩破天荒 ⑪白眼視

3 次の四字熟語の空欄にあてはまる漢数字を書きなさい。

① 心《しん》機《き》□転《てん》

② □日《じつ》□秋《しゅう》

③ □束《そく》□文《もん》

④ 朝《ちょう》□暮《ぼ》□

⑤ □面《めん》楚《そ》歌《か》

⑥ □□時《じ》中《ちゅう》

⑦ □方《ほう》□方《ぽう》

⑧ □里《り》霧《む》中《ちゅう》

⑨ □転《てん》□倒《とう》

⑩ □方《ぼう》美《び》人《じん》

⑪ □人《にん》□色《いろ》

⑫ □変《ぺん》□化《か》

①ある事柄を契機に気持ちががらりと変わること。

②ひどく待ち遠しく思う様子。

③大量にあるのに、値段がきわめて安いこと。

④人をうまくごまかし欺くこと。

⑤今までの味方までも敵となり、孤立しているさま。

⑥いつでも。常に。

⑦あらゆる方面。あちこち。

⑧物事の事情がわからず進む方向が見えなくなること。

⑨苦痛のあまり転げ回ること。

⑩だれからも悪く思われないように振る舞うこと。

⑪好みや考えなどは、人によってそれぞれ異なるということ。

⑫さまざまに変化すること。

4 次の四字熟語の空欄にあてはまる漢字を書きなさい。

① 勇《ゆう》猛《もう》□《か》敢《かん》

② 隠《いん》忍《にん》自《じ》□《ちょう》

③ 異《い》□《く》同《どう》音《おん》

④ 絶《ぜっ》□《たい》絶《ぜつ》命《めい》

⑤ □《こ》城《じょう》落《らく》日《じつ》

⑥ □《こう》言《げん》令《れい》色《しょく》

⑦ 大《たい》器《き》□《ばん》成《せい》

⑧ □《けい》口《こう》牛《ぎゅう》後《ご》

⑨ 臨《りん》□《き》応《おう》変《へん》

⑩ 快《かい》刀《とう》乱《らん》□《ま》

⑪ 朝《ちょう》令《れい》□《ぼ》改《かい》

⑫ 温《おん》□《こ》知《ち》新《しん》

①性質が勇ましく決断力に富んでいるさま。

②じっと我慢して軽はずみな行動をしないこと。

③大勢の意見や考えが一致すること。

④進退のきわまった状態。

⑤勢いが衰え、頼りなく心細いこと。

⑥言葉を飾り、顔色を取り繕うこと。

⑦大人物は徐々に大成して頭角を現すようになるということ。

⑧人に使われるより、小さくても頭《かしら》となるほうがよい。

⑨時と場合によって適切な手段を施すこと。

⑩もつれた出来事を明快に処理するさま。

⑪命令が頻繁に変わって一定しないこと。

⑫古いことを研究して新しい知識を開くこと。

3 ①心機一転 ②一日千秋 ③二束三文 ④朝三暮四 ⑤四面楚歌 ⑥四六時中 ⑦四方八方 ⑧五里霧中 ⑨七転八倒 ⑩八方美人 ⑪十人十色 ⑫千変万化

4 ①勇猛果敢 ②隠忍自重 ③異口同音 ④絶体絶命 ⑤孤城落日 ⑥巧言令色 ⑦大器晩成 ⑧鶏口牛後 ⑨臨機応変 ⑩快刀乱麻 ⑪朝令暮改 ⑫温故知新

5 次の四字熟語の空欄にあてはまる漢字を書きなさい。

① 花□□月《かちょうふうげつ》
② □□默考《ちんしもっこう》
③ 南船□□《なんせんほくば》
④ 同床□□《どうしょういむ》
⑤ 枝□□節《しようまっせつ》
⑥ □□鬼没《しんしゅつきぼつ》
⑦ 明鏡□□《めいきょうしすい》
⑧ 付□□同《ふわらいどう》
⑨ □□雨読《せいこううどく》
⑩ 竜頭□□《りゅうとうだび》
⑪ 金□□条《きんかぎょくじょう》
⑫ 支離□□《しりめつれつ》

①自然の美しい風物。
②黙って深く考え込むこと。
③たえずあちらこちらを旅すること。
④同じ立場にいながらそれぞれ意見が違うこと。
⑤物事の大切でない事柄。どうでもよい事柄。
⑥自由自在に現れたり隠れたりすること。
⑦かげりのない澄んだ心境。
⑧むやみに他人の意見に従うこと。
⑨悠然と心のままに生活すること。
⑩初めは勢いがよいが、終わりは勢いがなくなってしまうこと。
⑪きわめて大切な法律、規則。
⑫ばらばらで、筋道の立たないこと。

6 次の四字熟語を漢字で書きなさい。

① □□□□《しんしょうぼうだい》
② □□□□《きそうてんがい》
③ □□□□《たんとうちょくにゅう》
④ □□□□《ごんごどうだん》
⑤ □□□□《じごうじとく》
⑥ □□□□《くうぜんぜつご》
⑦ □□□□《たいげんそうご》
⑧ □□□□《ふんこつさいしん》
⑨ □□□□《だんいほうしょく》
⑩ □□□□《かろとうせん》
⑪ □□□□《かんこつだったい》
⑫ □□□□《けいきょもうどう》

①物事を大げさに言うこと。
②思いもよらない奇抜なこと。
③前置きなしにずばり本題に入ること。
④もってのほかで、言いようのないこと。
⑤自分でした悪事の報いを自分で受けること。
⑥前例もなく、きわめて珍しいこと。
⑦実力が伴わないのに、いばって大きなことを言うこと。
⑧全力を尽くして事に当たること。
⑨満ちたりた暮らしのこと。
⑩季節はずれで役に立たないもの。
⑪先人の詩文の表現や発想を自分の作品の中に取り入れること。
⑫軽はずみでいいかげんな行動をすること。

---

5 ①花鳥風月 ②沈思黙考 ③南船北馬 ④同床異夢 ⑤枝葉末節 ⑥神出鬼没 ⑦明鏡止水 ⑧付和雷同 ⑨晴耕雨読 ⑩竜頭蛇尾 ⑪金科玉条 ⑫支離滅裂

6 ①針小棒大 ②奇想天外 ③単刀直入 ④言語道断 ⑤自業自得 ⑥空前絶後 ⑦大言壮語 ⑧粉骨砕身 ⑨暖衣飽食 ⑩夏炉冬扇 ⑪換骨奪胎 ⑫軽挙妄動

7 ①ういてんぺん ②けんにん ふばつ ③じゅんぷう まんぱん ④たいぜん

7 次の四字熟語の読み方を答えなさい。

① 有為転変〔　　　〕

② 堅忍不抜〔　　　〕

③ 順風満帆〔　　　〕

④ 泰然自若〔　　　〕

⑤ 群雄割拠〔　　　〕

⑥ 天衣無縫〔　　　〕

⑦ 森羅万象〔　　　〕

⑧ 新陳代謝〔　　　〕

⑨ 頭寒足熱〔　　　〕

⑩ 呉越同舟〔　　　〕

①世の中はたえず移り変わっていること。

②じっとこらえて心がぐらつかないこと。

③物事が好都合に調子よくいくこと。

④ゆったりとして落ち着いた様子。

⑤多くの英雄が各地に点在し競い合っていること。

⑥詩文に技巧のあとが見えず、自然で美しいさま。自然のままの人柄。

⑦この世のすべてのもの。

⑧古いものがしだいに新しいものと入れ替わること。

⑨頭部を冷やして足部を温めること。

⑩敵同士が同じ場所に居合わせること。

8 次の四字熟語の読み方を答えなさい。

① 羊頭狗肉〔　　　〕

② 捲土重来〔　　　〕

③ 天真爛漫〔　　　〕

④ 風光明媚〔　　　〕

⑤ 不倶戴天〔　　　〕

⑥ 茫然自失〔　　　〕

⑦ 艱難辛苦〔　　　〕

⑧ 臥薪嘗胆〔　　　〕

⑨ 画竜点睛〔　　　〕

⑩ 渾然一体〔　　　〕

①見かけと内実とが一致しないこと。

②失敗したものが再び勢いを盛り返すこと。

③自然のままで、飾り気がなく純真なさま。

④自然の景色がすばらしく美しいこと。

⑤憎み合い恨み合って、仲の悪い間柄。

⑥あっけにとられて、我を忘れること。

⑦苦しく難儀でつらいこと。

⑧目的を達成するために、あらゆる苦難に耐えて苦労をすること。

⑨物事の中心となる大切なところ。

⑩異質のものが、区別がつかないほど一つに溶け合っていること。

じじゃく
⑤ぐんゆうかっきょ
⑥てんいむほう
⑦しんらばんしょう
⑧しんちんたいしゃ
⑨ずかんそくねつ
⑩ごえつどうしゅう

8
①ようとうくにく
②けんどちょらい
③てんしんらんまん
④ふうこうめいび
⑤ふぐたいてん
⑥ぼうぜんじしつ
⑦かんなんしんく
⑧がしんしょうたん
⑨がりょうてんせい
⑩こんぜんいったい

発展学習 誤りやすい部首・筆順・画数

1 次の漢字の中で部首が異なるものを一つ書きなさい。

① 穀 殿 毀 殻 〔　〕
② 熟 為 煮 勲 〔　〕
③ 虚 虎 慮 虞 〔　〕
④ 亡 亭 享 豪 〔　〕
⑤ 著 暮 菓 薫 〔　〕
⑥ 祈 視 祉 禅 〔　〕
⑦ 載 戒 戯 我 〔　〕
⑧ 軟 欲 欺 款 〔　〕
⑨ 幽 凸 凹 凶 〔　〕
⑩ 専 奪 尋 寿 〔　〕
⑪ 魔 庸 庶 廉 〔　〕
⑫ 至 執 墨 垂 〔　〕
⑬ 哀 唇 唐 克 〔　〕
⑭ 奮 奔 臭 奥 〔　〕
⑮ 辛 升 卓 卑 〔　〕
⑯ 寧 宴 寂 賓 〔　〕
⑰ 敷 敬 敢 赦 〔　〕
⑱ 扇 扉 雇 戻 〔　〕

2 次の漢字の太い部分は筆順の何画目か。算用数字で書きなさい。

① 我 〔　〕 ② 善 〔　〕 ③ 姫 〔　〕 ④ 蔵 〔　〕 ⑤ 衆 〔　〕 ⑥ 胸 〔　〕 ⑦ 垂 〔　〕 ⑧ 裏 〔　〕 ⑨ 誕 〔　〕 ⑩ 透 〔　〕 ⑪ 幾 〔　〕 ⑫ 猟 〔　〕 ⑬ 幽 〔　〕 ⑭ 喪 〔　〕 ⑮ 冊 〔　〕 ⑯ 斎 〔　〕 ⑰ 扱 〔　〕 ⑱ 粛 〔　〕

⑲ 駆 〔　〕 ⑳ 排 〔　〕 ㉑ 孤 〔　〕 ㉒ 華 〔　〕 ㉓ 匠 〔　〕 ㉔ 遭 〔　〕 ㉕ 将 〔　〕 ㉖ 匿 〔　〕 ㉗ 座 〔　〕 ㉘ 専 〔　〕 ㉙ 雅 〔　〕 ㉚ 惑 〔　〕 ㉛ 党 〔　〕 ㉜ 療 〔　〕 ㉝ 収 〔　〕 ㉞ 並 〔　〕 ㉟ 卵 〔　〕 ㊱ 鋳 〔　〕

3 次の漢字の総画数は何画か。算用数字で書きなさい。

① 踏 〔　〕 ② 否 〔　〕 ③ 御 〔　〕 ④ 糖 〔　〕 ⑤ 擁 〔　〕 ⑥ 乏 〔　〕 ⑦ 巨 〔　〕 ⑧ 縫 〔　〕 ⑨ 仰 〔　〕 ⑩ 汚 〔　〕 ⑪ 麗 〔　〕 ⑫ 棄 〔　〕 ⑬ 雌 〔　〕 ⑭ 虐 〔　〕 ⑮ 紫 〔　〕 ⑯ 襲 〔　〕 ⑰ 与 〔　〕 ⑱ 凹 〔　〕

⑲ 延 〔　〕 ⑳ 娯 〔　〕 ㉑ 齢 〔　〕 ㉒ 乾 〔　〕 ㉓ 弧 〔　〕 ㉔ 傘 〔　〕 ㉕ 陛 〔　〕 ㉖ 衷 〔　〕 ㉗ 叫 〔　〕 ㉘ 及 〔　〕 ㉙ 躍 〔　〕 ㉚ 餓 〔　〕 ㉛ 違 〔　〕 ㉜ 露 〔　〕 ㉝ 郎 〔　〕 ㉞ 朽 〔　〕 ㉟ 昆 〔　〕 ㊱ 鬱 〔　〕

---

1 ①穀 ②勲 ③慮 ④豪 ⑤暮 ⑥視 ⑦載 ⑧軟 ⑨幽 ⑩奪 ⑪魔 ⑫至 ⑬克 ⑭臭 ⑮辛 ⑯賓 ⑰赦 ⑱雇

2 ①3 ②6 ③4 ④4 ⑤8 ⑥7 ⑦4 ⑧7 ⑨8 ⑩6 ⑪10 ⑫2 ⑬1 ⑭2 ⑮5 ⑯6 ⑰4 ⑱10 ⑲12 ⑳5 ㉑6 ㉒5 ㉓2 ㉔6 ㉕2 ㉖5 ㉗9 ㉘6 ㉙7 ㉚6
㉛2 ㉜4 ㉝1 ㉞6 ㉟4 ㊱13

3 ①15 ②7 ③12 ④16 ⑤16 ⑥4 ⑦5 ⑧16 ⑨6 ⑩6 ⑪19 ⑫13 ⑬14 ⑭9 ⑮12 ⑯22 ⑰3 ⑱5 ⑲8 ⑳10 ㉑17 ㉒11 ㉓9 ㉔12 ㉕10 ㉖9 ㉗6 ㉘3 ㉙21 ㉚15
㉛13 ㉜21 ㉝9 ㉞6 ㉟8 ㊱29

ム	又	口	土	士	夕	大	女	子	寸	小	尢	屮	山	川	工	己	巾
む	また	くち	つち	さむらい	た・ゆうべ	だい	おんな	こ	すん	しょう	だいのまげあし	てつ	やま	かわ	え・たくみ	おのれ	はば

干	幺	弓	心	戈	戸	手	支	文	斗	斤	方	日	曰	月	木	欠	止
かん いちじゅう	よう いとがしら	ゆみ	こころ	ほこづくり ほこがまえ	と	て	し	ぶん	とます	きん	ほう	ひ	ひらび・いわく	つき	き	あくび・かける	とめる

毋	比	毛	氏	水	火	爪	父	片	牙	牛	犬	玄	玉	王	瓦	甘	生
なかれ	ならびひ くらべる	け	うじ	みず	ひ	つめ	ちち	かた	きば	うし	いぬ	げん	たま	おう	かわら	かん・あまい	うまれる

用	田	疋	白	皮	皿	目	矛	矢	旡	石	示	禾	穴	立	竹	米	糸
もちいる	た	ひき	しろ	けがわ	さら	め	ほこ	や	なし・ぶ すでのつくり	いし	しめす	のぎ	あな	たつ	たけ	こめ	いと

缶	羊	羽	而	耳	聿	肉	自	至	臼	舌	舟	艮	色	虫	血	行	衣
ほとぎ	ひつじ	はね	しかして しこうして	みみ	ふでづくり	にく	みずから	いたる	うす	した	ふね	ねづくり こんづくり	いろ	むし	ち	ぎょう	ころも

西	見	臣	角	言	谷	豆	豕	貝	赤	走	足	身	車	辛	辰	酉	釆
にし	みる	しん	かく・つの	げん	たに	まめ	ぶた・いのこ	かい・こがい	あか	はしる	あし	み	くるま	からい	しんのたつ	ひよみのとり	のごめ

里	麦	金	長	門	阜	隹	雨	青	非	斉	面	革	音	風	飛	食	首
さと	むぎ	かね	ながい	もん	おか	ふるとり	あめ	あお	あらず・ひ	せい	めん	かくのかわ つくりがわ	おと	かぜ	とぶ	しょく	くび

香	馬	骨	高	鬯	鬼	韋	竜	魚	鳥	鹿	麻	黄	黒	亀	歯	鼓	鼻
か・かおり	うま	ほね	たかい	ちょう	おに	なめしがわ	りゅう	うお	とり	しか	あさ	き	くろ	かめ	は	つづみ	はな

漢字検定級別配当一覧・索引

5級から2級までの各級に配当されている常用漢字一三〇一字を、五十音順に音読みで（音読みのないものは訓で）並べた。漢字の下の数字はページを示す。

ア行

	4 級	5 級
殴宴閲詠哀 60 61 64 58 65	奥汚鉛援影隠芋緯違威依握 40 26 32 25 33 23 34 30 37 40 20 25	恩沿宇遺胃 14 4 9 11 16
乙欧炎悦慰 64 67 68 51 67	憶押縁煙越鋭陰壱維偉為扱 23 24 30 27 37 32 23 39 30 20 36 24	延映域異 11 4 2 15

カ行

	4 級	5 級
緩冠隔悔佳 57 61 53 51 48	項互堅撃掘恐御及輝鑑汗皆菓 34 38 40 42 25 41 22 39 44 32 26 43 35	鋼誤権警胸危株我 8 7 5 17 5 12 5 14
企勘穫塊架 60 64 56 49 68	稿抗遣肩繰響凶丘儀含乾壊暇 29 24 37 44 30 45 39 38 20 39 38 21 23	刻后憲劇郷揮干灰 8 12 14 8 9 3 11 15
忌貫岳慨華 67 69 66 51 61	豪攻玄軒恵驚叫朽戯祈勧較箇 45 33 42 32 41 45 21 28 40 27 39 32 35	穀孝源激勤貴巻拡 6 13 4 4 12 17 12 3
軌喚掛該嫁 57 49 54 58 50	込更枯剣傾仰狂巨詰奇歓獲雅 37 42 28 33 20 20 35 40 31 40 42 25 45	骨紅厳穴筋疑看革 17 6 9 16 10 15 16 17
既換滑概餓 68 54 52 51 59	婚恒誇兼継駆況拠却鬼監刈介 22 23 38 38 30 32 26 24 39 45 43 33 34	困皇己券系吸簡閣 11 15 14 12 6 10 11
棋敢肝郭怪 51 60 55 60 51	荒鼓圏迎屈狭距脚幾環甘戒 34 45 38 37 35 31 29 40 28 43 40	降呼絹敬供机割 3 7 2 6 4 11

サ行

	4 級	5 級
匠殊慈擦債 63 53 67 55 48	即鮮是震飾紹旬秀寂雌惨鎖 39 32 41 36 32 30 41 43 34 45 23 32	臓窓専盛蒸諸縦樹誌蚕砂 5 10 13 15 10 7 7 5 7 16 6
昇寿軸暫催 67 66 57 67 49	俗訴姓薪侵詳盾襲朱執旨彩 20 31 22 34 20 31 43 44 46 41 44 33	存創染誠針除縮収磁至座 13 8 15 17 8 17 10 9 16 11 11
焦潤疾社削 62 53 63 56 60	僧征尽振丈召柔狩芝伺蔵 20 32 36 24 34 26 53 34 20 42	尊装泉聖仁承熟宗射私済 13 17 15 16 2 10 10 4 8 4
掌遵湿施搾 66 63 52 51 55	燥跡陣浸畳床獣趣斜刺載 27 31 23 26 43 36 42 37 42 33 44	層銭舌垂将純就捨姿裁 11 8 16 13 13 6 14 3 13 17
晶如赦諸錯 67 50 69 58 59	騒占尋慎殖沼瞬需煮脂剤 32 39 40 23 25 26 29 35 36 28 33	操善洗推傷処衆尺視策 3 13 4 2 12 16 10 17 10
衝徐邪侍撮 63 50 60 48 55	贈扇吹寝触称巡舟釈紫咲 31 36 21 34 30 29 33 44 30 43 21	蔵奏宣寸障署従若詞冊 13 10 3 10 7 11

タ行

	4 級	5 級
室鍛託滞胎 61 59 58 52 55	突踏唐逃渡添抵徴致嘆濁耐 35 31 39 37 27 27 24 22 44 21 27 44	党痛頂宙誕退 12 11 9 7 7 11
抽壇諾滝怠 54 49 58 52 67	鈍闘盗倒奴殿堤澄遅端脱替 32 38 43 20 22 34 21 27 37 29 29 42	糖敵腸忠段宅 6 8 5 14 9 9
鋳稚奪択逮 59 56 66 54 63	曇胴塔桃怒吐摘沈蓄弾丹沢 41 28 21 28 41 21 26 35 22 38 26	届展潮著暖担 11 11 4 3 3
駐畜胆卓袋 59 68 55 65 69	峠稲透到途滴珍跳恥淡拓 21 29 37 33 37 27 28 31 41 27 24	討賃庁値探 7 17 11 2 3

ナ・ハ行

	4 級	5 級
漂卑伴陪尿 52 65 48 53 62	帽坊抱柄舞腐敏微被範罰薄輩弐 21 21 24 28 36 44 33 22 29 35 35 35 44 38	棒宝閉腹批背脳難 5 9 11 5 3 16 5 17
苗碑畔縛粘 61 56 56 57 57	凡肪峰壁幅賦怖匹疲繁般爆拍悩 39 28 21 40 21 31 23 38 36 43 29 27 24 23	訪片奮否俳派乳 7 15 13 12 2 4 8
赴泌藩伐婆 63 52 61 64 65	盆冒砲捕払数浮描避盤販髪泊濃 43 42 29 25 14 33 26 25 37 43 31 36 26 27	亡補並秘班拝認 9 8 12 6 5 3 7
符姫蛮帆排 61 50 69 49 54	傍忙舗噴膚普浜尾彼搬抜迫杯 20 23 44 21 44 41 36 22 25 24 37 28	忘暮陛俵晩肺納 14 15 3 2 4 6

マ・ヤ行

	4 級	5 級
誘免魅膜魔 58 64 63 55 69	翼踊腰与躍黙猛娘矛妙慢 43 31 29 38 31 45 25 44 22 23	欲預郵模密枚 15 9 4 5 14 5
憂幽滅又埋 67 66 52 65 49	謡溶誉雄紋網茂霧眠漫 31 27 45 27 27 29 25 29 27	翌幼優訳盟幕 16 14 7 15 14 14

ラ・ワ行

	4 級	5 級